首批56所中国特色高水平高职学校项目课程建设成果

职业教育教学改革融合创新型教材·市场营销

KUAJING DIANSHANG ZHIBO YUNYING

跨境电商直播运营

郑　洁主　编

刘文娟 王旭耀 韩建东　副主编

东北财经大学出版社
Dongbei University of Finance & Economics Press
大连

图书在版编目（CIP）数据

跨境电商直播运营 / 郑洁主编．—大连：东北财经大学出版社，2023.9（2025.7重印）
（职业教育教学改革融合创新型教材·市场营销）
ISBN 978-7-5654-4959-8

Ⅰ．跨… Ⅱ．郑… Ⅲ．网络营销-高等职业教育-教材
Ⅳ．F713.365.2

中国国家版本馆CIP数据核字（2023）第168701号

东北财经大学出版社出版
（大连市黑石礁尖山街217号 邮政编码 116025）
网 址：http://www.dufep.cn
读者信箱：dufep@dufe.edu.cn

大连图腾彩色印刷有限公司印刷 东北财经大学出版社发行

幅面尺寸：185mm×260mm 字数：368千字 印张：17.75
2023年9月第1版 2025年7月第3次印刷

责任编辑：张旭凤 张爱华 责任校对：包利华
封面设计：原 皓 版式设计：原 皓

定价：48.00元

教学支持 售后服务 联系电话：（0411）84710309

如有印装质量问题，请联系营销部：（0411）84710711

富媒体智能型教材出版说明

“财经高等职业教育富媒体智能型教材开发系统工程”是“国家文化产业资金支持媒体融合重大项目”。项目以“融通”“融合”“共建”“共享”为特色，是东北财经大学出版社积极落实国家推动传统媒体与新媒体融合发展的重要举措之一。

“财济书院”智能教学互动平台是该工程项目建设成果之一。该平台通过系统、合理的架构设计，将教学资源与教学应用集成于一体，具有教学内容多元呈现、课堂教学实时交互、测试考评个性设置、用户学情高效分析等核心功能，是高校开展信息化教学的有力支撑和应用保障。

富媒体智能型教材是该工程项目建设成果之二。该类教材是我社供给侧结构性改革探索性策划的创新型产品，是一种新形态立体化教材。富媒体智能型教材秉持严谨的教学设计思想和先进的教材设计理念，为财经职业教育教与学、课程与教材的融通奠定了基础，较好地避免了传统教学模式和单一纸质教材容易出现的“两张皮”现象，有助于教学质量的提高和教学效果的提升。

从教材资源的呈现形式来说，富媒体智能型教材实现了传统纸质教材与数字技术的融合，通过二维码建立链接，将VR、微课、视频、动画、音频、图文和试题库等富媒体资源丰富呈现给用户；从教材内容的选取整合来说，其实现了职业教育与产业发展的融合，不仅注重专业教学内容与职业能力培养的有效对接，而且很好地解决了部分专业课程学与训、训与评的难题；从教材的教学使用过程来说，其实现了线下自主与线上互动的融合，学生可以在有网络支持的任何地方自主完成预习、巩固、复习等，教师可以在教学中灵活使用随堂点名、作业布置及批改、自测及组卷考试、成绩统计分析等平台辅助教学工具。

“重塑教学空间，回归教学本源！”“财济书院”（www.idufep.com）平台不仅是出版社提供教学资源和服务的平台，更是出版社为作者和广大院校创设的一个自主选择和自主探究的教与学的空间，作者和广大院校师生既是这个空间的使用者和消费者，也是这个空间的创造者和建设者，在这里，出版社、作者、院校共建资源，共享回报，共创未来。

最后，感谢各位作者为支持项目建设所付出的辛劳和智慧，也欢迎广大院校在教学中积极使用富媒体智能型教材和“财济书院”平台，东北财经大学出版社愿意也必将陪伴广大职业教育工作者走向更加光明而美好的职教发展新阶段。

东北财经大学出版社

前言

党的二十大报告指出，要推动货物贸易优化升级，创新服务贸易发展机制。作为新型跨境电商营销方式，跨境电商直播已经成为外贸经济的新风口，大力发展跨境电商直播，加大培养跨境直播人才，壮大外贸新业态，已成为跨境电商行业的发展趋势。虽然电商直播目前在我国已经非常火爆，也涌现出一大批成功案例，能够为跨境电商直播提供部分可借鉴的经验，但是跨境电商直播与国内直播仍存在较大差异。

本教材作为山西省财政税务专科学校双高建设的重要项目成果之一，基于学校深入实施产教融合，开展校企合作项目，设计了跨境电商直播基础、策划、筹备、操作、复盘、引流、风险管理等学习项目，是适用于职业院校跨境电商运营人才培养体系的专业教材。

本教材具有以下特色：

1.突出职教特色，强化校企“双元”

本教材得益于企业人员全过程参与教材编写设计、素材编写和教学评价，将行业企业的新规范和典型运营案例纳入其中。教材内容紧密联系产业升级和技术变革趋势，按照职业岗位能力要求和相关职业标准设计教材知识模块，实现了学习任务与工作任务、学习标准与工作标准、学习过程与工作过程的统一。

2.打破传统模式，发挥活页优势

本教材为新型活页式教材，对知识、技能进行了难度分层，可根据学习情况灵活选择相匹配的教学内容和实践内容。在内容组织上，教材以项目、任务为载体，在保留各学习项目关联性的同时，强调各个任务的相对独立性，充分体现了活页式教材的优势。

3.融入课程思政，坚持立德树人

在各学习项目中，作者提炼思政要素融入知识链接、行业案例与任务操作中，开设“职业素养指南”，深入落实立德树人的根本任务，围绕跨境电商高素质技术技能人才的培养方向，融价值引领、知识传授、技能培养和职业能力于一体，帮助学生塑造正确的世界观、人生观、价值观和职业观。

4.配套丰富资源，打造立体智库

教材配备有丰富的数字化教学资源，包括能够为学生提供前沿行业讯息的教学网站、校企联合编写的教学课件、针对重难点工作模块制作的教学辅导视频、结合行业最新发展趋势编写的教学案例，以及用以考查学生理论与实践能力的多样化习题。教材为学生提供了课前自学与预习、课中辅导与实践、课后拓展与练习的立体化学习资源库。

本教材共分为七个项目，由山西省财政税务专科学校郑洁老师担任主编并负责全书统稿。其中：项目一和项目六由郑洁老师编写，项目三和项目五由刘文娟老师编写，项目二和项目七由王旭耀老师编写，项目四由韩建东老师编写。此外，山西新和实业有限公司作为学校的优秀校企合作企业，提供了大量宝贵的典型性案例，王若阳总经理全程参与了教材的开发与设计，在此深表感谢。

希望本教材既能够满足职业院校跨境电子商务、网络营销与直播电商等专业的教学需求，也能够为跨境电商直播行业的相关从业人员提供帮助，诚挚欢迎广大读者提出宝贵意见和建议，以便我们不断改进和完善。

编　者

2023年7月

目录

项目 1　跨境电商直播基础 / 1

任务 1　电商直播基础概念认知 / 4
任务 2　跨境电商直播行业认知 / 14
任务 3　跨境电商直播平台选择 / 28

项目 2　跨境电商直播策划 / 43

任务 1　跨境电商直播主题策划 / 46
任务 2　跨境电商直播内容设计 / 57
任务 3　跨境电商直播方案设计 / 69

项目 3　跨境电商直播筹备 / 83

任务 1　跨境电商直播团队搭建 / 86
任务 2　跨境电商直播带货选品 / 100
任务 3　跨境电商直播场景搭建 / 111

项目 4　跨境电商直播操作 / 123

任务 1　阿里巴巴国际站直播 / 126
任务 2　TikTok 英国站直播 / 133
任务 3　京东国际直播 / 154

项目 5　跨境电商直播复盘 / 169

任务 1　跨境电商直播复盘步骤 / 172
任务 2　跨境电商直播评估指标 / 179
任务 3　跨境电商直播数据分析 / 186

项目6 短视频创推与引流 / 195

任务1 短视频内容策划 / 198
任务2 短视频拍摄剪辑 / 209
任务3 短视频引流变现 / 228

项目7 跨境电商直播风险管理 / 243

任务1 跨境电商直播风险认知 / 246
任务2 跨境电商直播风险处理 / 255
任务3 跨境电商直播风险预防 / 264

主要参考文献 / 274

本教材配套数字化资源目录

<table>
<tr><th>项目名称</th><th>任务名称</th><th colspan="3">教学资源</th></tr>
<tr><td rowspan="5">项目 1
跨境电商直播基础/1</td><td rowspan="2">任务 1　电商直播基础概念认知/4</td><td rowspan="5">动画 1-1　电商直播——跨境电商新模式/2</td><td>教学微课 1-2：电商直播基础概念/4</td><td rowspan="5">项目小测 1
/40</td></tr>
<tr><td>教学微课 1-3：电商直播模式/6</td></tr>
<tr><td>任务 2　跨境电商直播行业认知/14</td><td>教学微课 1-4：电商直播行业认知/14</td></tr>
<tr><td rowspan="2">任务 3　跨境电商直播平台选择/28</td><td>教学微课 1-5：海外社交直播平台机制/29</td></tr>
<tr><td>教学微课 1-6：跨境交易直播平台机制/32</td></tr>
<tr><td rowspan="5">项目 2
跨境电商直播策划/43</td><td rowspan="2">任务 1　跨境电商直播主题策划/46</td><td rowspan="5">动画 2-1　跨境电商直播主题策划/44</td><td>教学微课 2-2：跨境电商直播账号类型/46</td><td rowspan="5">项目小测 2
/82</td></tr>
<tr><td>教学微课 2-3：确定跨境电商直播账号类型的依据/47</td></tr>
<tr><td rowspan="2">任务 2　跨境电商直播内容设计/57</td><td>教学微课 2-4：跨境电商直播标题设计/57</td></tr>
<tr><td>教学微课 2-5：跨境电商直播内容优化/63</td></tr>
<tr><td>任务 3　跨境电商直播方案设计/69</td><td>教学微课 2-6：把握跨境电商直播节奏/71</td></tr>
<tr><td rowspan="5">项目 3
跨境电商直播筹备/83</td><td rowspan="2">任务 1　跨境电商直播团队搭建/86</td><td rowspan="5">动画 3-1　如何成为一名优秀的跨境电商主播/87</td><td>教学微课 3-2：成熟期跨境电商直播团队各岗位能力要求/95</td><td rowspan="5">项目小测 3
/122</td></tr>
<tr><td>教学微课 3-3：各发展阶段团队运营重点/95</td></tr>
<tr><td rowspan="2">任务 2　跨境电商直播带货选品/100</td><td>教学微课 3-4：跨境电商直播选品原则/103</td></tr>
<tr><td>教学微课 3-5：跨境电商直播选品步骤/107</td></tr>
<tr><td>任务 3　跨境电商直播场景搭建/111</td><td>教学微课 3-6：直播间设备的配备/118</td></tr>
</table>

<table>
<tr><th>项目名称</th><th>任务名称</th><th colspan="3">教学资源</th></tr>
<tr><td rowspan="3">项目4
跨境电商直播操作/123</td><td>任务1　阿里巴巴国际站直播/126</td><td rowspan="3">动画4-1：如何选择跨境电商直播平台/124</td><td>教学微课4-2：阿里巴巴国际站直播/126</td><td rowspan="3">项目小测4
/167</td></tr>
<tr><td>任务2　TikTok英国站直播/133</td><td>教学微课4-3：TikTok海外站直播/133</td></tr>
<tr><td>任务3　京东国际直播/154</td><td>教学微课4-4：京东国际直播/154</td></tr>
<tr><td rowspan="5">项目5
跨境电商直播复盘/169</td><td>任务1　跨境电商直播复盘步骤/179</td><td rowspan="5">动画5-2：跨境电商直播复盘要点/175</td><td>教学微课5-1：复盘中如何找问题根源/173</td><td rowspan="5">项目小测5
/194</td></tr>
<tr><td rowspan="3">任务2　跨境电商直播评估指标/179</td><td>教学微课5-3：如何分来源分析流量180</td></tr>
<tr><td>教学微课5-4：如何进行跨境电商直播互动数据分析/182</td></tr>
<tr><td>教学微课5-5：如何进行跨境电商直播商品数据分析/182</td></tr>
<tr><td>任务3　跨境电商直播数据分析/186</td><td>教学微课5-6：常见数据分析方法/188</td></tr>
<tr><td rowspan="4">项目6
短视频创推与引流/195</td><td>任务1　短视频内容策划/198</td><td rowspan="4">动画6-1：短视频引流推广/196</td><td>教学微课6-2：短视频内容策划/198</td><td rowspan="4">项目小测6
/242</td></tr>
<tr><td rowspan="2">任务2　短视频拍摄剪辑/209</td><td>教学微课6-3：短视频素材拍摄/209</td></tr>
<tr><td>教学微课6-4：短视频素材剪辑/216</td></tr>
<tr><td>任务3　短视频引流变现/228</td><td>教学微课6-5：短视频引流变现/228</td></tr>
<tr><td rowspan="5">项目7
跨境电商直播风险管理/243</td><td rowspan="2">任务1　跨境电商直播风险认知/246</td><td rowspan="5">动画7-1：跨境电商直播风险管理/244</td><td>教学微课7-2：跨境电商直播风险认知/246</td><td rowspan="5">项目小测7
/273</td></tr>
<tr><td>教学微课7-3：跨境电商直播风险之主播风险/249</td></tr>
<tr><td rowspan="2">任务2　跨境电商直播风险处理/255</td><td>教学微课7-4：跨境电商直播风险发生的原因/255</td></tr>
<tr><td>教学微课7-5：跨境电商直播风险处理方法/257</td></tr>
<tr><td>任务3　跨境电商直播风险防范/264</td><td>教学微课7-6：跨境电商直播风险预防之加强产品质量把控/264</td></tr>
</table>

1

项目1

跨境电商直播基础

学习目标

知识目标

1. 理解电商直播的基础概念，了解电商直播各个发展阶段的特征
2. 了解目前电商直播模式的不同类型及其特征
3. 了解我国电商直播行业相关的法规政策和常用各类术语
4. 熟悉电商直播活动中常用的直播平台类型、主流直播平台的优势

技能目标

1. 能够正确解释并使用跨境电商直播相关术语
2. 能够分析整理电商直播的违规行为和禁忌用语
3. 能够根据企业需求和产品特点，选择合适的直播模式
4. 能够根据企业需求和产品特点，选择合适的直播平台

素养目标

1. 通过分析电商直播的发展历程和动因，培养学生的互联网创新思维
2. 通过学习电商直播政策法规，帮助学生树立公正、法治、诚信的社会主义核心价值观
3. 理解电商直播术语的含义，使学生能够对术语应用举一反三，结合生活求证理论

动画 1-1

电商直播——跨境电商新模式

项目描述

PROIRON品牌多年来专注于健身器材类产品的研发、生产与销售，该品牌倡导“绿色健康生活”，致力于让广大健身爱好者获得健康完美的健身体验。

在电子商务蓬勃发展的势头下，PROIRON品牌计划进军电商直播市场，根据品牌自身的特点和产品的特性，为开展电商直播销售进行前期的基础铺垫。现在需要组织工作人员进行电商直播基础知识的培训，选择适合该品牌健身器材类产品的电商直播模式和跨境电商直播平台。

项目分解

- 跨境电商直播基础
  - 电商直播基础概念认知
    - 电商直播的基本概念和发展历程
    - 电商直播的特点和优势
    - 电商直播的模式类型
  - 跨境电商直播行业认知
    - 跨境电商直播行业现状
    - 跨境电商直播行业规范
    - 跨境电商直播行业术语
  - 跨境电商直播平台选择
    - 跨境电商直播平台类型及市场分布
    - 海外社交媒体平台直播机制分析
    - 主流跨境电商交易平台直播机制分析

任务1
电商直播基础概念认知

教学微课
1-2

电商直播
基础概念

任务要求

1. 理解电商直播的基本概念、产生发展的历程及动因；
2. 分析并掌握电商直播的重要特点和优势；
3. 理解电商直播模式的不同类型，并描述各直播模式的特点。

任务情境

随着电商直播行业的蓬勃发展，PROIRON品牌计划联手在校大学生，筹备一场PROIRON品牌健身器材大学生直播带货节活动，以提升品牌销售业绩，带动大学生树立健身强体的意识。现在要对参与此活动的大学生开展基础知识培训，让他们了解电商直播行业的相关基础知识，为接下来完成具体任务做好铺垫。

知识链接

近年来，随着人们生活水平的提高，电商直播孕育出巨大的增长势能，逐渐发展成为电商平台不可忽视的驱动引擎，展现出惊人的爆发力。

知识点1
电商直播的基本概念和发展历程

1. 电商直播的基本概念

电商直播，顾名思义就是在互联网上通过现场直播的方式售卖商品，是一种消费场景的转换，把线下或者电商平台的店铺转换到了直播间。对电商直播简单的认知可以是“网红+直播+电商”，即基于视频互动而演变出来的一种新的商品销售渠道业态。这也揭示了电商直播的本质，电商直播的核心本质是电商，不是直播，就是把线下或者电商平台的那些店铺直播间化了，消费场景转变了。进一步说，电商直播是电子商务这种线上销售渠道在进化过程中出现的一种新形式。

电商直播可以算是一个云上交流会，主播和消费者隔着屏幕交流，实时互动，这样的特性决定了消费者能够快速了解商品，提出疑问，主播也能够根据各种问题给出相应的解答，缩短了达成交易的时间。交易模式高度互动、实时化、高效率化，而这种模式会给商业市场带来巨大升级，在未来是一个非常广阔的市场。

2. 电商直播的发展历程

我国电商直播起始于2016年，从最初以内容建设与流量变现为目的起步尝试，产业链至今逐步完整化、多元化。我国的电商直播发展至今，经历了初探期、加速期和爆发期三个阶段。

（1）初探期。电商平台开启“直播+内容+电商”模式，旨在降低获客成本、增强用户黏性，除开放直播入口、孵化和培育带货达人外，电商平台还积极试水综艺与直播营销的跨界融合。

（2）加速期。以快手、抖音等短视频及社交内容平台入局为标志，它们以直播撬动流量变现。

（3）爆发期。约在2019年以后，平台、政策、头部主播等因素纷纷推动电商直播走向爆发式发展阶段。2020年，电商直播在新冠疫情、国家政策等多重因素的刺激下爆发式发展，直播+电商的新零售业态加速兴起，不仅影响了人们的消费方式，也助推了企业拓展市场，无论是我国直播还是海外直播，已成炙手可热的流量新风口。新冠疫情带来的“宅经济”更进一步提升直播营销的渗透率，头部平台持续向直播倾斜资源。随着国内跨境电商日益成熟，直播用户逐渐辐射到海外。2020—2021年，国内外知名跨境电商交易平台和社交电商短视频平台，纷纷加入跨境电商直播行业（如图1-1所示），直播带货几乎成为各大平台的标配，跨境电商直播达到了一个历史高度，为我国的贸易出海奠定了良好的基础。

图1-1 2020—2021年部分平台直播业务发展历程

分析其动因，主要有以下六个方面：

（1）提升用户体验的必然趋势。电商直播实现了购物过程的及时性，增强了互动性，同时利用主播专业知识，降低购物成本，最终提升了购物体验。

（2）电商平台流量红利趋弱。传统电商平台增速降低，需要社交内容化，解决用户黏性与留存难题，直播是承接电商平台社交内容化的最重要方式。

（3）5G等新一代信息技术奠定技术基础。5G技术与AR、VR技术的发展改善了直播体验，提升了用户的参与感、互动感。

（4）内容平台新商业变现模式。以抖音、快手为代表的短视频直播平台持续将流量向电商变现推进，这是短视频直播等内容平台对新商业变现模式的探索。

（5）完善的供应链助力电商直播发展。供应链效率的提升，使得主播只需要将直播间订单发给商家即可，打通了上中下游的全产业链，将电商直播的影响力发挥到极致。

（6）受新冠疫情影响，线上消费需求激增。2020年新冠疫情的暴发，使得线上娱乐、购物次数增多，线下市场逐步向线上转移。

知识点2
电商直播的特点和优势

电商直播意味着消费理念升级、消费者需求升级，与传统的电商推广形式相比，具有以下特点和优势：

1.模式新颖

商家传统的电商推广不过是海报、软文等模式，对消费者而言已经出现长久的审美疲劳。而直播行业不过兴起数年时间，对于大多数人来说尚属新鲜事物，“直播+电商”的“云逛街模式”更能够吸引消费者的好奇心，直播间随时有秒杀、抽奖等各种福利，带给消费者更多购物乐趣，从而带动销量。

2.互动性强

电商直播具备“当场、同台、互动交流”特点，主播不但在现场直播，而且与其他主播、各个用户同台开展即刻的互动交流，即主播可以就消费者的疑问来进行详细解答，另外能在消费者眼前试用产品，从不同角度展示产品细节，带给消费者“所见即所得”的购物体验。这类强交互性远强过以前的移动电子商务和社区电商平台，非常容易得到消费者的信赖，大大提高了消费者的购物满意度。

3.主播自带流量

电商主播通常具备较强的IP特性，在消费者思维中有与众不同的标识，也是一种感情的寄予。不论是商业服务领导者，或者大牌明星，或者卖货主播，还是网络红人，都具备较强的IP特性。这些自带粉丝的流量大户作为主播，能增强消费者的信赖感，迅速为商家带来大量的人气，为直播间带来很好的购物氛围，推动商品销量，实现精准营销。

4.拉动粉丝经济

主播运用各种直播技巧，成功将自己转化成粉丝心目中的“超级导购”、“人生偶像”和“贴心闺蜜”等，让用户从“我需要啥就买啥”变成“你推荐啥我就买啥”，让用户有了“哎呀，她好努力，看到她就有了生活的动力”“这些事情只有她明白，她太贴心了”等诸如此类的心理感受，圈粉无数，并使得这些粉丝成为直播间的忠实用户。

知识点3
电商直播的模式类型

教学微课 1-3

电商直播模式

1.店铺直播模式

主播对每一款在售商品进行介绍，或者由观众在评论区留言，请主播介绍指定的款式。直播内容就是介绍店铺内各个款式的商品。竞争力来自在播商品，依靠购物袋中的商品与观众互动。这种模式比较适用于有一定规模的品牌，尤其是服装、首饰、3C等商品。

2.海淘代购模式

传统的海淘升级后，通过更直观的方式，由主播在国外给粉丝带货。但是，有时因为镜头只对着部分商品，所以商品的呈现不是很直观。由于海淘往往有一定的价格差，遇到店里库存较少，容易出现好卖SKU被哄抢的现象。这种模式比较适用于保健品、母婴用品、美妆、日用品等，对海外渠道有一定要求，直播效果容易受到网络问题的影响。

3.基地走播模式

由供应链构建直播基地，主播一般要提前到基地选好商品，等基地做好准备，主播在直播基地开播。基地往往会协助主播，做好配合，采用好款惜售的模式，容易使观众冲动下单。自身是生产商做直销，最适合采用这种模式，例如保健品、快消品、限量服装等生产商，部分大宗商品如房屋、汽车，营销方案合适的话也可以采用这种模式。

4.直播间出品模式

这种模式也叫DTC模式，是操作难度最大、门槛最高的一种。主播根据粉丝的需求，采用ODM或OEM的方式推出特有的款式。成交的冲动主要来自粉丝对主播的信任以及对款式的认同。这种模式比较适用于各类小商品、小日用品，对主播的名气要求比较高，基本都是直播的头部主播，对生产商的定制生产能力也有要求。

5.直播砍价模式

主播拿到货主的商品（如翡翠、玉石、其他珠宝）后，把商品的优缺点分析给粉丝，也告诉粉丝商品大概的价值，征询有意向购买的粉丝。在此基础上，货主报价，主播砍价，价格协商一致后，三方成交。主播赚取粉丝的代购费和货主的佣金。一货一价，容易哄抢。观众喜欢围观砍价和成交过程，因而直播氛围较好。

6.商品秒杀模式

在这种模式中，主播和品牌商合作，帮品牌商带销量，同时给粉丝谋福利。这种模式容易形成头部效应，主播带货能力越强，越受商家青睐，拿到的折扣越低，而主播的收益主要来自上架费+销售返佣。目前主流平台的头部主播都会采用这种模式。

行业案例1-1

创新“秒杀+直播”模式，京东99超级秒杀节让好物好省也好玩

2020年9月1日至9月9日，京东99超级秒杀节再度开启（如图1-2所示）。作为京东全新营销平台，京东秒杀将重点打造直播矩阵，为消费者带来更多、更丰富的购物体验以及极致性价比好物，也为品牌商家带来更加高效的营销方式。这种全新的“秒杀+直播”营销互动模式，使得京东99超级秒杀节给消费者带来了高品质的嗨购盛宴。

图1-2 京东超级秒杀节预告

品牌大使做客秒杀直播间，让秒杀好物更具看点。

京东99超级秒杀节期间，京东秒杀邀请了欧莱雅等众多品牌大使亮相秒杀直播间，开启明星直播专场活动，用更加丰富的形式满足消费者对于极致性价比商品的需求，让秒杀的直播间里星光熠熠，消费者不仅能够买到自己心仪的低价好物，还能与偶像艺人进行实时互动。

实际上，这次京东99超级秒杀节明星直播专场活动并不是京东秒杀第一次创新直播玩法。京东秒杀还曾官宣著名音乐人担任“京东秒杀首席直播官”，演技派“精致姐姐”担任“京东秒杀好物推荐官”，通过京东直播发挥他们的明星效应，为消费者推荐秒杀的“爆款好物”。在9月9日秒杀高潮日当天，“京东秒杀首席直播官”还开启专场直播，为消费者带去精挑细选的全品类极致性价比好物，让消费者在娱乐互动的氛围中买到心仪的商品。

消费者买得开心，品牌厂商同样收获满满。“秒杀+直播”模式，不仅能够有效地解决产品销量的问题，也帮助品牌厂商与更广泛的消费人群进行有效的沟通，提升品牌的认知度、产品的认可度，进而锁定更广泛的潜在消费人群，为品牌后续销售的持续走强打下坚实的基础。京东99超级秒杀节期间，每场直播都根据产品和主播的特点挖掘差异化优势与主题，为品牌和商家塑造人格化认知，打造品质化的直播内容，让消费者在新鲜有趣的直播内容中获得高质量的购物体验。

直播镜头对准产业带，让消费者直观感受品质好物的低价秘密。

自整合升级成为全新营销平台以来，京东秒杀开始布局助推产业带建设，不断推出来自原产地的低价爆款好物。在当年的京东99超级秒杀节期间，京东联合浙江永康锅具产业带、盘锦大米产业带、山东食用油产业带、重庆理文纸品产业带、福建纸尿裤产业带、陕西猕猴桃产业带、浙江湖州童装童鞋产业带、深圳手表产业带、鲜花产业带9大产业带，以直播的方式带领消费者走进田间地头、生产现场，深入产业带源头，让消费者充分了解各大产业带生产流程，让消费者更加直观地感受到品质好物的低价秘密。

在品牌、产业带等上游渠道的多年耕耘基础上，京东秒杀打造了强大的供应链能力，大牌爆款、C2M（反向定制）商品、国货好物、潮流新品、产业带优质好物构成的产品矩阵，为又好又省的“爆款好物”打下坚实的基础。明星背书、低价好货、品牌折扣、爆款秒杀，通过超高性价比好物和品质化购物体验，京东99超级秒杀节为消费者带来高品质直播内容和产品，在联动品牌和消费者、共建双向沟通场的基础上，实现了消费者、品牌、主播、平台的多方共赢。利用“秒杀+直播”的新模式，京东秒杀给消费者带来了更高品质的嗨购体验。

资料来源：佚名.创新“秒杀+直播”模式，京东99超级秒杀节让好物好省也好玩[EB/OL].[2020-09-01].http：//k.sina.com.cn/article_1704103183_65928d0f02001vxf0.html.

案例启示：以直播为代表的创新营销方式的融入，促使京东秒杀业务能力的升级迭代。以商品品质和极致性价比为根基的京东秒杀把直播看作品牌营销场，而不仅是带货工具。通过挖掘产品和主播的特色，京东秒杀在给消费者带来优质好物的同时，致力于为品牌和商家塑造人格化认知，打造品质化的直播内容，让消费者在新鲜有趣的直播内容中获得高质量的购物体验，让品牌和商家在产品销量增长的同时提高品牌认知度和好感度。

7.专家问诊模式

专家问诊模式是通过一对一的方式帮助粉丝解决问题，进来一看便知晓的模式。所谓你有病，我有药，对症下药最有效。这种模式的销售转化率特别高，受众特别明确，对专家的背景也有极高的要求，但是不容易获得流量。这种模式适用于药妆、功能饮料、健康代餐等有功能作用的商品，或心理咨询、婚姻关系、亲子教育等咨询型服务。

8.达人带货模式

达人是指在一个领域有非常深厚的专业认识，对该领域的商品了如指掌，能够成为该领域的消费意见领袖的人。通过此模式获取的粉丝，对主播的信任度较高，从而使得销售转化率有不错的表现。例如做美妆的主播，还有各类美食主播及健身主播。

9.博彩模式

玉石、珍珠等都带有强烈的博彩性质。这种模式辨识度高，容易刺激交易。博彩是直播过程中最容易操作的模式之一，但对商品类型有一定限制。各种直播均可设计一些博彩的环节，增强内容的趣味性。

10.产地直播模式

农产品（土鸡、土鸡蛋、土猪等）、海产品（大虾、海参、鲍鱼等）、水果（芒果、榴莲、荔枝等）等比较适合采用这种模式。无论是自产自销、产地直销，还是到产地买，性价比较高，品质让人放心。这种模式的玩法让人一看就明白，但直播内容每天都同样，容易让人生厌。

11.抢购模式

“这套睡衣编号113，只有L码的，而且只有2套，想要的扣编号113，主播叫到名字后付款备注编号，后台小编登记下单信息，只有被叫到名字的才能付款并备注编号，没被叫到名字的只能等下一次了。”主播经常以这类语言引导观众抢购下单。这种交易模式比较复杂，通常新买家不能一下子理解，需要有一个观摩的过程。但是直播间氛围特别好，很有下单冲动，每个商品都不一样，总有顾客要的，互动性也非常好。需要注意商品一定是限量且优质的，否则很难形成抢购的过程。

任务操作

任务名称

为PROIRON品牌健身器材大学生直播带货节选择适合的直播模式。

任务目标

- 为PROIRON品牌健身器材大学生直播带货节进行基础知识的准备，要求学生对直播行业有充分而清晰的理解。

● 根据健身器材类产品的特点，为PROIRON品牌健身器材大学生直播带货节选择合适的直播模式。

任务计划（见表1-1）

表1-1 任务计划书

<table>
<tr><th>序号</th><th>任务指标</th><th>任务详情</th><th>任务结果</th></tr>
<tr><td>1</td><td>了解电商直播的概念</td><td>分析电商直播的销售方式是否适用于健身器材</td><td rowspan="3">1.制作PPT
2.将任务完成结果进行汇报展示</td></tr>
<tr><td>2</td><td>分析电商直播的特点</td><td>分析健身器材类产品的特点，明确PROIRON品牌健身器材大学生直播带货节的销售目标</td></tr>
<tr><td>3</td><td>认知电商直播的类型</td><td>为PROIRON品牌选择合理的直播销售模式</td></tr>
</table>

任务实施

1.自主查阅资料和记录

根据任务背景与任务目标，提前查阅相关文献及资料，将自学时遇到的疑难问题或灵感启发记录在表1-2中。

表1-2 自学记录表

序号	疑难问题/灵感启发

2.人员分工和任务安排

阅读任务计划，理解任务计划中的任务要点及实践要求。根据任务计划，学生自行进行人员分工和任务安排，并将小组成员名单记录在任务分组表（见表1-3）中，以小组的形式完成本任务学习目标。

表1-3 任务分组表

<table>
<tr><td>组名</td><td colspan="2"></td><td>组长</td><td></td></tr>
<tr><td rowspan="5">组员信息</td><td>组员姓名</td><td>组员学号</td><td>组员姓名</td><td>组员学号</td></tr>
<tr><td></td><td></td><td></td><td></td></tr>
<tr><td></td><td></td><td></td><td></td></tr>
<tr><td></td><td></td><td></td><td></td></tr>
<tr><td></td><td></td><td></td><td></td></tr>
</table>

续表

任务安排	
备 注	

3.工作思路与流程

步骤一：分析PROIRON品牌的市场销售现状。

销售现状：________________

SWOT分析：________________

步骤二：总结PROIRON品牌产品特点。

产品特点：________________

步骤三：分析PROIRON品牌是否适合开展电商直播销售。

〇适合　〇不适合

分析理由：________________

步骤四：设定PROIRON品牌电商直播销售的目标。

销售目标：________________

分析理由：________________

步骤五：选择适用于PROIRON品牌直播销售的模式。

○店铺直播模式

分析理由：____

____

○海淘代购模式

分析理由：____

____

○基地走播模式

分析理由：____

____

○直播间出品模式

分析理由：____

____

○直播砍价模式

分析理由：____

____

○商品秒杀模式

分析理由：____

____

○专家问诊模式

分析理由：____

____

○达人带货模式

分析理由：____

____

○博彩模式

分析理由：____

____

○产地直播模式

分析理由：____

____

○抢购模式

分析理由：____

____

4. 任务实施结论

____

____

____

任务评价

评价方式采用多元化评价，评价主体由学生、教师和企业构成，评价标准、分值及权重如下：

1.学生以小组为单位，对本任务的实施过程与结果进行互评，将互评结果填入小组互评表，见表1-4。

表1-4　　小组互评表

评价内容	评价标准	分值（分）	评分（分）
团队建设	团队合作紧密、互帮互助	10	
	工作态度端正、作风严谨	15	
	遵守法律法规和工作准则	10	
工作情况	计划制订周密、组织有序	15	
	按计划、高效率完成工作	20	
	工作成果完整且质量达标	30	
合 计		100	

2.教师对小组任务实施的过程与结果进行评价，将评价结果填入教师评价表，见表1-5。

表1-5　　教师评价表

评价内容	评价标准	分值（分）	评分（分）
专业能力	能正确理解电商直播的意义	10	
	能列举电商直播的特点	15	
	能准确描述不同的电商直播模式的特点	15	
完成情况	按时完成任务目标	10	
	工作成果质量达标	20	
	熟练掌握工作技能	10	
职业素养	学习认真、严谨、自律	10	
	积极参与课堂讨论展示	5	
	课堂任务及时复盘总结	5	
合 计		100	

3.企业对小组任务实施的过程与结果进行评价，将结果填入企业评价表，见表1-6。

表 1-6　企业评价表

关键考核指标	分值（分）	得分（分）
对电商直播有清晰而准确的认知	50	
能够对 PROIRON 品牌健身器材的电商直播销售模式进行合理的规划和选择	50	
合计	100	

4. 根据上述结果填写综合评价表，见表 1-7。

表 1-7　综合评价表

小组互评（20%）	教师评价（50%）	企业评价（30%）	综合评价

任务 2
跨境电商直播行业认知

教学微课 1-4

电商直播行业认知

任务要求

1. 了解我国跨境电商直播行业的发展现状及面临的问题；
2. 熟悉我国跨境电商直播行业规范，熟记直播违规行为和违禁词；
3. 掌握跨境电商直播行业常用的各类术语的含义并能够正确使用。

任务情境

在直播热潮如火如荼的背景下，直播行业却时有发生违规现象——买粉、刷榜、低价进行虚拟货币交易等一系列暗箱操作被逐步曝光。此外，随着网红直播可观的收入被频频曝出，越来越多的人开始想方设法通过直播各式各样的奇葩节目来吸引观众，国家各层日益加紧对电商直播规范经营的管理，如果直播中出现违规现象，或将面临封禁或中断直播的风险。

PROIRON 品牌健身器材大学生直播带货节即将开始，工作人员必须充分了解国家对电商直播行业的违规行为和违禁词的界定与管理规则。根据 PROIRON 品牌设定的直播目标，结合相关政策法规，分析健身器材出口直播活动常见的违规行为和违禁词，整理与健身器材出口直播有关的各类术语。

知识链接

知识点1
跨境电商直播行业现状

2020年，因为突如其来的新冠疫情，电商直播凭借近距离触达、双向触达的优势全面开花，成为广受消费者喜爱的购物方式。截至2020年12月，我国网络直播用户规模达6.17亿。其中，电商直播用户规模为3.88亿，占网民整体的39.2%。中国互联网络信息中心（CNNIC）发布的第48次《中国互联网络发展状况统计报告》显示，截至2021年6月，我国网民总体规模超过10亿人，庞大的网民规模为推动我国经济高质量发展提供了强大的内生动力。随着互联网和科技的发展，网民步入视频高清化、信息视频化的时代，视频成为信息表达的重要载体。

根据艾媒数据中心的统计，我国有66.2%的电商直播用户有网购直播商品的经历，电商直播已经成为新的经济增长模式，逐渐改变着互联网购物的格局。电商直播以互动性强、受众广和独特的盈利模式进入大众的视野。跨境电商平台也不甘落后，开启了“跨境电商+直播”的销售新模式。这不仅为跨境电商平台带来价值，还给用户带来便利和更好的应用体验，同时在扩展新渠道、收获新用户、解决信息不对称等方面表现出其特有的优势。

虽然跨境电商直播这种新模式给跨境电商的发展带来难得的机会，为许多进出口跨境电商卖家带来销售的新思路，但仍然面临一些障碍：

第一，海外直播的聚合性不强，每场直播的触达人数不够多。

第二，有些海外社交媒体的直播功能尚未和电商平台打通，无法直接引流。

第三，外语主播人才短缺。和传统直播带货相比，跨境电商直播带货这个新兴行业对主播的外语水平、语言表达能力和沟通能力要求更高，而国内缺乏专业的海外主播孵化培训机构，专业的外籍主播更是寥寥无几，基本都是照搬国内的直播带货内容。

第四，与海外网红合作卖家的运营成本相对高，而且直播带货的后续效果追踪存在挑战，常常出现沟通难、周期长、成本高、配合度较低的情况。

行业案例1-2

网络直播“带火”中国-东盟农产品贸易

“Sawatdee ka，大家好”，在直播开始的时候，穿着泰国传统服饰的泰露露常常用泰语和中文问候她的粉丝。

留学中国的经济学博士、泰语外教、中国-东盟经济研究学者、跨境电商主播，这些头衔都属于来自泰国苏梅岛、在中国生活了12年的泰露露。她在抖音和今日头条等多个中国主流社交媒体平台上直播销售泰国的榴莲，也在东南亚地区最大的在线购物网站之一——Lazada，以及脸书（Facebook）等平台上销售广西的茉莉花茶等特色农产品。她多次参加中国-东盟博览会，在2021年Lazada东南亚跨境直播人才大赛中斩获新星主播奖（如图1-3所示）。

图 1-3 泰露露在中国-东盟博鉴会期间直播现场

“成为带货主播是个美丽的意外。”2010年泰露露来到广西大学攻读国际贸易硕士学位，被中华文化所吸引，决定留下来学习和生活。2020年新冠疫情暴发后，她在网上为学生直播授课，积累了经验。她在生活中也对网红直播产生了很大的兴趣，逐渐地萌生了自己做直播带货的想法。

泰露露目前和朋友合作，创立了自己的榴莲品牌。她的合作伙伴之前在泰国从事旅游行业，新冠疫情暴发之后，旅游业被暂停，他们只能另谋出路。团队分工合作，一部分人在泰国联系农户、供应商和物流，另一部分人在中国打开销售渠道。“我们下一步准备做广西武鸣的沃柑”，品牌逐步走上正轨，他们不仅将泰国榴莲销售至国内，还要将广西的特色农产品介绍到泰国。

在直播间里，泰露露在中文和泰文之间无缝切换，也经常会教中国网友一些简单的泰语，比如“好吃，谢谢”的泰语。在介绍产品时，她会给大家演示如何开榴莲，教给大家如何分辨榴莲是否成熟。在互动环节，她会拉着直播间的同事一起唱泰语歌，跳泰国舞蹈。“老铁扣1”，她偶尔冒出来的网络用语更让大家倍感亲切。很多中国的网友看到说着一口流利中文的泰国人在直播带货，感到很新奇，会在弹幕互动，还会给她刷礼物。

在分析为何网红直播如此火爆时，泰露露表示直播带货的形式既能增加带货的趣味性和多样性，拉近主播和用户之间的距离，又能通过生动形象的介绍让用户更加了解产品，在轻松诙谐的氛围中达到销售产品的目的（如图1-4所示）。

图 1-4 泰露露为直播带货做宣传

泰露露向记者透露，从物流的方式来说，空运的时间短、成本高，在榴莲八成熟时摘果，更能保证榴莲的口感，而陆运在榴莲六成熟时摘果，新冠疫情期间的不确定性更大。新冠疫情发生后，她销售的榴莲成本上升了2～3倍，通关排队时间平均加长3～5天，如果遇到突然暴发的疫情，等待的时间会更久。

比如去年年底，他们一辆冷柜车在广西友谊关口岸排队15天，大量榴莲出现了开裂发霉的情况，原本可以卖到900元/箱的价格，最后不得已拉到浙江金华，以400元/箱的价格销售出去，损失了近40万元。目前她的团队主要选择空运的方式进行运输，虽然压缩了利润空间，但是可以给消费者更好的消费体验。

泰露露认为，虽然跨境电商正在往更好的方向发展，但是依然面临很多困难，比如语言和文化障碍，信息透明度不够，存在支付信任问题，缺乏完整的产业链等。

资料来源：郭熙贤．网络直播“带火”中国-东盟农产品贸易［EB/OL］．［2022-09-13］．http://www.chinatoday.com.cn/zw2018/bktg/202209/t20220913_800306325.html.

案例启示：直播带货等形式的跨境电商市场份额逆势增长为中国和东盟国家的农业经贸合作注入了新的生机。中国和东盟国家非常鼓励跨境电商的发展，这些政策有利于推进贸易便利化和促进企业发展，竞争的存在激励企业提升产品质量，扩大开放。从长期来看，农产品跨境电商的持续发展仍然面临很多挑战。比如，在硬件方面，物流基础设施不完善，各国铁路、公路发展水平参差不齐。在制度方面，农产品面临检验检疫、产品认证标准不统一的问题，有关跨境电商的法律法规还不够完善，存在网络虚假宣传、直播违规等现象。在市场方面，很多东盟国家跨境电商起步较晚，信息化水平不够高，市场不够开放，缺乏相关经验。因此，直播带货的跨境电商将大有可为。特别是泰国接触跨境电商的时间不长，出名的主播比较少，所以在直播带货这一行还有很大的发展空间。

知识点2
跨境电商直播行业规范

1.直播行业相关政策法规

直播带货作为互联网经济的一种新业态，对活跃市场、促进消费、方便人民群众生活起到了积极的作用，但在发展中存在产品质量不过关、虚假宣传、售后服务差、消费者权益得不到切实保障等广大人民群众反映强烈的突出问题。对此，国家为规范直播带货出台了一系列的专项政策法规（见表1-8）。

表1-8　近几年国家层面出台的部分电商直播专项政策法规

发布时间	发布部门	政策法规名称	主要相关内容
2022-02-22	中共中央、国务院	中共中央、国务院关于做好2022年全面推进乡村振兴重点工作的意见	实施“数商兴农”工程，推进电子商务进乡村；促进农副产品直播带货规范健康发展

续表

发布时间	发布部门	政策法规名称	主要相关内容
2022-02-11	国务院	国务院关于印发“十四五”推进农业农村现代化规划的通知	优化农村电子商务公共服务中心功能，规范引导网络直播带货发展；实施“数商兴农”工程，推动农村电商基础设施数字化改造、智能化升级，打造农产品网络品牌
2021-11-22	国家广播电视总局	国家广播电视总局关于开展智慧广电服务乡村振兴专项行动的通知	进一步推广“公益广告、节目+消费帮扶”“短视频、直播+消费帮扶”等模式，持续开展直播带货活动，丰富消费帮扶形式
2021-07-05	文化和旅游部办公厅	文化和旅游部办公厅关于推进旅游商品创意提升工作的通知	引导品牌主体创新开展旅游商品线上营销，支持开办电子商务平台旗舰店、开展网络直播带货等互动营销，顺应游客和公众需求，促进旅游商品二次消费
2020-06-17	国务院办公厅	国务院办公厅关于支持出口产品转内销的实施意见	鼓励外贸企业充分利用网上销售、直播带货、场景体验等新业态新模式，促进线上线下融合发展
2021-05-26	农业农村部	农业农村部关于加快农业全产业链培育发展的指导意见	创新品牌营销推介，通过博览会、交易会、展销会等平台，以及网络视频、直播带货等形式，讲好品牌故事，提升品牌溢价能力
2021-02-09	国家互联网信息办公室等部门	关于印发《关于加强网络直播规范管理工作的指导意见》的通知	建立直播带货管理制度，依据主播账号分级规范设定具有营销资格的账号级别，依法依规确定推广商品和服务类别

其他相关法律法规包括《中华人民共和国劳动法》《中华人民共和国民法典》《中华人民共和国劳动合同法》《中华人民共和国网络安全法》《中华人民共和国广告法》《中华人民共和国商标法》《中华人民共和国产品质量法》《中华人民共和国消费者权益保护法》《中华人民共和国反不正当竞争法》《中华人民共和国价格法》及知识产权法律（专利法、著作权法等）等。

国家出台的上述政策法规，对电商直播行业提出以下规范要求：

（1）对于直播平台，建议应当建立健全与电子商务业务发展相匹配的资质规范、商品或者服务推广内容规范与审查监控，加强对入驻平台直播者的身份审核，完善消费保障与规范等制度，加强推广内容生态治理。

（2）对于入驻平台的商家，建议当依法履行电子商务经营者的义务与责任，亮证亮标经营，遵守政策法规的规定和平台入驻规则，保障直播商品质量，规范宣传行为，依法履行消费者保障义务。

（3）对于主播，建议应当遵守政策法规的规定以及平台规则要求的入驻规则，合理设置直播场景，依法规范自身的直播行为。

（4）对于MCN机构，建议应当与平台积极合作，按照合作协议与平台规则，对签约主播的内容发布情况进行规范管理、内容审核以及违规行为处置。

（5）对于行业，倡议行业各经营主体加强协作，不断提升基础能力，对标治理水平，联合惩治严重违法违规商家和主播，共同营造良好的行业发展环境。

为了响应国家号召，各省市积极推动直播带货行业发展，也发布了一系列政策推进直播带货行业发展，如《北京市经济和信息化局 北京市商务局关于印发北京市数字消费能级提升工作方案的通知》《江苏省政府办公厅转发省发展改革委关于推动生活性服务业补短板上水平提高人民生活品质行动方案（2022—2025年）的通知》等。

行业案例1-3

网络主播为卖货“雷人”语录频出，涉嫌虚假宣传被罚！

“来我直播间，1箱只赚你1块！”“原产地的野生梭子蟹，价格便宜到让你怀疑人生！”“我爸说了，只要娶了我，我身后这些船都是你的！”

某直播平台上，主播情绪高昂地推销着舟山梭子蟹，“雷人”语录频出（如图1-5所示）。这名主播因信口开河、言辞夸张，属于虚假宣传，相关部门已对其做出罚款4万元的行政处罚。

图1-5 某主播在直播过程中虚假宣传截图

2022年8月1日东海开渔后，舟山普陀区国际水产城出现数十家直播团队，在各平台售卖梭子蟹。8月3日，水产城市场监管部门执法人员注意到账号为“舟山野生梭子蟹（小某某）”的女主播用语夸张，比如，拍一些渔船的画面，说这些船是自己家的，还强调一箱梭子蟹只赚1元。

8月5日，市场监管部门对这名主播进行询问调查。经核实，她不是舟山梭子蟹的直接经营者，没有渔船，也不参与捕捞、发货，只负责为市场商户带货，赚取佣金。直播3天，她带货销售额为4.3万元，她自己和商户的利润都远远不止1元/箱。

经过1个多月的深入调查，市场监管部门对该主播开出了处罚告知单，责令其停止发布违法广告，消除影响，并罚款4万元。

直播带货是近年来新兴的互联网电商营销模式，深受许多消费者青睐。即便如此，网络主播在带货过程中仍应遵守相应法律法规，不能信口开河。

《中华人民共和国广告法》第二十八条第二款第（二）项规定，广告有下列情形之一的，为虚假广告：（二）商品的性能、功能、产地、用途、质量、规格、成分、价格、生产者、有效期限、销售状况、曾获荣誉等信息，或者服务的内容、提供者、形式、质量、价格、销售状况、曾获荣誉等信息，以及与商品或者服务有关的允诺等信息与实际情况不符，对购买行为有实质性影响的。

2022年3月2日，最高人民法院发布《最高人民法院关于审理网络消费纠纷案件适用法律若干问题的规定（一）》，明确平台内经营者的工作人员做出虚假宣传等，平台内经营者要承担赔偿责任。

2022年6月22日，国家广播电视总局、文化和旅游部联合印发《网络主播行为规范》，其中明确规定，网络主播在提供网络表演及视听节目服务过程中不得“夸张宣传误导消费者，通过虚假承诺诱骗消费者，使用绝对化用语”。

资料来源：澎湃．网络主播为卖货“雷人”语录频出，涉嫌虚假宣传被罚！[EB/OL]．[2022-10-13]．https：//m.thepaper.cn/baijiahao_20278024.

案例思考：“虚假宣传”已成为消费者吐槽的高频词，请举例分析虚假宣传的具体行为有哪些。

____

____

____

____

____

2.直播违规行为与违禁词

（1）直播间运营者、直播营销人员从事网络直播营销活动，不得有下列行为：

①发布违法或不良信息；

②发布虚假或者引人误解的信息，欺骗、误导用户；

③营销假冒伪劣、侵犯知识产权或不符合保障人身、财产安全要求的商品；

④虚构或者篡改交易量、关注度、浏览量、点赞量等数据流量造假；

⑤知道或应当知道他人存在违法违规或高风险行为，仍为其推广、引流；

⑥侮辱、诽谤、骚扰、诋毁、谩骂及恐吓他人，侵害他人合法权益；

⑦涉嫌传销、诈骗、赌博、贩卖违禁品及管制物品等；

⑧其他违反国家法律法规和有关规定的行为。

（2）网络信息内容生产者应当采取措施，防范和抵制制作、复制、发布含有下列内容的不良信息：

①使用夸张标题，内容与标题严重不符的；

②炒作绯闻、丑闻、劣迹等的；

③不当评述自然灾害、重大事故等灾难的；

④带有性暗示、性挑逗等易使人产生性联想的；

⑤展现血腥、惊悚、残忍等致人身心不适的；

⑥煽动人群歧视、地域歧视等的；

⑦宣扬低俗、庸俗、媚俗内容的；

⑧可能引发未成年人模仿不安全行为和违反社会公德行为、诱导未成年人不良嗜好等的；

⑨其他对网络生态造成不良影响的内容。

（3）在开展电商直播活动的过程中，要避免出现使用以下违禁词：

①绝对用语：王牌、领袖品牌、名牌、大牌、创领品牌、世界领先、领导者、缔结者、领先上市、至尊、巅峰、领袖、之首、王者、冠军、史无前例、前无古人、永久、万能、祖传、特效、无敌、精确、纯天然、100%等。

②欺诈或刺激消费者的词语：点击领奖、恭喜获奖、全民免单、点击有惊喜、点击获取、点击转身、点击试穿、点击翻转、领取奖品、抢爆、再不抢就没了、不会更便宜了、错过就没机会了、万人疯抢、全民疯抢、卖疯了、抢疯了等。

③时限用语：限时须有具体时限，所有团购须标明具体活动日期，严禁使用随时结束、仅此一次、随时涨价、马上降价、最后一波等无法确定时限的词语。

④违禁权威性词语：国家××领导人推荐、国家××机关推荐、国家××机关专供（唯品会专供除外）、特供、老字号、中国驰名商标、质量免检、无须国家质量检测、免抽检、人民币图样（央行批准的除外）等。

⑤疑似医疗用语（普通商品，不含特殊用途化妆品、保健食品、医疗器械）：全面调节人体内分泌平衡、增强或提高免疫力、滋阴补阳、促进新陈代谢、减肥、补血、生黑发、细胞再生等。

知识点3
跨境电商直播行业术语

1.直播合作模式术语

（1）坑位费：直播间商品的固定链接费用。目前大多数电商主播都会向商家收取坑位费，但是同个主播的同场直播，商品坑位费也会不一样。坑位费的影响因素包括商品品类、知名度和直播顺序等。

（2）佣金：电商主播按照直播间销量，向商家收取一定比例的销售额提成，一般为20%。

（3）纯佣：商家向主播提供产品样品，并且协调好佣金比例，主播负责视频内容创作及推广，主播不收取服务费，直接按销售额分佣。

（4）服务费：商家给MCN机构的服务费用，一般按直播间销售额抽成收取。

（5）定向：定制视频卖货模式，即商家通过星图、主播主页联系等方式，对接垂直领域主播并寄送样品、协商佣金比例等。因为主播要投入人力成本创作+拍摄+推广，所以要加收一个“拍摄推广服务费”。

（6）专属利益点：只属于某主播的赠品或者产品价格等。

（7）推流：主播将本地视频源和音频源传输到服务器的过程。

（8）助播：直播间内配合主播直播的助理，负责评论区互动、产品展示等工作。

（9）控评：指控制直播间评论区话风。一般主播会提前设置，屏蔽一些负面关键词，引导直播间的良性互动氛围。

（10）带节奏：类似于控评，助播会在直播间评论区引导内容走向，起到带头作用，并引导其他用户购买产品。

2.直播形式术语

（1）产业带直播：通过借助线上直播销售形式，帮助商户拓展销售渠道，同时缓解地方产能过剩等问题，带动当地经济发展。

（2）档口直播：在线下有实体店的商家通过直播带货平台销售产品。

（3）档口走播：主播在整个市场游走，去到哪一家档口就在该档口播一会儿，然后到下一个档口，简单来说，就是带粉丝逛市场。

（4）店铺自播：商家店铺发起的电商直播。

（5）公域直播：主播依托于第三方平台，基于公域流量的直播。

（6）私域直播：基于私域流量的直播。

3.直播产品术语

（1）引流款：又名"秒杀福利"，是为了给店铺和店铺其他产品带来流量的产品。

（2）利润款：用于盈利的产品，但这类产品要预留折扣空间，这是方便在大促时顺应平台推出的打折活动。

（3）标品：具有统一市场标准的产品，这类产品在市场上往往具有明确的统一规格、型号或者产品款式，如手机、电脑、家电等都属于标品。

（4）非标品：没有明确规格和型号等的产品，比如淘宝、速卖通上的地方特产、服装等。

（5）白牌：品牌的相对概念，指一些小厂商生产的、没有牌子的产品。

（6）C2M：用户直连制造（customer-to-manufacturer），指根据销售端的用户反馈，反向指导产品生产。

（7）SKU：库存量单位（stock keeping unit），指一款产品进出计量的基本单元，以件、盒、托盘等为单位。

（8）SPU：标准产品单位（standard product unit），是产品信息聚合的最小单位，是一组可复用、易检索的标准化信息的集合，该集合描述了一个产品的特性。

（9）DSR动态评分：例如，平台上的店铺评分，如果3项都是绿色，或者有一项低于4.7分，那么其产品将无法在抖音商品橱窗上架。

（10）品牌专场：主播和品牌合作直播带货专场，即这场直播只卖该品牌产品。

（11）混场直播：主播在单场直播里，带多个品牌的产品。

4.直播间数据术语

（1）GMV：交易总额（gross merchandise volume），一般包含拍下未支付订单金额。

（2）客单价：平均每个顾客的成交额，计算方法是客单价=GMV÷直播间有消费的顾客总数。

（3）ROI：投资回报率（return on investment），直播间ROI的计算方法是用销售额除以坑位费。

（4）渗透率：有的商家会比较在乎直播间渗透率，计算方法是渗透率=直播产出的销售额÷当天总销售额。

（5）在线人数：同一时间点，观看直播的用户人数。

（6）直播间PV：直播间访问次数，设备进入一次算作一个PV，进入两次算两个PV。

（7）直播间UV：直播间访问次数，无论一台设备进入多少次，只记作一个UV。

（8）直播间人均在线时长：用户在直播间平均停留的时长。

（9）刷单：指通过人工或软件下单，提高直播间销量。

5.平台相关术语

（1）二类电商：指在今日头条、广点通、智汇推等移动广告平台上，依托优质广告流量做单品销售的商家，交易形式以包邮和货到付款为主。

（2）DOU+：抖音推出的帮助主播将内容推荐给更多兴趣用户的内容加热工具。

（3）DOU+直播上热门：DOU+服务中的一种，抖音为主播提供的直播间加热工具。主播在直播前和直播中均可购买使用，可提升直播在推荐页的曝光率，吸引更多观众进入直播间。

（4）抖音小店：抖音为抖音达人提供的电商变现工具，帮助其拓宽内容变现渠道，类似淘宝店铺的性质。店铺开通后，可以在头条系的其他应用（如头条、抖音、火山）中统一展示店铺。粉丝可以分别在这些平台进行购物，完成一个闭环。

（5）商品橱窗：指抖音的商品分享功能，开通后可在橱窗放置商品出售，粉丝下单后能够赚取佣金。

（6）音浪：抖音的虚拟货币，用于粉丝给主播打赏。

（7）巨量鲁班：官方推出的，通过头条系资源位投放广告，吸引目标用户购买，与买家直接交易的电子商务模式。

（8）星图：品牌主、MCN机构和明星/达人进行内容交易的服务平台。商家可以根据需求，选择契合的、已入驻抖音的明星/达人合作直播带货。

（9）浮现权：主播需要满足一定条件，才能在“手机淘宝—淘宝直播”频道展示。

（10）挂榜电商：商家通过刷礼物，进入主播指定的排名内（比如前三），主播就会与其PK连麦卖货。挂榜电商是快手开发的直播带货玩法，目前抖音也有类似玩法。

（11）保证金：开通小店或者其他商品渠道都需要商家缴纳保证金。此外，挂榜电商和主播合作时，也会有部分主播要求缴纳保证金。

（12）快币：快手的虚拟货币，用于粉丝给主播打赏。

（13）小黄车：指抖音和快手等的购物功能，主播在直播间添加售卖商品后，直播间用户会看到小黄车，点击可查看并购买商品。

任务操作

任务名称

PROIRON品牌健身器材电商直播禁忌行为规避。

任务目标

- 解读我国关于电商直播的相关政策法规，要求直播人员整理出健身器材类产品在直播销售中应避免发生的违规行为和避免使用的禁忌词。
- 结合产品的特点和电商直播基础知识，直播人员熟练掌握健身器材的直播销售术语的使用。

任务计划（见表1-9）

表1-9 任务计划表

序号	任务指标	任务详情	任务结果
1	了解电商直播的现状	分析健身器材类产品在进行直播销售中将会面临的障碍	1.制作PPT 2.将任务完成结果进行汇报展示
2	解读电商直播的相关政策法规	根据健身器材类产品特点，整理该类产品在直播销售中应当避免发生的违规行为和避免使用的禁忌词	
3	认知电商直播术语	结合健身器材类产品特点，掌握该类产品直播销售术语的使用	

任务实施

1.自主查阅资料和记录

根据任务背景与任务目标，提前查阅相关文献及资料，将自学时遇到的疑难问题或灵感启发记录在表1-10中。

表1-10 自学记录表

序号	疑难问题/灵感启发

2. 人员分组和任务安排

阅读任务计划，理解任务计划中的任务要点及实践要求。根据任务计划，学生自行进行人员分组和任务安排，并将小组成员名单记录在任务分组表（见表1-11）中，以小组的形式完成本任务学习目标。

表1-11　　任务分组表

组名			组长	
组员信息	组员姓名	组员学号	组员姓名	组员学号
任务安排				
备 注				

3. 工作思路与流程

步骤一：分析健身器材类产品在开展跨境电商直播中会遇到的障碍。

市场环境分析：____

____

____

直播障碍分析：____

____

____

步骤二：解读我国电商直播相关的政策法规，根据健身器材类产品特点，整理该类产品在直播销售中应当避免的违规行为和违禁词。

违规行为：____

违禁词：

步骤三：结合PROIRON品牌产品特点，列出适用于该类产品直播销售使用的术语及其使用情境。

直播合作模式术语：

使用情境：

直播形式术语：

使用情境：

直播产品术语：

使用情境：

直播间数据术语：

使用情境：

平台相关术语：

使用情境：

4.任务实施结论

任务评价

评价方式采用多元化评价，评价主体由学生、教师和企业构成，评价标准、分值及权重如下：

1.学生以小组为单位，对本任务的实施过程与结果进行互评，将互评结果填入小组互评表，见表1-12。

表1-12 小组互评表

评价内容	评价标准	分值（分）	评分（分）
团队建设	团队合作紧密、互帮互助	10	
	工作态度端正、作风严谨	15	
	遵守法律法规和工作准则	10	
工作情况	计划制订周密、组织有序	15	
	按计划、高效率完成工作	20	
	工作成果完整且质量达标	30	
合计		100	

2.教师对小组任务实施的过程与结果进行评价，将评价结果填入教师评价表，见表1-13。

表1-13 教师评价表

评价内容	评价标准	分值（分）	评分（分）
专业能力	能把握我国电商直播市场环境现状	10	
	能针对不同品类产品整理违规行为和违禁词	15	
	能正确使用电商直播的各类术语	15	
完成情况	按时完成任务目标	10	
	工作成果质量达标	20	
	熟练掌握工作技能	10	
职业素养	学习认真、严谨、自律	10	
	积极参与课堂讨论展示	5	
	课堂任务及时复盘总结	5	
合计		100	

3.企业对小组任务实施的过程与结果进行评价，将结果填入企业评价表，见表1-14。

表1-14 企业评价表

关键考核指标	分值（分）	得分（分）
了解电商直播的违规行为和违禁词	50	
能正确理解和使用电商直播的各类术语	50	
合计	100	

4.根据上述结果填写综合评价表，见表1-15。

表1-15 综合评价表

小组互评（20%）	教师评价（50%）	企业评价（30%）	综合评价

任务3 跨境电商直播平台选择

任务要求

1.了解跨境电商出口直播平台的分类；
2.掌握海外社交媒体直播平台特点与直播机制；
3.掌握跨境电商出口直播平台特点与直播机制。

任务情境

PROIRON品牌是全球主要的举重类健身器材制造商。其产品通过严格的欧盟环保检测认证，远销到美国、加拿大、欧盟、日本、韩国、俄罗斯、澳大利亚、巴西、沙特阿拉伯、土耳其、以色列等全球50多个国家和地区，与阿迪达斯、沃尔玛、DICKS、COSTCO、麦德龙等世界500强企业保持长期良好的供应合作关系。

PROIRON品牌健身器材大学生直播带货节开始进入准备初期，请具体分析PROIRON品牌特点及其产品特点后，为该活动选择合适的出口直播平台。

知识链接

知识点1 跨境电商直播平台类型及市场分布

根据2020年浙江省电子商务促进会数字贸易研究院发布的《跨境电商直播研究报告》，2017年3月，来自俄罗斯、西班牙、法国等8国的主播在速卖通直播；2018

年5月，美国电商平台Gravy Live采用互动电商直播模式；2018年11月，千家商家在Lazada直播，覆盖泰国、越南、菲律宾、马来西亚、印度尼西亚等地；2018年12月，印度直播电商BulBul诞生；2019年2月，亚马逊推出Amazon Live Creator；2019年6月，Shopee开通直播带货带动商家和品牌销售，覆盖马来西亚、菲律宾和泰国。2021年年底，一项关于东南亚跨境电商直播的研究数据显示：东南亚的大多数消费者（83%）通过Facebook、Instagram和YouTube等社交媒体平台进行直播购物；64%的消费者通过电商交易平台的直播渠道（Shopee Live、Tokopedia Play、Lazada等）购物。

目前，几乎所有海外主流社交媒体平台都增加了直播功能，包括Facebook、Instagram、YouTube等。2020年上半年，TikTok在海外App Store和Google Play下载量将近6亿次，较2019年同期增长88.7%，排名前3的市场为印度、巴西和美国，分别占27.5%、9.6%、8.2%。YouTube平台数据显示，2020年新冠疫情期间直播观看时长相比点播视频时长长4倍，每周进行直播或直播频次更高的频道获得40%的新注册年增长和70%的频道观看时长年增长，直播时长年增长率达到130%，观看时长年增长率达到80%。

一些比较大的跨境电商交易平台纷纷开通直播功能，如Amazon、Shopee、速卖通、Lazada等（如图1-6所示）。2021年，速卖通平台上的主播数量翻了7倍，直播总场次翻了两番，由直播带来的成交额占速卖通总GMV的份额增长了10倍。目前，平台生态已囊括百余家MCN机构、上千位主播和数万名网红。仅2022年上半年，社交化策略为速卖通带来的用户增长是去年全年的2.5倍。Shopee平台数据显示，过去2年多马来西亚市场直播场次同比暴涨达70倍，菲律宾、新加坡市场同比增加40倍。在2020年，印度尼西亚Shopee Live仅4月就吸引超1.2亿次观看。

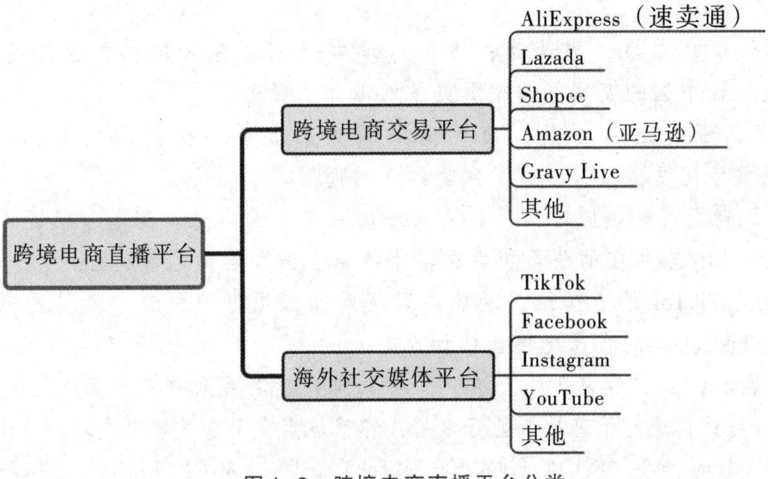

图1-6 跨境电商直播平台分类

知识点2
海外社交媒体平台直播机制分析

教学微课
1-5

海外社交直播平台机制

1.TikTok

TikTok是一款针对海外用户的短视频社交App，被称作“海外版抖音”“国际版抖音”，和抖音一样，是字节跳动旗下的产品。目前TikTok月活跃用户数已超过10亿个，已经覆盖了超过150个国家和地区，提供75种语言选择。TikTok被看作国内最成功的出海应用，是一款直接和脸书、谷歌抢占国际用户的短视频传播社交媒体平台。许多以年轻群体为目标受众的品牌，或追求品牌曝光、商品宣传的卖家，以及粉丝基础薄弱的品牌卖家选择在该平台进行直播宣传。TikTok直播优劣势比较见表1-16。

表1-16　TikTok直播优劣势比较

优势	劣势
•双向标签，可精准定位目标用户 •流量池算法，内容质量高低决定流量大小 •涨粉速度快，零粉丝也能进行流量冲级 •商业化程度较低，品牌推广成本可控性强	•放置购物链接门槛高，且无法追踪相关数据 •对直播内容质量要求高

行业案例1-4

跨境电商直播——直播经济新领域

Lily李是一名广州的带货主播，音乐盒、哈利波特小雕像是她的主推商品。与其他主播不同，她的主要直播对象不是国内的在线消费者，而是面向伦敦、曼彻斯特等国外城市的在线消费者。因为时差的缘故，她的工作时间通常是从午夜开始至早上8点。

当多数人的主战场还停留在国内的各大电商直播平台时，Lily李已经把主战场转移到了有着“国际版抖音”之称的TikTok，成为一名身在国内的跨境主播。“TikTok Shop开通了直播购物功能，这将是跨境电商尚未完全开发的广阔蓝海。”Lily李说。

《南华早报》在报道中认为：中国跨境电子商务惊人的扩张速度将有利于TikTok发展，让中国的商家能够吸引更多的海外消费者。

2021年，亚马逊封号潮，使大批中国卖家出走寻找新的机会；2022年，TikTok电商蓄势待发，大批中国卖家嗅到新的商机。

Lily李的老板就是美国电商平台亚马逊的一名中国卖家。凭借多年运营亚马逊店铺的经验，Lily李所在的公司积累了丰富的供应链和店铺运营经验。

公司认为TikTok的直播购物功能可以帮助商家更好地引流、吸引更多的消费者，公司在TikTok上的布局比重已然加大。

Lily李表示，她打算从3月开始，每周六向数千名观众推销产品4到6个小时。“如果你可以趁此机遇打下基础，扎好根基，你就能生存下来并取得成功。”Lily李说。

资料来源：Una. 真实案例！亚马逊卖家在TikTok直播带货，发了！[EB/OL]. [2022-03-07]. https://www.sohu.com/a/527790722_121320835.

案例启示：TikTok是跨境电商的新蓝海，在跨境电商领域释放着积极的信号。在遭遇2021年亚马逊的封号潮之后，TikTok已然成为中国商家尤其是亚马逊上的中国卖家的新战场。跨境电商直播是一个新的领域，哪个企业先进入，就抢先占据了市场机会。

2.YouTube

YouTube是源自美国的视频分享网站，也是目前全球最大的视频搜索和分享平台。截至2020年10月，YouTube月活跃用户数为20亿个，平均观看时长达到40分钟，长视频沉浸式观看更有利于广告转化。该平台适合于有稳定且广泛粉丝基础的品牌、有YouTube运营经验的品牌或有稳定且高质量分享内容的品牌进行直播。YouTube直播优劣势比较见表1-17。

表1-17 YouTube直播优劣势比较

优势	劣势
•拥有庞大用户群，辐射人数众多 •用户黏度高，对平台依赖性大 •可支持在移动端直播 •页面突出显示直播视频，覆盖率高	•需要有一定的粉丝积累 •难以直接接触到目标用户 •用户通过留言沟通，互动性差

3.Facebook

Facebook是全球社交媒体巨头之一，月活跃用户数超过29亿个，旗下有Messenger、Instagram和WhatsApp等应用。Facebook在2021年更名为“Meta”，一直在移动与互联网领域发展。该平台适合于有自有粉丝且想要提高粉丝忠诚度的品牌、有较多户外活动需要实时转播的品牌、有稳定订阅量的粉丝的专业品牌开展直播。Facebook直播优劣势比较见表1-18。

表1-18 Facebook直播优劣势比较

优势	劣势
•活跃用户基础庞大，直播触及人群广 •直播视频可转成普通视频长久保留，便于后期推广使用 •可主动追踪粉丝主页，有利于培养忠实粉丝	•对直播内容限制严格，违规内容有被下线的风险 •用户可通过留言参与直播互动，互动性较弱

4.Instagram

作为全球社交媒体巨头之一，Instagram以图片分享为主，是跨境卖家做海外营销的重要阵地之一。目前月活跃用户数超过10亿个，用户年龄35岁以下的约占七成。该平台适合于以女性受众为主的服装、配饰类品牌，或经营个人品牌，经常分享日常生活用品的卖家开展直播。Instagram直播优劣势比较见表1-19。

表1-19 Instagram直播优劣势比较

优势	劣势
•用户以年轻女性群体居多，可精准辐射到目标用户 •标签、探索功能可以让没有关注账号的人群也能够看到其内容，加深扩散 •可以与粉丝在线聊天互动，大大提高与粉丝的互动效率和频率 •直播视频会优先展示在所有限时动态之前，利于提高用户点击率	•需要积累一定粉丝才能增加订阅量和直播观看人数 •针对直播提供的分析资料有限

知识点3
主流跨境电商交易平台直播机制分析

教学微课 1-6

跨境交易直播平台机制

1.速卖通

速卖通新版直播平台AliExpress Connect于2019年7月上线，已有来自俄罗斯、西班牙、法国等多个国家的时尚达人、博主等，分别用英语、俄语、西班牙语、葡萄牙语、法语、意大利语、波兰语、乌克兰语等进行直播。速卖通直播多以时尚服饰穿搭、模特走秀、数码评测、珠宝展示、家电功能演示为主。

AliExpress Connect平台总共有如下4种直播模式：

（1）商家自播：由商家自行发起的直播；官方会提供全套的相关教程和一定的流量扶持；直播完整筹备流程由商家产出，商家在过程中无须向平台支付任何费用。主播可以是商家自己的员工或者自己的主播资源。

（2）达人直播：通过速卖通平台寻找的达人主播进行直播，商家需要根据与达人的沟通情况支付一口价或者CPS佣金。商家需要提供货品的寄样和支付达人的直播成本。(不同达人的专业度以及粉丝的量级不同)

（3）机构直播：通过与速卖通平台合作的一些国内外机构，进行专场或者多品牌的混播；该类直播适用于店铺的特殊活动（如上新或者新品发布或者店铺周年庆等）或者平台营销节日的活动直播。

（4）平台型专业内容：在大促或者平台营销节日中，由平台官方发起并由专业内容制作团队承接制作直播内容。该类直播内容会由官方设计相关主题和内容形式，面向行业TOP商家进行定向招商参与，入选的商家仅需提供货品寄样。

目前，速卖通对商家与达人端均不收取任何费用。AliExpress Connect更像一个撮合平台，无论是商家端，还是达人端，都可以借助平台寻找到合作。平台还会根据直播效果提供数据支持，确保商家与达人相互认可，保证达人为商家更好地带货，达人也能够获取丰厚的报酬。

速卖通直播目前的用户画像主要是35岁左右已婚已育的主妇，以及爱时尚的中年男性，其中女性比例偏少，男性偏多。数据显示，速卖通上消费者观看直播最喜爱的货品类型是手机通信、美容健康、消费电子、家居、家电。而从直播场热卖的商品维度来看，近年来比较火爆的是几个品牌新机的直播发布，包括小米和优米等品牌；另外，假发、婴儿手推车、服饰鞋包等是在直播中成交不错的品类。

2.亚马逊

Amazon Live是亚马逊卖家和网红展示与讲述产品的直播视频平台，于2019年首次上线，可以将产品目录链接展示在直播中，允许同时添加产品的更多详细信息。在亚马逊上直播，卖家可以实时与用户互动，通过互动式直播推动销售。

目前，Amazon Live仅限于美国市场。卖家可以通过www.amazon.com/live网址，在电脑端上访问它。

在亚马逊直播，需要具备以下4个条件：

（1）成为亚马逊卖家；

（2）在亚马逊注册品牌；

（3）一个iOS设备（Amazon Live目前还不支持Android）；

（4）强大稳定的Wi-Fi连接。

直播会出现在卖家品牌产品的详细信息页面上，以及在亚马逊购买者所观看的各种广告中。所有实时直播可以在美国站的网页（如图1-7所示）或者是Amazon Live的App上观看。

图1-7 美国站网页观看直播的途径

虽然亚马逊是电子商务行业的鼻祖，但其海外直播相比国内的电商直播要冷清了许多。究其原因：一是海外消费者尚未形成直播购物的习惯。海外消费者尤其是欧美消费者观看直播主要是为了娱乐，而非购物。二是国外缺乏成熟的直播生态，电商直播在国内已经很成熟了，但在海外还在起步阶段，直播—购物—支付的生态链条仍需花费时间搭建。

3.Shopee

Shopee中文名称为虾皮，是东南亚最大的电商平台之一，可以理解为东南亚的“淘宝”。这个平台入驻比较简单，门槛比较低，所以非常适合想要做跨境电商的新手。虾皮的官方技术团队在中国，给中国买家更多技术支持，其纯中文的操作后台，对于中国卖家而言操作方便。新品上架能获得更多的平台自然流量，平台推出粉丝福利、上新信息推送等使得粉丝回购率高。

在Shopee直播带货，对于卖家来说，最直观的优势就是可以获得平台的免费流量，不用额外付费。其次，Shopee对于直播效果好的卖家，会有相应的奖励和扶持。此外，目前Shopee的直播，正处于推广普及阶段，市场空间比较大，谁先入局，谁就有较大机会成为优势卖家。如今许多虾皮卖家通过直播，不仅实现了粉丝的快速增长，而且有效地提高了店铺销售额和整体权重，实现了店铺业绩的爆发。主流跨境电商交易平台直播机制特点见表1-20。

表 1-20 主流跨境电商交易平台直播机制特点

直播平台	直播机制特点
AliExpress	1. 创建直播间：可以是卖家自己创建直播后将 OBS 推流的 URL 和 key 或者手机推流的二维码给到达人，让达人准时直播，也可以让达人自行创建直播间，商家将直播间所需添加的商品、公告、优惠券等信息给到达人 2. 不支持一边直播一边录制，但用户可以将整个视频下载后截取 3. AliExpress Connect 的商家自播模式：会有平台提供的流量支持，无须支付任何费用
amazon	1. Amazon Live 可以永久留存卖家直播视频，并且用户可以在直播频道随机看到，所以除了直播带来的流量，留存的视频也可以不断带来流量 2. 平台会针对直播的卖家，给予相应的站内流量支持 3. 直播结束后，后台会生成一个详细的直播数据，包括观看量、产品点击量、销量等 4. 卖家可以自己设置直播推广，引流更多的用户，并且直播视频会在 listing 页面展示 48 小时
Shopee	1. 东南亚跨境电商平台 Shopee 的首页入口就可以直播，并且做直播带货的卖家还有平台提供的流量支持 2. 可以累积人气和直播积分，店铺排名越高，获得流量越多 3. 卖家开播时间越长，直播时间越早，越有机会被官方推荐到黄金位，直播间最多可以展示 200 款产品

任务操作

任务名称

为 PROIRON 品牌健身器材大学生直播带货节选择合适的出口直播平台。

任务目标

- 能够准确把握各类跨境电商直播平台的特点、优势和劣势。
- 分析 PROIRON 品牌健身器材的特点，为本次 PROIRON 品牌健身器材大学生直播带货节选择合适的出口直播平台。

任务计划（见表1-21）

表1-21 任务计划表

序号	任务指标	任务详情	任务结果
1	了解跨境电商直播平台的基础情况	介绍当前主流的跨境电商直播平台的分类和市场分布情况	1. 制作PPT 2. 将任务完成结果进行汇报展示
2	描述海外社交媒体平台直播特点	分析海外社交媒体平台的特点与直播机制	
3	描述跨境电商交易平台直播特点	分析主流跨境电商交易平台的直播机制及其优劣势	
4	选择出口直播平台	根据PROIRON品牌和产品的特点，选择合适的出口直播平台	

任务实施

1. 自主查阅资料和记录

根据任务背景与任务目标，提前查阅相关文献及资料，将自学时遇到的疑难问题或灵感启发记录在表1-22中。

表1-22 自学记录表

序号	疑难问题/灵感启发

2. 人员分组和任务安排

阅读任务计划，理解任务计划中的任务要点及实践要求。根据任务计划，学生自行进行人员分组和任务安排，并将小组成员名单记录在任务分组表（见表1-23）中，以小组的形式完成本任务学习目标。

表 1-23 任务分组表

组名			组长	
组员信息	组员姓名	组员学号	组员姓名	组员学号
任务安排				
备注				

3.工作思路与流程

步骤一：查看 PROIRON 品牌的产品手册和企业规划，提炼 PROIRON 品牌健身器材类产品特点。

企业简介：____

____

____

产品特点：____

____

____

步骤二：查阅相关资料，掌握健身器材类产品在当前主流的跨境电商直播平台的销售情况。

在海外社交媒体平台的销售情况：________________________

____

____

在跨境电商交易平台的销售情况：________________________

____

步骤三：分析健身器材类产品是否适合在海外社交媒体平台开展电商直播销售，并分析原因。

○适合　○不适合

分析原因：________________

步骤四：分析健身器材类产品是否适合在跨境电商交易平台开展电商直播销售，并分析原因。

○适合　○不适合

分析原因：________________

步骤五：选择适用于PROIRON品牌健身器材大学生直播带货节的海外社交媒体平台，并阐述理由。

适用的海外社交媒体平台：________________

阐述理由：________________

步骤六：选择适用于PROIRON品牌健身器材大学生直播带货节的跨境电商交易平台，并阐述理由。

适用的跨境电商交易平台：________________

阐述理由：________________

4.任务实施结论

____

任务评价

评价方式采用多元化评价，评价主体由学生、教师和企业构成，评价标准、分值及权重如下：

1.学生以小组为单位，对本任务的实施过程与结果进行互评，将互评结果填入小组互评表，见表1-24。

表 1-24 小组互评表

评价内容	评价标准	分值（分）	评分（分）
团队建设	团队合作紧密、互帮互助	10	
	工作态度端正、作风严谨	15	
	遵守法律法规和工作准则	10	
工作情况	计划制订周密、组织有序	15	
	按计划、高效率完成工作	20	
	工作成果完整且质量达标	30	
合计		100	

2. 教师对小组任务实施的过程与结果进行评价，将评价结果填入教师评价表，见表 1-25。

表 1-25 教师评价表

评价内容	评价标准	分值（分）	评分（分）
专业能力	能准确把握海外社交媒体平台的直播特点和机制	15	
	能准确把握跨境电商交易平台的直播特点和机制	15	
	能为健身器材类产品选择合适的跨境电商直播平台	15	
完成情况	按时完成任务目标	10	
	工作成果质量达标	15	
	熟练掌握工作技能	10	
职业素养	学习认真、严谨、自律	10	
	积极参与课堂讨论展示	5	
	课堂任务及时复盘总结	5	
合计		100	

3. 企业对小组任务实施的过程与结果进行评价，将结果填入企业评价表，见表 1-26。

表 1-26 企业评价表

关键考核指标	分值（分）	得分（分）
熟悉跨境电商直播平台的分类及其直播机制	50	
能够为 PROIRON 健身器材品牌大学生直播带货节选择合适的出口直播平台，并阐述理由	50	
合计	100	

4. 根据上述结果填写综合评价表，见表 1-27。

表1-27 综合评价表

小组互评（20%）	教师评价（50%）	企业评价（30%）	综合评价

职业素养指南

谨防跨境电商成走私

一、跨境电商走私的常见手段

1. 伪报贸易方式

"刷单"是最常见的伪报贸易走私方式，具体手段为：走私的个人或单位搭建虚假跨境电商平台，利用互联网技术购买或获取网络用户的身份信息，以此为基础制作虚假订单；利用快递行业监管漏洞和支付机构监管漏洞，制作虚假快递单和伪造支付单。这样，伪造的信息在电子商务通关服务平台上构成了"三单一致"，走私的个人或单位以伪造的信息享受了税收优惠和便利化通关。

2. 低报价格

跨境电商低报价格是基于跨境电商平台上生成的真实有效的订单来进行价格造假，其具体走私方式为：走私单位根据其他电商平台真实订单中的个人买家身份信息、收件地址、货品名称、数量，在虚假平台上生成虚拟"订单"，其价格为自行制定的低报价格。再由支付企业依照低报价格的假订单进行收付款，由此形成了虚假支付信息以逃避应缴税额。

3. 包税进口

包税进口是指跨境电商企业或跨境电商平台与物流公司签订类似"包通关"协议，但往往"包通关"的费用明显低于物流公司正常"报关+运输"的成本。换言之，物流公司如要盈利，必然会采取违法手段清关。甚至在有些协议中，双方会有关于海关发现违法清关、查扣商品的对赌约定。在这种情况下，如果跨境电商平台或企业仍然与该物流公司合作，很可能被推断为对走私行为具有间接故意，进而被认定为走私共犯。

4. 推单走私

所谓推单，就是其他商业主体将消费者的下单"转推"给跨境电商平台，由跨境电商平台向海关代推订单。推单的核心运营方式为：跨境电商经营者与境外商家，或境内淘宝、微商等店铺，或其他未在海关备案的电商平台合作，将消费者的真实订单导入与海关联网的跨境电商平台，根据导入的真实订单匹配支付单和物流单，并将"三单"信息推送给海关，最终以跨境电商零售进口模式将境外商品申报入境并直接寄送至下单的消费者。

5. 伪报品名

只有《跨境电子商务零售进口商品清单》上的商品能享受跨境电商零售进口的税收优惠，但部分商家将清单外商品伪报为清单内商品，从而冒用跨境电商零售进口的税收优惠政策。

6.退货漏税

根据《关于跨境电子商务零售进出口商品有关监管事宜的公告》(海关总署公告〔2018〕194号,以下简称《194号公告》),如发生退货,退回的商品应当符合二次销售要求并在海关放行之日起30日内以原状运抵原监管作业场所。实践中,有些消费者因为其他原因超过30天才退货,或者电商企业选择将消费者退货的商品存储在国内仓库而非退回原保税区仓库,这种情况下跨境电商企业如未按时向海关办理纳税手续,也可能被认定为走私。

二、关于跨境电商走私的监管规定

根据《中华人民共和国电子商务法》第二十六条的规定,电子商务经营者从事跨境电子商务,应当遵守进出口监督管理的法律、行政法规和国家有关规定。最重要的几份监管规定即《财政部 海关总署 国家税务总局关于跨境电子商务零售进口税收政策的通知》(财关税〔2016〕18号,以下简称"2016年4.8新政")、《194号公告》和《关于完善跨境电子商务零售进口监管有关工作的通知》(商财发〔2018〕486号,以下简称《486号通知》)。

其中涉及走私行为的最新监管规定为:

1.《486号通知》第四、(五)、5条中规定:"……海关对违反本通知规定参与制造或传输虚假'三单'信息、为二次销售提供便利、未尽责审核订购人身份信息真实性等,导致出现个人身份信息或年度购买额度被盗用、进行二次销售及其他违反海关监管规定情况的企业依法进行处罚。对涉嫌走私或违规的,由海关依法处理;构成犯罪的,依法追究刑事责任……"

2.《194号公告》第八、(二十九)条规定:"……海关对违反本公告,参与制造或传输虚假交易、支付、物流'三单'信息、为二次销售提供便利、未尽责审核消费者(订购人)身份信息真实性等,导致出现个人身份信息或年度购买额度被盗用、进行二次销售及其他违反海关监管规定情况的企业依法进行处罚。对涉嫌走私或违规的,由海关依法处理;构成犯罪的,依法追究刑事责任……"

因此,在从事跨境电商时务必擦亮双眼,能够正确区分跨境电商交易和进出口走私行为,谨记法律法规,守法经营,正当获利。

资料来源:冯晓鹏,马聪.跨境电商走私犯罪法律分析及其合规不起诉的实现进路[EB/OL].[2021-07-14]. https://baijiahao.baidu.com/s?id=1705226426086288207&wfr=spider&for=pc.

项目小测

项目小测1

1.下列选项中,是跨境电商直播平台的是( )。

A.Tmall　　B.Amazon Live　　C.TikTok　　D.Wish

2.跨境电商直播行业的发展特点和趋势包括( )。

A.中国电商直播产业链领跑世界,运作经验娴熟

B.中国具有世界最完善的工业生产制造体系,可向全世界提供性价比具有竞争力的产品

C.跨境物流需求量的快速增长,自建物流体系可优化用户购买体验

D.充分利用华人优势开拓跨境电商直播的海外市场

3.以下对我国跨境电商直播的描述，正确的有（ ）。

A.在2020年新冠疫情的冲击下，跨境电商直播全面爆发

B.新零售业态加速兴起，国内跨境电商日益成熟

C.当前跨境电商直播热度指数很高

D.国内跨境电商日益成熟，为跨境电商直播奠定了良好基础

4.下列关于出口跨境电商直播市场的分析，正确的有（ ）。

A.目前我国出口跨境电商直播市场已经非常成熟

B.出口跨境电商直播和国内直播相类似，操作简单，易上手

C.目前出口跨境电商直播市场属于蓝海市场，大有可为

D.扩大跨境电商直播的市场可以充分利用华人优势

5.影响跨境电商卖家做好直播的因素有（ ）。

A.流量　　B.主播　　C.选品　　D.场景

2

项目2

跨境电商直播策划

学习目标

知识目标

1. 掌握跨境电商直播主题策划的方法
2. 掌握跨境电商直播内容设计的要点
3. 掌握跨境电商直播引流方法、直播流程、营销手段

技能目标

1. 能够完成跨境电商直播主题策划
2. 能够进行跨境电商直播内容设计
3. 能够为跨境电商直播引流，把握直播节奏，选择合适营销手段

素养目标

1. 通过学习跨境电商直播脚本设计，引导学生树立公平竞争、诚信为本的经营理念
2. 通过学习跨境电商直播内容设计，拓宽学生的国际视野，培养跨文化交流能力
3. 通过学习跨境电商直播主题确定，引导学生养成与时俱进的创新意识和可持续发展意识

动画 2-1

跨境电商直播主题策划

项目描述

PROIRON品牌瞄准了跨境电商直播行业的巨大潜力，计划进军跨境电商直播市场。PROIRON品牌已经了解跨境电商直播的基础知识，并确定了出口直播平台，接下来需要进行跨境电商直播策划。

跨境电商直播策划是商家开展直播运营的基础。PROIRON品牌首先需要确定直播账号类型、直播主题，明确直播人设的类型并进行人设打造，然后根据直播主题设计直播内容。另外，PROIRON品牌必须重视直播前期引流，了解直播流程，把握直播节奏，选择合适的营销手段，为正式直播做好准备。

项目分解

- 跨境电商直播策划
  - 跨境电商直播主题策划
    - 账号类型的确定
    - 主题确定
    - 人设打造
  - 跨境电商直播内容设计
    - 标题设计
    - 脚本设计
    - 内容优化
  - 跨境电商直播方案设计
    - 重视前期引流
    - 把握直播节奏
    - 运用营销手段

任务1
跨境电商直播主题策划

任务要求

1. 了解跨境电商直播账号的类型，掌握确定账号类型的依据；
2. 了解直播主题的类型，能够为直播选择合适的主题；
3. 了解直播人设的重要性，掌握人设内容和人设打造的方法。

任务情境

PROIRON品牌在国内直播销售取得了巨大成功。随着跨境电商平台直播业务的创设，PROIRON品牌瞄准其巨大潜力，布局跨境电商直播业务。目前，已经确定了出口直播平台。接下来，企业需要进行直播主题策划，包括确定直播账号类型，确定直播主题，明确直播人设类型并进行人设打造。

知识链接

教学微课
2-2
跨境电商直播账号类型

知识点1
账号类型的确定

进行跨境电商直播主题策划，首先需要确定直播账号类型。

1. 直播账号类型

（1）个人账号

个人账号适用于达人，包含媒体达人、明星达人、红人达人、IP达人、机构达人、普通达人等业务角色，需要录入身份证等认证信息。个人账号可以申请直播权限，直接开播。如果是机构达人，可以将个人账号绑定到机构母账号。个人账号属于达人主播，粉丝黏性相对较高。主播与品牌方是合作关系，直播带货收取坑位费，或按照销售产品情况收费、分成等。

对于主播而言，账号归属于自己，直播产品销量直接关系到主播的经济收入，选择个人账号进行跨境电商直播带货，可以充分调动主播的积极性，销售量通常会相对比较理想。个人账号下，主播的利益与企业不完全一致，主播为了吸引更多流量，直播中甚至会做出损害企业的示范。例如，达人主播选择产品测评主题进行直播吸引流量，但如果测评失败会对品牌带来不利影响。对于主播而言，不利之处在于：由于账号归属于主播，得不到企业大力扶持，账号成长缓慢；可能存在品牌方对产品缺陷的隐瞒，主播获取全面真实的产品信息有困难；主播往往需要有一定的粉丝基础才能有较大的选品空间，小主播选品空间有限。

对于企业而言，有利之处在于：个人账号直播带货销量相对较高；如果直播中主播出现话术不当等情况，企业只需要更换合作主播即可，没有损失企业自身账号的风险。不利之处在于：与个人账号合作的稳定性较差，大主播选品空间大，小主播粉丝数量有限且带货能力较差，更换合作账号相对频繁，频繁更换直播账号影响品牌形象和产品销量。

（2）企业账号

企业账号是适用于由多人运营企业的账号，需要录入营业执照等认证信息，可以申请直播权限，直接开播。企业账号属于企业，账号主播由企业确定。如果先前的主播离开，企业可以安排其他主播登录该账号进行直播。主播通常与企业签订合约，属于雇佣关系，主播的收入包括基本工资和销售提成两部分。企业账号按照直播的目标和内容不同，分为品牌型直播账号和商品型直播账号。

①品牌型直播账号，以宣传品牌为主，销售带货为辅，是厂家变换的一种广告宣传方式。通过直播来宣传品牌比其他媒介方式更直接，而且通过带货可以实现品销合一，让品牌能够以最短的途径接触到最终用户群体，收集到有用的反馈信息，方便品牌迭代自己的产品和服务。

②商品型直播账号，以售卖商品为核心定位，直播的内容与商品的属性是强关联的，追求的第一目标是商品的销售转化率。

对主播而言，有利之处在于：企业账号往往得到企业大力扶持，企业账号运营状况良好；可以获得真实而详细的产品信息，对产品做到心中有数；企业往往会给新人主播业务培训和观摩直播的机会，有利于新人主播的成长。不利之处在于：企业账号归属于企业，企业账号涨粉与个人无关，带货销售业绩对主播的经济激励有限，主播带货积极性相比个人账号较低。

对企业而言，有利之处在于：企业账号归属于企业，可以放心投入资源扶持，不用担心主播流动而造成前期投入浪费；主播相对稳定，值得精心培养。不利之处在于：主播积极性相对不高，企业账号在初期粉丝量较低，单场直播效果往往无法与粉丝体量较大的个人账号直播相比。

（3）机构账号

机构账号是适用于经纪公司、传媒公司、广告公司等 MCN 机构的账号，需要录入营业执照等认证信息。机构账号拥有管理子账号（机构达人的个人账号）的权限，对账号人设打造、运营更加专业，可以打造一批优质账号，但是无法直接开播。

2.确定账号类型的依据

教学微课 2-3

确定跨境电商直播账号类型的依据

跨境电商直播账号类型的确定，需要综合考虑企业直播目的、企业直播可用资源、市场环境。

（1）企业直播目的

通常企业直播有以下4个目的：

①推广品牌。直播平台自带庞大流量，通过直播，企业无须支付高昂广告费，即可达到提高品牌知名度的目的。

②带动产品销售。促进产品销售是当前电商直播最直接的目的，直接关乎直播利润。

③拓展渠道。直播对于很多传统企业来说是一次转型的契机，直播可以开拓线上销售渠道，而且是几乎不用投入多少成本就能拓展大量客源的渠道。

④降低成本。企业通过电商直播进行品牌推广、提高产品销量、拓展渠道，几乎不用投入多少成本，有效降低了企业的营销费用。

通常企业进行直播的4个目的兼而有之，但会有所侧重。如果企业直播的主要目的是迅速将积压的产品卖出，企业往往选择与自带流量且带货能力强的达人主播合作，通过其个人账号进行跨境电商直播。如果是为了长期地品牌推广和拓展海外销售渠道，企业可以培养、组建自己的直播团队，选择企业账号进行直播。

（2）企业直播可用资源

决定企业账号类型的资源包括：

①直播可投入的资金状况。如果选择企业账号，一段时间内，企业需要为“养号”投入较多资金；如果企业没有现成的账号，而直播可投入资金又不充足，选择个人账号更合适。

②企业人才储备。如果企业自身有能力出众的主播，可以选择企业账号；反之，则可以选择与专业能力强、有一定粉丝基础的达人主播合作，通过个人账号进行跨境电商直播。

（3）市场环境

企业要掌握竞争者采取的策略。如果竞争者还未开始进入直播领域，直播账号两种类型都可以选择；如果竞争者采用的是迅速聚集人气的达人直播带货，企业往往也会选择个人账号进行直播带货，因为如果选择慢热的企业账号进行直播带货，市场可能会被对手迅速抢占。

知识点2
主题确定

确定直播账号类型后，需要选择合适的直播主题。

1.直播主题类型

常见的直播主题类型有：

（1）直播探厂

直播探厂可以帮助买家很好地了解商家的工厂实力。直播中可对工厂进行介绍或者按照“工厂的实时画面+实时接待”，对工厂的生产、组装、质检、包装、发货等流程进行实时展现，并实时与买家互动，更好地提升买卖双方的信任关系。

（2）新品发布

新品发布核心是新品。商家在直播的过程中，核心要围绕“新”来展示商品的“新工艺、新设计、新材质、新技术”等，让买家对新品有了解，更好地把握商机。

（3）商品评测

商品评测核心是通过实验、使用体验、商品对比测试，来展示商品的核心竞争力。如可以通过实验向买家展示自家商品的黑科技，通过开箱、评测向买家展示自家商品的使用体验，也可以通过将自家的商品与B家同款的商品进行对比，向买家展示自家商品的优点等。

（4）潮流趋势

潮流趋势的核心是趋势。围绕趋势，主播需要在直播间向买家展示当季流行、热卖商品，商品热销国家等，吸引客户下单。可结合行业报告、行业市场分析等数据，站内榜单、Google Trends等工具，挖掘趋势。

（5）健康养生

人们越来越关注健康养生，健康养生成为最常见的直播主题之一。围绕健康养生，可以从健康的生活习惯，如早睡早起、运动健身、外出旅行等角度来设计直播主题；也可以从健康的饮食，如绿色食品、低脂低糖饮食、滋补品等角度来设计直播主题；还可以从关注不同人群心理健康、选择适当方式释放压力角度来设计直播。

（6）实时接待

实时接待类似于客服直播，通过直播，实时高效互动，对消费者提出的问题实时答疑，让消费者进入直播间就能感受到类似于线下门店的导购互动，不再是消费者被动选择的咨询。实时接待的形式，实现面对面的实时互动咨询，更好地拉近商家与消费者之间的关系，从而通过积极的互动提升直播的销售转化率。实时接待主题的直播商家不需要准备专业的脚本，只需要对消费者可能提出的问题准备答案。在直播中实时接待，解答消费者问题，多互动、多引导。

直播主题可以不局限在以上6种类型，直播运营人员应当树立与时俱进的创新思维，积极探索、创新符合自己品牌、直播间、产品的直播主题。

2.确定主题的依据

（1）企业品牌情况

跨境电商直播的主题必须与企业实际情况、品牌形象相符。例如，企业生产技术含量高，生产线先进，可以考虑“直播探厂”或“新品发布”。某洗发水品牌形象是“潮流时尚”，某化妆品品牌形象是“精致女人”，直播主题可以选择“潮流趋势”。

（2）产品定位

对商家而言，跨境电商直播的产品就是自家产品。产品系列可能有很多，但往往是一个品类，如3C产品、化妆品、健身器械、服装、户外装备、家居用品等。确定直播主题，除了要与企业形象契合，还要适合于直播所推荐的产品品类，以及产品在同行业中的定位。例如，3C产品可以从“直播探厂”、“新品发布”、“商品评测”和“潮流趋势”中择其一作为主题；服装类产品可以选择“潮流趋势”和“新品发布”作为直播主题；健身器械可以选择“健康养生”和“潮流趋势”作为直播主题等。

（3）目标客户

收集目标客户信息，基于客户的基础特征、社会特征、偏好特征、购买特征等信息，绘制客户画像。直播的主题应当是目标客户感兴趣的，才能吸引目标客户观看，进而实现转化。如果直播的主题目标客户不感兴趣，即使直播引流很成功，但目标客户看得不多，进入直播间后迅速离开，直播的销售转化率肯定差。

知识点3
人设打造

人设打造也叫打造IP，即将直播账号符号化，这种符号可以代表品质、价值观、生活方式、有效价值等，是粉丝对该账号主播及其带货产品的评价和印象，而且这种评价和印象是简约、具体、有效、可描述的。

1. 人设打造的目的

（1）获取低成本流量

随着目前在互联网上投放广告的成本不断升高，导致获客的成本越来越高，已经达到大部分中小企业无法承受的程度，因此通过人设打造增加影响力、吸引新粉丝就成为最具竞争力的获客方式。

（2）建立与粉丝间的信任

跨境电商直播的目标之一是成交，而成交的核心支撑是信任，主播如果解决了与新老粉丝间信任的问题，其实就达成了直播间成交转化的目标。之前用户看到的大部分都是冷冰冰的传统刷屏商业广告，用户更愿意关注和信任一个真实的活生生的人，这也是人设打造的价值与魅力。

（3）提升圈层高度

现代社会从某种角度看是圈层社交的时代，我们所在的圈子决定了我们的高度和人脉，而账号人设打造是自主地为自己贴上已经设计好的定位标签。定位标签的确立与宣传即塑造自己的形象和影响力，此时我们的人设就可以成为通行各大圈子的名片，优质的资源就会被吸引过来，从而形成人设强化与圈层升级的良性循环。

（4）持续变现

盈利的稳定性是一切商业活动的终极目标，目前直播的盈利能力也正从“短暂变现能力”向“持续变现能力”转变。仅能单次成交变现已经成为需要突破的难题，而人设打造便是与粉丝建立了情感的链接，增加了双方的黏性，从而实现了因为信任而产生的全空间、全时间的经济价值。以前用户购买产品会选择对应产品群中最优秀、最具性价比的品牌，现在因为人设的成功建立，用户会选择购买主播推荐的大部分产品。主播以用户需求为出发点，基于情感链接而与用户建立了持久的供需关系，才可以实现持续变现的终极目标。

2. 直播人设的内容

（1）昵称

昵称就是希望用户如何称呼自己。昵称没有特殊的要求，尽量满足以下4个特征：有特点、别太长、易记忆、人如其名。其中，人如其名是指昵称要与主播形象相匹配，如一名带货农副产品的大叔不适合叫健身型男。昵称使用自己的真实名字也可以，但是要尽量满足优秀昵称的特征。

（2）核心定位标签

核心定位标签指人设的主要内容，也就是说，通过一句话描述自己能为用户提供什么产品或服务。比如：幸福一刻，课间的美味零食；早晚一杯，好奶给孩子健康多一点保障。

（3）人设形象

人设形象指账号主播的穿着、妆容、行为、人设及环境定位的综合呈现，主要体现在主播在直播时的直播间风格、个人装扮和行为等方面。

（4）人设主张

人设主张指主播坚持的原则，比如倡导售卖原切牛排，抵制含有添加剂的合成牛排。人设主张的宣发，有助于用户更加信任卖家。

（5）人设故事

人设故事指讲出自己做这件事的理由、支撑点和共鸣点，故事中往往包含过往经历，以表明自己可以做好目前定位的领域，融入由失败到成功的逆袭和对于机会的把握等经验来引起用户的共鸣，或者从事这个行业的理由等。一个好的故事可以快速赢得用户的认可和信任，也可以达到自传播的效果。

（6）自我介绍

自我介绍是昵称、核心定位标签、人设形象、人设主张、人设故事的内容集合，也是直播开播最初阶段主播主要展现的内容。另外，每个直播平台的账户都需要设置头像、昵称、个性签名、背景墙及发布动态等，它们分别对应了人设形象、昵称、核心定位标签+人设主张、人设形象+人设故事等内容，两方面的对应结合最大限度曝光了主播人设内容，也方便了用户自主搜索账号了解主播的详尽人设信息。

3.人设打造的方法

（1）常态化内容输出

除了在直播平台设置头像、昵称、个性签名、背景墙及发布动态等静态内容的持续重复输出，人设打造还需要有动态的内容输出。动态的内容一般会穿插在直播各个环节作为与粉丝互动的内容，即与粉丝聊聊自己最近的工作、生活和学习中发生的有意义的事情。此外，这些内容可以作为粉丝运营的素材出现在朋友圈，丰富的内容结合每天1～3条的常态化稳定输出，一定可以帮助品牌或个人打造一个鲜活的人设。

（2）遵循4个原则

在人设打造的宣发中，需要遵循4个原则，即持续性、稳定性、预期内、多渠道。持续性是指人设输出需要持之以恒，不能短时间内没有效果就马上放弃；稳定性是指输出的人设内容质量和类型要稳定，尽量保持一致，不能忽好忽坏，也不能跨越性太大；预期内是指输出的人设内容要符合用户的期待和评判标准；多渠道是指要借助全网的新媒体平台进行人设内容的输出，以增加曝光机会并作为信任背书。

行业案例2-1

东方甄选直播间火爆出圈——别样的人设

新东方在线旗下东方甄选直播间火了。社交媒体上，关于新东方的直播热搜不断，新东方直播间双语带货、新东方转型直播间双语带货太卷了等词条屡屡登上抖音、小红书热榜。而新东方上一次引发全民关注，还是由于“双减”政策被迫关停

K9学科业务，遭受到巨大冲击。

东方甄选直播间是怎么火的？

这要从2022年6月10日一条董××“直播带货上英语课”的直播间录制视频说起。买牛排送锅不是重点，重点在于“12 pieces of steak”，更在于“the only ingredient”——很难界定他是在直播带货中“教英语”，还是在“英语课”中带货。几乎所有人都在谈论董××，那句“三餐四季，纸短情长，岁月太短，我害怕我的情话没有时间说给你听”圈粉无数。

一位消费者曾这样吐槽：“人生第一次在直播间买货，献给了东方甄选。”原因是，当他无意间刷到东方甄选直播间时，就听到主播缓缓道来：“当你背单词的时候，阿拉斯加的鳕鱼正跃出水面；当你算数学的时候，南太平洋的海鸥正掠过海岸……”瞬间被吸引了。

整段描述中，没有一句与卖货相关的话语，语言表达浑然天成，“但想象到这种美好画面，我买了一袋大米”。后来又听到主播说，“我想把大海、天空给你，没办法，好的东西就想慷慨地给你”时又被感动到，于是又下单买了一袋大米。

这位消费者当时并不知道，这位感动他的主播就是后来名声大噪的董××。

董××的长相比较传统，说话比较文艺，带有一定的幽默感和代入感，让大家在诗和远方的共情向往与认同中，为当下的柴米油盐剁手。文化魅力的感染，双商在线的说服，激发了消费者的好奇，加深了消费者的记忆，促成了销售转化。

消费者表示，在东方甄选的直播间里，自己的胃和心灵被治愈了。“下单、必须下单，要不‘课’就白上了。”有人在直播间的公屏上评论道。

新抖最新数据显示，高峰时期东方甄选主播单场直播销售额超过5 000万元。而东方甄选粉丝数量从百万到千万量级仅用了一周时间。截至2022年7月5日，东方甄选的粉丝数量达到2 100万个。

耳目一新的直播带货方式，掀起一股观看热潮。不少消费者每天蹲守在直播间，就为了听某个主播特有的“主题式”带货。

通过东方甄选主播天团成员们的表现，我们也看到了东方甄选直播带货成功的重要原因之一——人设更丰富。

以往的直播带货，更多是围绕一个主播来打造，带货风格也比较固定。而东方甄选的主播每个人的性格特征和主攻领域都很有特色。

如果说董××谈人生、谈哲理、谈历史会让人沉醉不知归路，那么长相俊朗、声音温柔、书生气十足的DD读诗经、讲中国语言的韵律美可以让你“一直听下去”；多才多艺的小Q一言不合就开唱，将你带进个人演唱会现场；擅长物理的主播MM，则把物理和养生结合起来，一句“能量越大越自由”让粉丝大呼“上学时只听懂一半，今天在直播间居然全会了”。

东方甄选的主播们在努力打造自己人设的同时，像一个个充满电的智能机器人，不停地通过深度学习进行升级和进步。

董××张口就是小作文，在网上有人问他是怎么做到的。“他平时爱看书、爱思考，虽然教英语，但喜欢和大家聊人生、聊理想、聊哲学、聊自己如何应对挫折，每一句说出来的话，都是曾经看过的书。”新东方的同事如此评价董××。

你永远不知道他们还有多大的潜能，也永远不知道东方甄选的直播间里还蕴藏着多少背后的故事，这是东方甄选直播间最吸引人的地方。

如果说淘宝直播让大家养成了每天到直播间抢货如同晚间观看综艺节目一样的习惯，快手直播让大家看到每个人都可以离顶点更近，抖音上的罗××让大家看到不只是网红才能做主播，有知识有故事同样可以，那么东方甄选的破土而出，则是对于过去电商直播的升级和趋势的引领。东方甄选团队是知识分子高水平直播的代表，直播风格突变，得到了中产阶级、文化人的认可，改变了以往直播间的低端套路。

资料来源：子弹财经．在东方甄选直播间，看到农产品销售的新可能［EB/OL］．［2022-07-06］．https://www.163.com/dy/article/HBK6D7C70531MMSF.html.

案例启示：东方甄选主播英语教师的身份、自身价值的长期积累和有效输出，打造出了与传统电商直播主播不一样的人设——“文化人”。东方甄选虽然在卖产品，实际上是在卖知识、卖情怀。别样的人设造就了东方甄选直播的成功。

任务操作

任务名称

PROIRON品牌跨境电商直播主题策划。

任务目标

- 了解直播账号的类型，结合PROIRON品牌情况，为其跨境电商直播确定账号类型。
- 熟悉直播主题的类型，综合考虑PROIRON品牌情况、产品定位、目标客户等因素，为PROIRON品牌跨境电商直播确定合适的主题。
- 确定PROIRON品牌直播人设内容，并进行人设打造。

任务计划（见表2-1）

表2-1 任务计划表

序号	任务指标	任务详情	任务结果
1	确定跨境电商直播账号类型	分析PROIRON品牌及行业情况，为其品牌跨境电商直播确定账号类型	1. 制作PPT 2. 将任务完成结果进行汇报展示
2	为跨境电商直播确定主题	在熟悉直播主题类型的基础上，综合考虑PROIRON品牌情况、产品定位、目标客户等因素，为PROIRON品牌跨境电商直播确定合适的主题	
3	确定人设内容，进行人设打造	结合PROIRON品牌形象及健身器材类产品特点，确定直播人设内容，进行人设打造	

任务实施

1.自主查阅资料和记录

根据任务背景与任务目标，提前查阅相关文献及资料，将自学时遇到的疑难问题及灵感启发记录在表2-2中。

表2-2　　自学记录表

序号	疑难问题/灵感启发

2.人员分组和任务安排

阅读任务计划，理解任务计划中的任务要点及实践要求。根据任务计划，学生自行进行人员分组和任务安排，并将小组成员名单记录在任务分组表（见表2-3）中，以小组的形式完成本任务学习目标。

表2-3　　任务分组表

组名			组长	
组员信息	组员姓名	组员学号	组员姓名	组员学号
任务安排				
备 注				

3.工作思路与流程

步骤一：确定PROIRON品牌跨境电商直播账号类型。

○个人账号　○企业账号　○机构账号

分析理由：____

步骤二：综合考虑PROIRON品牌情况、产品定位、目标客户等因素，为PROIRON品牌直播确定合适的主题。

○直播探厂

分析理由：

○新品发布

分析理由：

○商品评测

分析理由：

○潮流趋势

分析理由：

○健康养生

分析理由：

○实时接待

分析理由：

步骤三：结合PROIRON品牌形象及健身器材类产品特点，确定直播人设内容，进行人设打造。

○昵称：

○核心定位标签：

○人设形象：

○人设主张：

○人设故事：

○自我介绍：

○设计人设输出内容：

4.任务实施结论

任务评价

评价方式采用多元化评价，评价主体由学生、教师和企业构成，评价标准、分值及权重如下：

1.学生以小组为单位，对本任务的实施过程与结果进行互评，将互评结果填入小组互评表，见表2-4。

表2-4 小组互评表

评价内容	评价标准	分值（分）	评分（分）
团队建设	团队合作紧密、互帮互助	10	
	工作态度端正、作风严谨	15	
	遵守法律法规和工作准则	10	
工作情况	计划制订周密、组织有序	15	
	按计划、高效率完成工作	20	
	工作成果完整且质量达标	30	
合 计		100	

2.教师对小组任务实施的过程与结果进行评价，将评价结果填入教师评价表，见表2-5。

表2-5 教师评价表

评价内容	评价标准	分值（分）	评分（分）
专业能力	能依据企业情况确定跨境电商直播账号类型	10	
	能依据企业品牌形象及产品特点等，确定跨境电商直播主题	15	
	能依据企业品牌形象，设计人设内容，进行人设打造	15	
完成情况	按时完成任务目标	10	
	工作成果质量达标	20	
	熟练掌握工作技能	10	
职业素养	学习认真、严谨、自律	10	
	积极参与课堂讨论展示	5	
	课堂任务及时复盘总结	5	
合 计		100	

3.企业对小组任务实施的过程与结果进行评价，将结果填入企业评价表，见表2-6。

表2-6　企业评价表

关键考核指标	分值（分）	得分（分）
能选择合适直播账号类型	30	
能为跨境电商直播确定合适主题	40	
能恰当设计跨境电商直播人设内容	30	
合计	100	

4.根据上述结果填写综合评价表，见表2-7。

表2-7　综合评价表

小组互评（20%）	教师评价（50%）	企业评价（30%）	综合评价

任务2
跨境电商直播内容设计

任务要求

1.了解跨境电商直播标题设计的要点，能够设计直播标题；
2.掌握跨境电商直播基本话术，能够设计直播脚本；
3.掌握跨境电商直播内容优化的方法，并能对直播内容进行优化。

任务情境

PROIRON品牌计划开展跨境电商直播业务，已经确定了电商直播销售模式和直播平台，确定了直播账号类型和直播主题，完成了账号人设打造。接下来，PROIRON品牌直播筹划人员需要对直播内容进行设计和优化。

知识链接

知识点1
标题设计

教学微课
2-4
跨境电商直播标题设计

1.标题的重要性

直播标题是影响直播流量的重要因素。直播间流量由展现和点击率组成。展现取决于直播间在平台的权重，点击率的影响因素主要是标题和封面。一个优秀的直播标题往往更能吸引人点击进入直播间，这也是决定直播流量的重要一环。

2. 标题拟定要点

直播标题需要遵循的首要原则是吸引用户的注意力。此外，要关注用户的阅读习惯、平台规则、法律法规的有关规定。

（1）简洁、包含关键词，建立群体标签

标题字数或字符数应控制在平台规定范围内。例如，TikTok规定卖家可输入的直播标题最长为32个字符。标题应包含体现直播主题的关键词，这样既能引起关注，也能突出重点。例如，PROIRON品牌直播的标题“让运动更高效”（如图2-1所示）。“运动”这一关键词既能引起目标用户（爱运动人士）的关注，也能突出直播间的重点。标题还可以选用一些关键词与特定的群体联系起来，比如驴友装备、男装专场等。

图2-1 PROIRON品牌直播截图

（2）巧用营销词汇

标题中可以包含营销词汇，如专场、盛宴、福利、折扣、狂欢、限量、限时、超值、超划算等。但应避免过度夸张折扣或放大利益的标题，尽量避免“清仓、甩卖、倒闭”等词汇，易产生廉价感及同质感，甚至被平台和用户认为是不实宣传。当前，用户对直播内容的真实性及质量要求越来越高，平实又诚恳的表述更适合标题要求。

（3）切中用户需求或痛点，从用户的阅读习惯设计

标题应切中用户核心需求或痛点，为用户解决问题，引发用户共鸣。从用户的阅读习惯出发设计标题，更容易受到用户关注，这样既能增加用户点击进入直播间的概率，也能实现标题对直播内容的引领。

（4）应符合主播人设及商品调性

标题风格应当与主播直播间风格及商品调性相统一，让用户印象深刻。例如，2021年3月9日，TikTok直播带货活动在印度尼西亚的首次直播邀请了网红作为直播主持人，直播产品方面也是非常应景地在三八妇女节期间选择了最受女性用户关心和具有讨论热度的美妆护肤产品，直播标题为“Make Up sambil Curcol bareng Janes & Syifa”（如图2-2所示）。如果标题风格与主播人设及商品调性不一致，甚至相悖，容易让用户产生混乱感，继而不信任。

图2-2 TikTok直播带货活动在印度尼西亚开播

（5）用词要标准

按照平台规则拟定标题，不得出现低俗、暴力、赌博等违反平台规定的违禁词，不得出现违反法律法规要求的词汇和内容。

3.不同类型标题结构

（1）功能内容型标题

功能内容型标题是从用户角度出发，告知用户直播间所售商品可以解决的问题或为用户带来的价值。功能内容型标题主要包括用户、用户需求、解决方案3个部分（如图2-3所示）。例如，百变美女不同场合的美妆技巧。

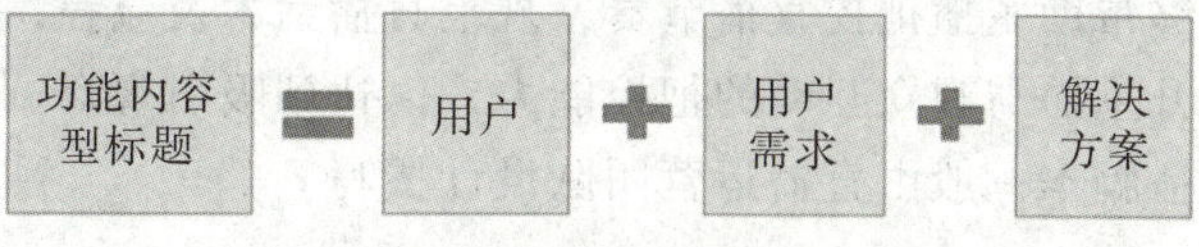

图2-3 功能内容型标题

（2）热门节点型标题

热门节点型标题主要靠时事热点、节假日等作为标题卖点，以增加直播标题热度及用户信任感。要注意话题与直播间主题、内容的匹配度，不可强行蹭热点。热门节点型标题主要包括节点、人群、促销利益3个部分（如图2-4所示）。例如，情人节告白季礼品上新！

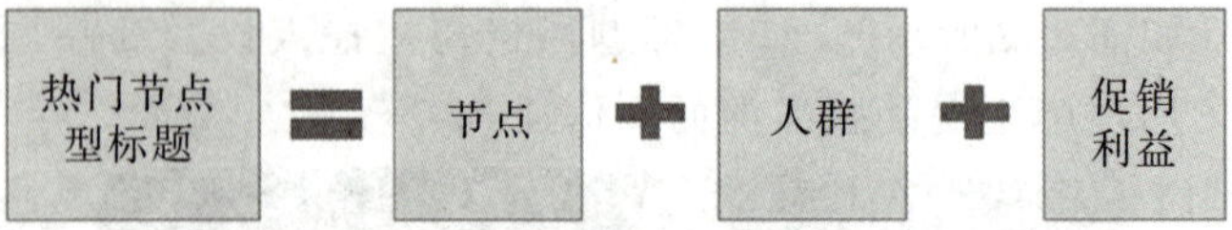

图2-4 热门节点型标题

（3）福利活动型标题

福利活动型标题出现的频率最高，主要是腰部以下卖家通过低价方式快速吸引用户，以走量来拉高销售额作为直播目的。福利活动型标题主要包括商品、用户、活动利益3个部分（如图2-5所示）。例如，限时抢购饰品礼包。

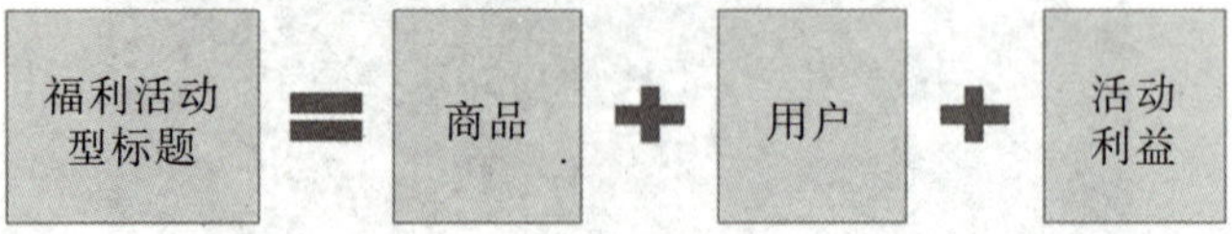

图2-5 福利活动型标题

（4）反常理型标题

反常理型标题是为了满足用户猎奇心理，通过相对夸张的用词及修辞手法吸引用户注意，让用户产生好奇、疑问、惊奇等心理，从而关注直播。一般该标题包括疑问/惊叹、夸张身份、商品3个部分（如图2-6所示）。例如，这是神仙们都爱的美妆品！

图2-6 反常理型标题

知识点2 脚本设计

1.设计脚本的目的

直播脚本是指用特定的描述性语言为特定的直播设计的文本，是保证直播高效有序进行、达到预期目标的直播方案。一场成功的直播离不开直播的内容输出被观众接受，而吸引观众的内容离不开高质量的直播脚本。直播过程中，从开始到结束，主播需要做哪些事、运用哪些直播话术、各环节的时间分配等都应提前设计好。直播脚本能够帮助主播把控直播节奏，规范直播话术及流程，有效避免不必要的意外发生，提升主播与观众互动的把控能力，以达到吸引观众、提高销售额等预期直播目标。直播脚本一般由直播运营团队设计撰写。

2.脚本的撰写

直播脚本主要包括3个模块：问候热场、商品介绍和致谢下播。

（1）问候热场

最初的几分钟对于建立一个友好、活泼和令人兴奋的环境非常重要。问候热场包括整体推广计划，如向观众介绍将要展示的产品、限时促销活动、惊喜优惠等。问候热场可以适当与观众互动，引导他们关注、分享或转发，以获得更多流量。

Welcome to my live broadcast room. I'm Lucy. If you like the anchor，please click to follow it .

欢迎来到直播间。我是Lucy。如果你喜欢我的直播，请关注主播。

Welcome（ID name）to the live broadcast room!

欢迎某某（ID名）来到直播间!

Welcome friends who have just arrived，click to follow the anchor，and when the following reaches 100 people，I will send a red envelope，or I will send a red envelope when the number of likes reaches 10 000 in the lower right corner.

欢迎刚来的朋友，点击关注主播，等一下关注达到100个人，我会发红包，或者右下角点赞到1万的时候，我将发红包。

Welcome to the live broadcast room. Today is the great promotion of “6·18”. I will bring you a value-added product. Friends in the live broadcast room can enjoy the value-added price. Don't miss it.

欢迎来到直播间。今天是“6·18”年中大促。我将为大家带来一款超值商品。今天直播间的朋友可以享受超值的价格。走过路过不要错过。

There are many gifts and products tonight. Let's draw the first lottery now.

今天晚上有非常多的礼物和产品。我们现在来第一次抽奖。

（2）商品介绍

商品介绍一般从6个维度入手。

①一般信息：技术参数、材质、成分、功能、其他数据等。

②场景：除了自己以外，身边还有谁能用上？可以推荐给谁或买了送给谁？商品在哪些场景能用上？搭建特定场景，可以唤起消费者的渴望和需求。

Do you often see clothes you like，but there is no size you can wear?

你是否常常看到心仪的衣服但没有能穿的码？

Is there a girl who often has pimples? Is there a girl with pink acne scarring after the pimples subside?

直播间有没有就爱长痘痘的女生？有没有痘痘消退后有粉色痘印的女生？

③亮点：商品有哪些亮点？哪些亮点或功能适合现场展示？如何展示？例如，某主播在进行口红试色时，对某一支口红的颜色进行了细致的描述：

The color of this lipstick gives a very gentle and spring feeling. The taste of this lipstick is like the taste of a forest after rain. It is very fresh.

这个口红的颜色给人很温柔、很春天的感觉。这个口红像下过雨的森林的味道，非常清新。

说明某护肤品质量安全，脚本可以表述为：

This product is safe for pregnant women and babies.

这一款商品孕妇和宝宝都可以使用，非常安全。

需要注意的是，设计产品亮点不能无中生有、捏造亮点，应当树立实事求是、诚信为本的经营理念。

④理由：为什么要推荐这款产品？自己或身边的人使用的体验如何？引用一些积极的用户反馈或经验。产品销量很高也是一个很好的理由。

I must use a ×× facial mask every day to keep my skin moist and tender. If I don't use ×× facial mask for three days，my skin will be too dry.

我每天都要敷一张××面膜，让皮肤保持水水嫩嫩的。如果3天不用××面膜，皮肤就会干得受不了。

We have already sold 100 000 of this product before!

我们之前已经卖出了100 000件!

⑤价格及售后：日常价格是多少？直播间促销价是多少？节省了多少？相当于几折？售后服务的内容有哪些？说服观众现在是购买的好时机，不要担心售后服务。

Half price is available before 12:30，the original price is 600RMB，and it is only 300RMB before 12:30. The quantity is limited. Just have three minutes，girls who haven't bought should hurry up.

12点半前半价，原价600元，12点半前下单只要300元。数量有限。最后3分钟，还没购买的美女们赶快行动起来吧。

⑥互动话术：商品介绍中适当加入互动话术，可以调节直播气氛。

Everyone send 1，let me see your enthusiasm，the higher the enthusiasm，the lower the spike price I will give!

大家刷1，让我看到你们的热情，热情越高我给的秒杀价越低!

Send 1 for the clothes in the left hand and send 2 for the clothes in the right hand.

想看左手衣服的刷1，选右手衣服的刷2。

（3）致谢下播

脚本最后部分应当包含两方面的内容：一方面表达对客户观看直播、下单的感谢；另一方面给自己的直播做简单总结，对直播产品、店铺做最后的宣传。

①回顾产品：回顾全部或部分产品，强调其核心功能、售后服务等。

②引导购买：引导客户从购物车中查看所有产品。

③引导关注、参观店铺：引导客户在平台关注直播间，欢迎其进入店铺浏览更多商品。

④表示感谢：感谢客户的时间和关注。

⑤下次直播预告：为下次直播引流。

No matter what the weather is like, my live broadcast time is from 8：00 to 10：00 every day. If you have not followed the anchor, please click to follow. If you click on it, please get into the live broadcast room on time every day.

我的直播时间是每天的8：00—10：00，风雨不改，没点关注的记得点关注，点了关注记得每天准时来。

知识点3 内容优化

教学微课 2-5

跨境电商直播内容优化

通过优化直播内容，引导直播间的客户下单，以实现直播预期目标。优化直播内容可以从以下几方面进行：

1.主题引入

短暂的开场预热后，就需要引入直播主题。常见直播主题引入形式包括以下几种：

（1）开门见山

直播正式开场，直接告诉客户该场直播的相关信息：主播自我介绍、直播品牌、产品介绍、直播时长、直播流程等。

（2）问题引入

开场提问引导客户积极参与。提问可以引导客户思考与直播相关的问题，也可以让主播更快地了解直播间客户的基本情况。

（3）数据引入

将直播要素中的关键数据提前提炼，在开场时展示给客户，用数据说话，令客户信服。当然，数据必须真实可靠。

（4）热点话题

直播开场时引入热点话题，可以迅速吸引客户的注意力，便于互动，引起共鸣。

（5）故事引入

故事更容易引起不同背景的客户产生兴趣。通过故事带领客户进入直播场景，可以更好地开展直播的后续环节，但寻找或创作与直播主题密切相关的故事难度相对较大。

2.商品顺序

在安排商品顺序时，根据商品的品类、风格、受众等进行分类。分好类后，主播统一讲解同一类型、同一材质的商品特点，相同类别商品的功效等，这样能够有效提高直播销售的效率。例如，服装类商品在直播中往往按照“新品折扣类—品牌金典类—品牌清仓类”的顺序安排直播。美妆类商品则可以采用客户日常使用化妆品的顺序进行产品介绍。

3.粉丝互动

直播中的互动非常重要。毫无互动或互动效果不佳，会导致直播间观众流失，影响直播销量。直播中的互动应当分散贯穿于直播的整个过程。

直播中的互动根据互动的发起方和奖励的不同，可以分为以下4种形式：

（1）观众发起的物质奖励

观众通过直播平台的礼物系统，送给主播虚拟礼物，如图2-7所示。

图2-7 直播间观众向主播发送虚拟礼物

（2）主播发起的物质奖励

主播在直播间发放红包或抽奖送礼包等，是直播中常见的形式。

（3）观众发起的精神奖励

观众关注、点赞主播，或通过弹幕与主播互动讨论，都是观众对主播的精神奖励，体现了观众对主播的支持。

（4）主播发起的精神奖励

主播与粉丝通过弹幕或连麦互动，邀请粉丝完成某项任务或才艺表演，然后授予粉丝各种称号。

任务操作

任务名称

为PROIRON品牌健身器材拎壶的跨境电商直播设计直播内容。

任务目标

- 根据PROIRON品牌特点、健身器材拎壶的特点、已确定的直播主题，设计跨境电商直播标题。

- 结合PROIRON品牌及拎壶的特点，设计直播脚本。
- 从主题引入、商品顺序、粉丝互动等方面对PROIRON品牌健身器材拎壶的跨境电商直播内容进行优化。

任务计划（见表2-8）

表2-8 任务计划书

序号	任务指标	任务详情	任务结果
1	设计跨境电商直播标题	结合PROIRON品牌特点和拎壶特点，按照拟定标题的要点，确定直播标题类型，并设计直播标题	1.制作PPT 2.将任务完成结果进行汇报展示
2	完成直播脚本设计	结合PROIRON品牌特点和拎壶特点，从3个模块设计直播脚本	
3	对直播内容进行优化	从主题引入、商品顺序、粉丝互动等方面对直播内容进行优化	

任务实施

1.自主查阅资料和记录

根据任务背景与任务目标，提前查阅相关文献及资料，将自学时遇到的疑难问题及灵感启发记录在表2-9中。

表2-9 自学记录表

序号	疑难问题/灵感启发

2.人员分组和任务安排

阅读任务计划，理解任务计划中的任务要点及实践要求。根据任务计划，学生自行进行人员分组和任务安排，并将小组成员名单记录在任务分组表（见表2-10）中，以小组的形式完成本任务学习目标。

表 2-10 任务分组表

组名			组长	
组员信息	组员姓名	组员学号	组员姓名	组员学号
任务安排				
备注				

3.工作思路与流程

步骤一：结合PROIRON品牌特点和拎壶特点，按照拟定标题的要点，确定直播标题的类型，并设计直播标题。

○功能内容型标题 ○热门节点型标题

○福利活动型标题 ○反常理型标题

设计直播标题：________________

____

步骤二：结合PROIRON品牌特点和拎壶特点，从3个模块设计直播脚本。

（1）问候热场

____

____

____

____

（2）商品介绍（以PROIRON品牌10磅拎壶为例）

○一般信息：________________

____

____

〇场景：

〇亮点：

〇理由：

〇价格及售后：

〇互动话术：

（3）致谢下播

步骤三：对PROIRON品牌拎壶跨境直播内容进行优化。

（1）主题引入

〇开门见山　〇问题引入　〇数据引入

〇热点话题　〇故事引入

（2）商品顺序（以健身器材拎壶系列为例）

（3）粉丝互动的形式

〇观众发起的物质奖励　〇主播发起的物质奖励

〇观众发起的精神奖励　〇主播发起的精神奖励

具体互动做法和内容：

4.任务实施结论

任务评价

评价方式采用多元化评价，评价主体由学生、教师和企业构成，评价标准、分值及权重如下：

1.学生以小组为单位，对本任务的实施过程与结果进行互评，将互评结果填入小组互评表，见表2-11。

表2-11 小组互评表

评价内容	评价标准	分值（分）	评分（分）
团队建设	团队合作紧密、互帮互助	10	
	工作态度端正、作风严谨	15	
	遵守法律法规和工作准则	10	
工作情况	计划制订周密、组织有序	15	
	按计划、高效率完成工作	20	
	工作成果完整且质量达标	30	
合计		100	

2.教师对小组任务实施的过程与结果进行评价，将评价结果填入教师评价表，见表2-12。

表2-12 教师评价表

评价内容	评价标准	分值（分）	评分（分）
专业能力	能把握标题设计要点，设计跨境电商直播标题	10	
	能基本完成直播脚本设计	15	
	能完成直播内容的优化	15	
完成情况	按时完成任务目标	10	
	工作成果质量达标	20	
	熟练掌握工作技能	10	
职业素养	学习认真、严谨、自律	10	
	积极参与课堂讨论展示	5	
	课堂任务及时复盘总结	5	
合计		100	

3.企业对小组任务实施的过程与结果进行评价，将结果填入企业评价表，见表2-13。

表2-13 企业评价表

关键考核指标	分值（分）	得分（分）
能够设计直播标题	30	
能够设计直播脚本	40	
能够对直播内容进行优化	30	
合计	100	

4.根据上述结果填写综合评价表，见表2-14。

表2-14 综合评价表

小组互评（20%）	教师评价（50%）	企业评价（30%）	综合评价

任务3 跨境电商直播方案设计

任务要求

1.了解跨境电商直播流量的类型，能够完成直播前期引流；
2.熟悉直播流程，能够把握直播节奏；
3.了解直播营销手段，并能合理运用。

任务情境

PROIRON品牌完成了跨境电商直播内容的策划，接下来直播该如何实施，才能实现直播的预期目标呢？好的开始是成功的一半，而直播是从引流开始。企业必须重视直播前的引流，熟悉直播流程，把握直播节奏，合理运用直播营销手段提升直播效果。

知识链接

知识点1 重视前期引流

直播间的流量就是直播的人气值，流量越高越容易被平台推广，也就能够获得更多的粉丝关注，得到更高的热度。流量堪称电商直播的“生命线”，对于跨境电商直播同样如此。高的直播流量才可能实现较好的产品销售。如果直播流量不行，销售转化率再高，产品销量也有限。所以，跨境电商直播运营企业必须重视前期引流。

1.流量类型

（1）直播流量依据不同的来源可以分为私域流量和公域流量

①私域流量。私域流量是相对流量池而言的，指的是企业不用付费，可以任意时间、任意频次、直接触达用户的渠道，例如Facebook、Twitter、Snapchat、Instagram等平台的流量。对某一账号而言，私域流量的增长是一个循序渐进的过程，需要把直播间的粉丝转化为私域流量，做到“养号养粉”。

②公域流量。公域流量是指商家直接入驻平台，在跨境电商平台实现流量转换，是平台主动分配的流量。例如：TikTok、Amazon、YouTube等平台公域流量巨大，很多中小跨境卖家本身私域流量有限，大多依靠公域流量。

（2）直播流量按是否需要付费可以分为免费流量和付费流量

①免费流量。免费流量是指企业不用付费即引入直播间的流量，包括私域流量和部分公域流量。例如，从直播广场引入直播间的流量。

②付费流量。付费流量是指企业通过付费的方式引入直播间的流量。付费流量要考核，其中的关键指标为投资回报率（ROI）。付费流量可以拉动自然流量的进入，将直播间推向更大流量池。付费流量是必要的适应跨境电商直播未成熟市场的方法。TikTok的付费流量目前主要有Promote、TikTok推荐信息流、BTTA（Boosted TikTok Auction），以及TikTok专门为推广直播购物设计Live Shopping Ads等。

2.开播前引流的方法

（1）预热资源整合

预热流量资源包括两大类：私域流量资源和公域流量资源。

私域流量资源通常是免费的。相比国内直播，大多数国内的卖家在跨境电商直播中可用的私域流量资源并不是很多，参与直播的人员在Facebook、Twitter等国外社交媒体上开通账号的时间不长，活跃度不够，可以调动的私域流量有限。卖家可以将预热短视频或海报放在社交媒体平台，通过站外分享为直播间引流。卖家可以慢慢积累私域流量资源，搭建社群矩阵为直播间引流。

公域流量资源中，一部分是免费的，如在平台店铺挂出预热短视频或海报，关注过店铺的客户可以看到，从而吸引一部分流量。此外，如果某平台一个直播账号做得比较成功，运营团队可以在该平台批量打造直播账号，建立矩阵。卖家还可以通过付费流量进行预热。收费资源有大型社群的广告、电商平台推广等，将做好的海报或短视频通过平台推广曝光给精准人群。

在开播前，直播运营团队应当盘点预热资源并进行优化整合。参与直播的人员同心协力将整合的资源用来做直播活动推广，为直播引来更多的流量。

例如，卖家确定了在TikTok进行跨境电商直播的时间，并设计好了直播的封面和标题、直播文案、预热短视频等后，运营人员即可进行开播前造势引流。卖家要充分利用各种预热资源：通过TikTok站内引流，如直播预热视频，TikTok流量推广进行直播预热；分享直播预告至Facebook、Twitter、Snapchat等社交媒体平台进行站外引流；也可尝试通过使用TikTok Promote进行流量推广，为直播间进一步引流；还可以选择Live Shopping Ads这种广告形式（如图2-8所示），有针对性地推送给对产品感兴趣或具有购物意向的用户，可以引导用户从For You页面进入直播间购物，从而增加直播间的流量，进一步提高直播间的转化数据。

图2-8 TikTok Live Shopping Ads

（2）数据跟踪

做直播预热最大的目的是提高直播间的订阅量，提高直播的关注度。预先建立直播间，然后引导用户通过二维码订阅直播间。直播间订阅量的基数决定了直播时在直播广场的排序，订阅量高的直播间在直播的时候会获得更好的展现位置，获得更多的流量，所以做数据跟踪也是预热引流的一个常态化工作。预热期间，一边投放海报、软文，一边统计每天直播间的订阅量，预热时间长短根据直播的重要性而定。通过数据跟踪，及时调整预热方案。当直播间订阅量较低时，考虑是否给现在的直播预热增加一些付费推广来提高订阅量。

知识点2 把握直播节奏

1.确定开播时间

教学微课 2-6

把握跨境电商直播节奏

开播时间要结合目标客户的上网习惯来定，尽量选择目标客户在网上活跃的时间段来直播，开播时间直接影响直播间的流量。和国内主播动辄6~8小时的直播相比，速卖通相关数据表明，国外主播的直播时间通常为1.5小时，故而直播内容和形式十分需要技巧。

2.直播预告及准备

正式直播前，要进行直播预告。运用设计好的封面或视频正式对外投放预热资源，吸引更多流量。整合活动参与者自身的私域流量，并通过新媒体营销或者投入一定资源吸引公域流量关注此次直播。

主播应当提前进入直播间，与用户打招呼、聊天，同时引导用户分享直播间。

其他运营人员调试设备，做好开播准备，并向粉丝推送开播通知。

3.开场预热

大概在直播开始后的前10分钟，主播应先进行活动介绍，为直播活动暖场。主播向进入直播间的观众快速说明直播间优惠，如买赠活动、抽奖、抢购等，并简要概述直播间商品品类，如服装、美妆等。暖场期间，主播可以和观众互动，采用穿插送礼、问答有礼等形式。送出的小礼物要看产品的情况或者产品的价格而定，量力而行。

4.产品介绍

刚开始介绍产品的节奏要放慢一点。以服装类产品直播为例，在刚开始直播时，观看量会很低。没有人互动会冷场，此时运营人员可以用个人账号来抛出问题，与主播进行交流，引导其他客户与主播互动。直播过程中，通常产品介绍节奏为3～5分钟/产品。在产品介绍过程中，主播需要重点告知观众目前展示的是几号产品，展示产品用法、卖点以及直播间优惠，并告知买家如何下单。

举个例子，对某款皮鞋的介绍如下：

卖点输出：美女们，你们需不需要一双可以上班穿、约会穿的小皮鞋？如果需要的话，主播手上的这一款就不要错过了。这款鞋我们使用了头层牛皮，很柔软、不闷脚，而且鞋跟不高，走起路来很稳，穿着它站的时间久了也不会很累。这款鞋一共有3种颜色，可以根据自己的衣服颜色来进行搭配。大家看一下细节，一个线头都没有。

优惠福利：这样一款鞋，大家在线下专柜里看至少卖600元，我们直播间以前也要399元的。但是今天我们是给粉丝送福利，今天直播间里的粉丝只要199元就可以拿走，只要199！而且包邮！我们品牌的售后各位美女可以放心，买回家后不用担心。这款鞋已经卖了几千双了，卖得非常好，今天我们真的是给粉丝送福利，所以才这个价格给大家！

场景化打造：这款鞋穿着非常舒服，主播建议各位美女上下班通勤准备一双。这款鞋颜色很多，所以大家可以根据自己平时的穿搭风格来选颜色。设计师在后跟处做了加厚软化处理，不会磨脚。今天直播间我们库存不多，想买的美女们点击1号链接下单，大家手速要快哦！

还可以在直播中穿插问答有礼。例如提出常识性问题，让观众抢答，答对的会得到小礼物，这样会增加直播间客户黏性，互动产生的销售额对直播间的贡献非常大。也可以与观众开玩笑、做游戏，适时调整直播间气氛。主播还可引导观众分享直播间至其他社交媒体平台，进一步增大直播间流量。必须注意的是，主播不可以一直介绍产品。

5.返场推荐

介绍产品不建议从头到尾介绍不同的产品。在介绍产品进行了一段时间之后，接下来的时间重复介绍前面卖的产品。例如直播服装类商品，可以进行穿搭的讲解。直播的最后可以发起免单活动。直播中的活动最好提前做出预告，提醒观众直播到最后会有惊喜，这样会使更多的人停留在直播间。

6.感谢下播

在直播结束前10分钟，再简要介绍直播间产品、优惠，并引导观众关注店铺。主播可以以互动聊天的方式做结尾，对观看直播的粉丝表示感谢。直播的最后3分钟一定要做的事情是：提前在预告页面发布下一场直播的时间和内容，这样不仅可以留住粉丝，还可以吸引其他游客进入直播间，提升下次直播的流量。

7.复盘时间

直播结束后，要进行复盘。复盘是方方面面的，从数据到执行、流程、细节等。复盘的目的是总结这次直播的经验，以便下次直播可以获得更好的效果，所以复盘时间应当在下次直播前。

知识点3 运用营销手段

跨境直播中可以运用营销手段来活跃直播间的氛围，提升客户参与度和销售转化率。常见的直播营销手段有关注送红包、抽奖、秒杀、点赞送福利等。

1.关注送红包

在开播伊始，直播间并不会得到平台很好的流量扶持，直播间里人气很低是常态化，最初的直播效果也是平台系统判定直播质量的重要因素。所以有经验的企业会把推广费用投在最初的几场直播上，往往第一场直播所做的投入远超于后续的投入。

关注送红包是直播初始最常见的营销方式。刚开始的几场直播，特别是第一次直播，大多数人对直播间或主播还很陌生，关注送红包能够让很多观众加关注，迅速提高直播间关注度，为直播迈出很好的第一步。后续可以通过较好的直播质量提高客户黏性。

关注送红包还可以增加社群人数，进而增加私域流量。在很多的平台上即使粉丝关注了直播间，平台功能也不能实现一对一送红包，这个时候可以引导等待领取红包的客户进入直播工作人员的私人社群，在社群中开始抽红包，这样可以快速增加社群人数，为后续直播宣传、裂变提供很好的基础。

关注送红包还可以提高直播在直播广场的排名以获取更好的位置和更多的公域流量。直播的公域流量很大一部分来自直播广场，而直播广场排名又是由各直播间的权重决定的。直播广场中推荐的往往是直播刚开始一个小时内的商家，所以在直播开始的第一个小时内加关注送红包，可以大大提升关注率，系统会因为关注率高而默认为其是优质直播间，不仅会配发公域流量，更重要的是能提高直播间在直播广场的排名以获取更好的位置和更多的公域流量。

2.抽奖

抽奖是直播间常见的营销活动方式。几乎每个直播间都有抽奖活动，抽奖是增加直播间人气最有效的方式之一，通过抽奖能够达到迅速积累社群人数的目的，所以抽奖前一定要建好社群，以便把中奖的客户引入社群中。

如果直播预算比较充足，在预热环节可以抽大奖，如送手机、送家电等。送大奖能增加直播间订阅量。抽奖前的一个小时通过推广，把流量大规模地引入直播间，并在直播间横幅上注明几点开始抽奖，可以让客户在等待抽奖时，关注正在直播的商品。抽大奖前的商品品类最好是覆盖面广的刚需产品，有利于提高产品销量。抽大奖通常会设定一些门槛，或是在本次直播消费过的客户，或是转发过本次直播间的客户，这样可以提升直播间流量和销量，也可以让对直播间有贡献的客户享有更多的利益。

除了抽大奖，直播间还可以抽小奖，奖品不贵重，但是中奖人数多，中奖率高一些，也没有什么门槛。抽小奖也是一个必要的引流方式。抽小奖可安排在直播最开始的阶段，也可以安排在爆品前，在爆品介绍完后再公布最后的中奖截图名单，这样做可以为爆品积累一定的流量，增加爆品的转化。

在抽奖之前，为达到更好的营销效果，要做好准备工作。首先，工作人员要将奖品展示出来，这样能够提升直播间观众参与抽奖的热情，增强观众抽奖体验感。其次，抽奖时一定要有直播助理来配合主播，配合截图抽奖，并在社群中公布截图，最后根据中奖人信息发奖。

3. 秒杀

秒杀也是常见的直播间营销活动方式。现在单纯打折已经不能引起直播间观众足够的兴趣，秒杀就变得很不同。秒杀之前一定要做足噱头，比如产品如何好、市场上如何贵，在今天的直播间里将会有什么样的劲爆价格出现，但是库存有限，不是每个人都能买到，主要是看大家的手速、网速之类的话术，让观众对于这个产品有所期待。定期在直播间进行平价秒杀，既为直播间积聚了人气，也可以通过秒杀活动实现特定产品的销售。

4. 点赞送福利

点赞送福利就是当直播获得的点赞达到一定的数字，主播或是为产品添加赠品，或是给予更多折扣，或是送红包让利于客户。点赞送福利的目的就是让大家多多点赞、多多参与，让整个直播间的气氛好起来。另外，点赞功能现在被部分平台赋予权重，当直播获得的点赞数量多时，平台会反补流量，最终直播的点赞数量也会被纳入直播间的综合成绩，所以点赞送福利也是直播间必不可少的一个环节。

行业案例2-2

Whoo抖音“超级品牌日”打造平台级爆品销售纪录

作为深耕中国市场多年的韩系护肤品牌，Whoo在中国拥有广泛的知名度。

2021年1月8日，Whoo首次参与抖音“超级品牌日”活动，交出了单场3亿元、单品2.89亿元的销售成绩单，在当时创下了最高单场销售纪录和最高单品销售纪录。

在直播前，网络红人组合广东FF与Whoo品牌做了充分的预热准备，广东FF通过7条视频内容对粉丝人群进行了全面宣传，同时Whoo在抖音上发起“0108见证奇迹”的活动，广泛覆盖了全平台的美妆受众群体，成功在开播前积累10亿次曝光量。

在直播当天，通过合理使用各种投放工具，直播间得到了持续的加热；外加抖音“超级品牌日”的流量支持，当日开播3小时商品交易额便超过1亿元，同时在线人数达到20万人。

直播间运营方面，头部达人优秀的控场能力、实时调整能力保证了顺畅的流量承接；丰富的直播间游戏让粉丝和观众热情高涨；准确的销售话术保障了高效的转化。

从测品到预热，再到直播间活动爆发，整个流程环环相扣，商家、达人、平台集中资源的投入是本次创纪录的关键。在促转化的动作中，Whoo和广东FF在提升信任感这个环节上做足功夫。

在当天的直播中，广东FF不仅在品牌协助下将直播间搭建成Whoo专柜的模样，还拿出品牌的“官方好物推荐官”授权牌和授权书（如图2-9所示），品牌总裁站台视频，连线Whoo品牌旗舰店，让消费者能够真正做到放心买。

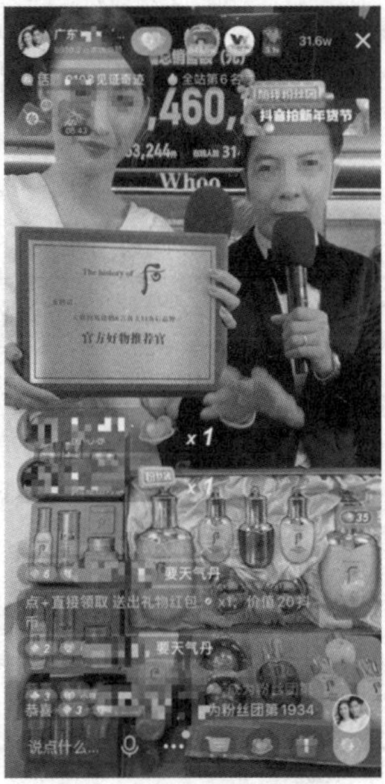

图2-9　广东FF在抖音“超级品牌日”为Whoo直播带货

不仅如此，广东FF在直播间还送出iPhone12、LV包等福利，整场直播福袋不断，吸引大量粉丝驻足观看，直播间人数一度突破30万人。直播期间广东FF粉丝上涨200余万个。同时，在主播对商品折扣、限时抢购等介绍下，有效转化因福袋留住的看播用户，实现商品销售增长。

一次直播，创造两个销售历史纪录，不仅是主播和品牌双赢的证明，也是对抖音电商直播爆品打造方法论的一次成功验证。

资料来源：直播眼．五大直播带货优秀案例解读：走自身特色带货之路［EB/OL］.［2022-01-13］．https：//zhuanlan.zhihu.com/p/456831460.

案例思考：Whoo抖音“超级品牌日”成功的原因有哪些？请把它写下来。

任务操作

任务名称

PROIRON品牌跨境电商直播方案执行。

任务目标

- 了解跨境电商直播流量类型，能够根据PROIRON品牌情况，为直播进行预热引流。
- 了解直播流程，能够按照直播方案把握直播节奏。
- 能够结合PROIRON品牌直播计划，为跨境电商直播选择营销手段。

任务计划（见表2-15）

表2-15 任务计划书

序号	任务指标	任务详情	任务结果
1	能够为直播进行预热引流	为PROIRON品牌跨境电商直播设计预热引流计划	1.制作PPT 2.将任务完成结果进行汇报展示
2	了解直播流程，把握直播节奏	了解直播流程，在实施直播方案时，把握直播节奏和直播内容	
3	掌握常见直播营销手段	能够结合PROIRON品牌直播方案及预算，为跨境电商直播选择营销手段，设计具体实施方法	

任务实施

1.自主查阅资料和记录

根据任务背景与任务目标，提前查阅相关文献及资料，将自学时遇到的疑难问题及灵感启发记录在表2-16中。

表2-16 自学记录表

序号	疑难问题/灵感启发

2.人员分组和任务安排

阅读任务计划，理解任务计划中的任务要点及实践要求。根据任务计划，学生自行进行人员分组和任务安排，并将小组成员名单记录在任务分组表（见表2-17）中，以小组的形式完成本任务学习目标。

表2-17　　任务分组表

组名			组长	
组员信息	组员姓名	组员学号	组员姓名	组员学号
任务安排				
备 注				

3.工作思路与流程

步骤一：结合PROIRON品牌情况，为PROIRON跨境电商直播设计预热引流计划。

（1）企业私域流量资源：________________________________

____

____

私域引流计划：________________________________

____

____

（2）公域免费流量资源：________________________________

____

____

公域免费引流计划：____

____

____

（3）公域付费流量资源：____

____

____

公域付费引流计划：____

____

____

步骤二：实施直播方案，把握直播节奏，明确各环节的内容及大致时间。

（1）确定开播时间：____

____

____

（2）直播预告及准备：____

____

____

（3）开场预热：____

____

____

（4）产品介绍：____

____

____

（5）返场推荐：____

____

____

（6）感谢下播：____

____

____

（7）复盘时间：____

____

____

步骤三：结合PROIRON品牌直播方案，假设PROIRON品牌直播营销预算为2万美元，为跨境电商直播选择营销手段并设计具体实施方法。

○关注送红包

预算：____

实施方法：____

____

____

〇抽奖

预算：________________

实施方法：________________

____

____

〇秒杀

预算：________________

实施方法：________________

____

____

〇点赞送福利

预算：________________

实施方法：________________

____

____

4.任务实施结论

____

____

____

____

任务评价

评价方式采用多元化评价，评价主体由学生、教师和企业构成，评价标准、分值及权重如下：

1.学生以小组为单位，对本任务的实施过程与结果进行互评，将互评结果填入小组互评表，见表2-18。

表2-18　小组互评表

评价内容	评价标准	分值（分）	评分（分）
团队建设	团队合作紧密、互帮互助	10	
	工作态度端正、作风严谨	15	
	遵守法律法规和工作准则	10	
工作情况	计划制订周密、组织有序	15	
	按计划、高效率完成工作	20	
	工作成果完整且质量达标	30	
合　计		100	

2.教师对小组任务实施的过程与结果进行评价，将评价结果填入教师评价表，见表2-19。

表2-19 教师评价表

评价内容	评价标准	分值（分）	评分（分）
专业能力	能把握跨境电商直播流量特点，引流方案合理	15	
	能合理把握跨境电商直播节奏	15	
	能准确把握跨境电商直播各种营销手段的特点，并合理运用	10	
完成情况	按时完成任务目标	10	
	工作成果质量达标	20	
	熟练掌握工作技能	10	
职业素养	学习认真、严谨、自律	10	
	积极参与课堂讨论展示	5	
	课堂任务及时复盘总结	5	
合计		100	

3.企业对小组任务实施的过程与结果进行评价，将结果填入企业评价表，见表2-20。

表2-20 企业评价表

关键考核指标	分值（分）	得分（分）
熟悉跨境电商直播引流方法并能加以运用	30	
熟悉跨境电商直播流程，能把握直播节奏	40	
熟悉跨境电商直播主要营销手段并能加以运用	30	
合计	100	

4.根据上述结果填写综合评价表，见表2-21。

表2-21 综合评价表

小组互评（20%）	教师评价（50%）	企业评价（30%）	综合评价

职业素养指南 《关于进一步规范网络直播营利行为促进行业健康发展的意见》（节选）

近年来，网络直播在促进灵活就业、服务经济发展等方面发挥了重要作用。同时，网络直播营利行为也存在网络直播平台管理责任不到位、商业营销行为不规范、偷逃缴纳税款等问题，制约行业健康发展，损害社会公平正义。为进一步规范网络直播营利行为、促进行业健康发展，现提出如下意见。

一、总体要求

以习近平新时代中国特色社会主义思想为指导，根据《中华人民共和国网络安全法》《中华人民共和国电子商务法》《中华人民共和国税收征收管理法》《中华人民共和国反不正当竞争法》《网络直播营销管理办法（试行）》《关于加强网络直播规范管理工作的指导意见》等法律法规和文件的规定，强化信息共享、深化监管联动，着力构建跨部门协同监管长效机制，加强对网络直播营利行为的规范性引导，鼓励支持网络直播依法合规经营，切实推动网络直播行业在发展中规范，在规范中发展。

二、网络直播平台更好落实管理主体责任

（一）加强网络直播账号注册管理。网络直播平台应当严格按照有关法律法规规定及“后台实名、前台自愿”的原则，对网络直播发布者进行基于身份证件信息、统一社会信用代码等的认证登记，开展动态巡查核验，确保认证信息真实可信。网络直播平台应当每半年向所在地省级网信部门、主管税务机关报送存在网络直播营利行为的网络直播发布者个人身份、直播账号、网络昵称、取酬账户、收入类型及营利情况等信息。

（二）加强网络直播账号分级分类管理。网络直播平台应当严格按照有关法律法规要求，建立并严格执行网络直播账号分级分类管理制度；对违反相关法律法规的网络直播账号，依法依规采取警示提醒、责令限期改正、限制账号功能、暂停账号使用、永久关闭账号、禁止重新注册等处置措施，保存有关记录并按要求及时向有关部门报告。

（三）配合开展执法活动。网络直播平台应当在服务协议中明确提示网络直播发布者在市场主体登记、税收等方面的权利义务，但不得强制要求网络直播发布者成立工作室或者个体工商户。网络直播平台应当配合网信、市场监管、税务等部门依法实施的监督检查，提供必要的文件、资料和数据等，并为依法调查、检查活动提供技术支持和帮助。

三、规范网络直播营销行为，维护市场秩序

（一）积极营造网络直播公平竞争环境。网络直播平台和网络直播发布者不得对商品生产经营主体以及商品的性能、功能、质量、来源、曾获荣誉、资格资质、销售状况、交易信息、经营数据、用户评价等进行虚假或者引人误解的商业宣传，欺骗、误导消费者或者相关公众，不得帮助其他经营者实施上述行为。网络直播平台和网络直播发布者销售商品或者提供服务，采用价格比较方式开展促销活动的，应以文字形式显著标明销售价格、被比较价格及含义。网络直播平台和网络直播发布者不得利用服务协议、交易规则以及技术手段，对其他经营者在直播间的交易、交易价格等进行不合理限制或者附加不合理条件，或者向商家收取不合理费用。

（二）维护商家和消费者合法权益。网络直播发布者、网络直播服务机构、网络直播平台应当全面、真实、准确地披露商品或者服务信息，保障消费者的知情权和选择权，对直接关系消费者生命安全的重要消费信息进行必要、清晰的提示。应当积极协助商家和消费者维护合法权益，建立便捷有效的投诉、举报和争议在线解决机制，为商家和消费者维权提供必要的信息、数据等支持。加强网络直播销售产品质量安全监管，网络直播发布者、网络直播服务机构严禁利用网络直播平台销售假冒伪劣产品；不得在知道或者应当知道直播带货委托方或其他第三方存在违法违规或高风险行为的情况下，仍为其推广、引流；不得通过造谣、虚假营销宣传、自我打赏等方式吸引流量、炒作热度，诱导消费者打赏和购买商品。

素养小结：该意见要求网络直播平台加强网络直播账号注册管理，建立并严格执行网络直播账号分级分类管理制度，网络直播卖家要规范直播营销行为。这一政策的实施，特别是网络直播账号分级分类管理制度的建立将促使由直播带货行业更加规范。从事跨境电商直播的卖家要树立遵纪守法的法律意识和遵守公序良俗的职业道德，认真研读政策法规，遵守平台规则，合法规范经营。

项目小测

项目小测2

1.跨境电商直播账号的类型有（　　）。

A.个人账号　　B.品牌型直播账号

C.商品型直播账号　　D.机构账号

2.常见的跨境电商直播主题有（　　）。

A.直播探厂　　B.新品发布　　C.商品评测　　D.潮流趋势

3.跨境电商直播人设打造应当遵循的原则有（　　）。

A.持续性　　B.稳定性　　C.预期内　　D.多渠道

4.优秀的跨境电商直播标题应当符合（　　）。

A.包含关键词，建立群体标签，长度不限

B.可以包含营销词汇

C.切中用户需求与痛点，从用户的阅读角度设计

D.标题应符合主播人设及商品调性

5.下列属于免费流量的有（　　）。

A.Facebook引入直播间的流量

B.Snapchat引入直播间的流量

C.亚马逊直播广场引入直播间的流量

D.TikTok Promote引入直播间的流量

3

项目3

跨境电商直播筹备

学习目标

知识目标

1. 能够描述跨境电商直播团队架构搭建原理与核心岗位职责
2. 能够理解跨境电商直播营销的选品要求、技巧及步骤
3. 能够掌握跨境电商直播间场景搭建的方法与技巧

技能目标

1. 能够根据商家情况搭建直播团队
2. 能够根据商家业务选取直播商品
3. 能够根据直播需求搭建直播场景

素养目标

1. 通过学习团队搭建原理，培养学生团队合作的精神
2. 通过学习直播选品原则，培养学生遵守相关法律法规的意识
3. 通过学习场景搭建方法，培养学生坚守营销从业道德的意识

项目描述

受全球新冠疫情影响，“宅经济”顺势崛起并给家居健身行业带来了巨大的机会，跨境电商赛道也由此打开。PROIRON品牌希望能够抓住机会进一步开拓海外市场，下一阶段计划的重点是在已有一定产品销售基础的俄罗斯，通过直播营销的方式实现产品的进一步推广。目前，PROIRON品牌已经完成了直播相关的主题、内容等策划，接下来需要完成直播的各项筹备工作，其中包括根据品牌营销需求搭建直播团队、在PROIRON品牌的众多健身产品中选取用于直播销售的商品以及为PROIRON品牌直播搭建适宜的直播场景。

项目分解

- 跨境电商直播筹备
  - 跨境电商直播团队搭建
    - 初创期跨境电商直播团队搭建
    - 成长期跨境电商直播团队搭建
    - 成熟期跨境电商直播团队搭建
  - 跨境电商直播带货选品
    - 跨境电商直播选品原则
    - 跨境电商直播选品技巧
    - 跨境电商直播选品步骤
  - 跨境电商直播场景搭建
    - 直播间场地的选择
    - 直播间空间的布局
    - 直播间背景的装饰
    - 直播间灯光的布置
    - 直播间设备的配备

任务1 跨境电商直播团队搭建

任务要求

1. 掌握不同业务阶段直播团队的搭建方法；
2. 掌握直播营销中核心岗位的职责分工；
3. 掌握各核心直播岗位的能力要求；
4. 掌握不同直播团队的运营策略。

任务情境

有影响力的跨境电商直播，往往不止一个人在运营，为了保障PROIRON品牌直播的顺利进行，首先需要搭建一支分工合理的团队。目前PROIRON品牌的直播业务还处于初创期，需要根据业务在这一阶段的特征进行团队配置，后期随着业务的发展，在品牌直播进入成长期和成熟期后，再根据变化进行相应的调整。

知识链接

知识点1 初创期跨境电商直播团队搭建

直播团队在初创期多数面临着资金压力大、团队成员少、跨境直播经验缺乏等困难，同时，直播团队在初期阶段的业务量往往不大。因此，初创期搭建团队时需要尽量精简人员。一般情况下，初创期的直播团队规模为2～3人，包括1名主播和1～2运营人员，组织架构如图3-1所示。

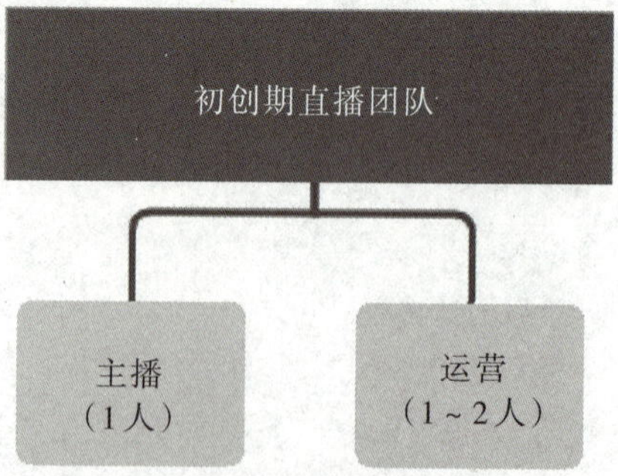

图3-1 初创期直播团队组织架构

虽然团队规模小，但必要的工作内容不能精简，因此需要团队成员做到身兼数职，确保直播全流程的高效运行，具体的职责分工见表3-1。

表3-1　初创期直播团队职责分工

岗位	职责分工
主播	1.撰写直播脚本
	2.准备自身服装及直播道具
	3.直播间带货、引导关注、调动气氛
	4.用户答疑
运营	1.目标国家用户及市场调研、分析
	2.选品、定价
	3.策划直播流程
	4.策划促销方案
	5.上下架商品、直播平台活动设置
	6.调试、控制直播设备
	7.监测直播效果
	8.配合主播推品
	9.复盘总结直播内容

这个时期的直播团队成员需要很强的学习能力，来应对不同的职责分工。

1.主播

对于任何一场直播而言，主播都是核心必备人员，一名优秀的主播在初创期需要具备以下四项能力：

（1）外语流利

对于跨境电商直播而言，商品需要卖给国外的客户，必须通过外语对商品进行介绍，能够流利地运用目标消费国语言进行表达是对主播的首要要求。

（2）有镜头感

面对镜头不怯场，表情自然，表达流畅。

（3）有感染力

直播过程中能够积极调动粉丝情绪、活跃直播间氛围。

（4）有带货力

能够主动了解商品、精准挖掘卖点、准确介绍商品、适时结合促销、灵活答疑解惑。

动画3-1

如何成为一名优秀的跨境电商主播

行业案例3-1

厉害的“95后”跨境主播

镜头中这个年轻女孩叫小晏，正在用流利的英语介绍着身上的服装，不时靠近镜头来展示衣服的细节。身后的简易衣架上，还挂着十几件不同款式的羽绒外套，都是她要在这场直播里向外国网友推荐的产品，如图3-2所示。

图3-2　小晏在TikTok上直播带货

小晏的直播间实地位于深圳龙华区一幢普通的写字楼里，观看直播的网友们却来自大洋彼岸。通过TikTok，小晏正用直播带货的方式将中国制造的服装产品卖向英国、印度尼西亚等地。

几周前，一条短视频将小晏带到网友们的视野中，如图3-3所示。视频里，她语速飞快地用英语向外国网友介绍一件毛呢外套。

图3-3　媒体报道小晏在TikTok上直播带货

2019年，小晏毕业于河北一所大学的同声传译专业，回到家乡重庆成为一家英语培训机构的口语老师。受新冠疫情的影响，学校将授课方式由线下改为线上，不少学生因此离开了培训机构，小晏的薪资也在一点一点缩水。2022年2月，不甘心的小晏决定来到深圳，尝试新的可能。

小晏坦言，自己不是没有考虑过做面向国内消费者的带货主播。“我的身高不到一米六，长得也不好看，根本比不过别人。”小圆脸，大眼睛，嘴唇嘟嘟，其实小晏并不难看，搭配一身潮流服装还很时尚，如图3-4所示，但确实不像大家常见的网红主播——纤细、高挑、白皙，以及一张标配的瓜子脸。

图3-4　日常生活中的小晏

“但跨境主播不一样，并不需要我多好看、多高。我们公司有个身高一米七五的俄罗斯女孩儿，她带货并不比我好。”谈及为何选择现在这份工作，小晏兴奋地讲了起来。

从8月底的第一场直播开始，小晏一直没有停歇过。她不觉得劳累，甚至连工作间隙也是在浏览网站，搜罗国外消费者的购物需求，然后反向在国内的商家和工厂找到相应的货品。

小晏会学习各大平台头部主播的讲解方式。形容一件卡其色抓绒外套时，她更愿意告诉网友们自己穿上的感受：“就像是男朋友在拥抱我”或者“就像在摸小狗狗”。拿到一件衣服时，她都会根据消费人群的痛点来寻找货物亮点：“有没有腰上肉特别多的姐妹?”或“这件衣服十分保暖，穿起来不会显得很臃肿”。

消费者的朋友，而且这个朋友恰巧喜爱分享好物——这是小晏给自己的定位，也获得了很好的市场反馈。供应商告诉她，她讲解的这件抓绒外套直接被卖到断货。“仓库里的现货虽然不算特别多，大概四五十件，但我是通过直播把它们卖完的。”小晏翘起嘴角，眉毛挑高，语气里掩不住的自得。

资料来源：佚名. 95后英语老师转型TikTok直播卖国货走红，跨境电商直播大有作为！[EB/OL]. [2022-09-04]. https://www.amz123.com/t/oTam0VKs.

案例思考：小晏之所以能够成为一名优秀的跨境主播，除了具备最基本的语言能力，她还具备哪些优秀的素质或能力？

2.运营

运营人员不仅要对整场直播运筹帷幄，也要推动各个环节落地执行，还肩负着直播后复盘总结的责任，因此这是一个能力需求及综合性最强的岗位。运营人员至少需要具备以下四项能力：

（1）分析力

由于跨境电商直播面对的是国外客群，所以在内容上与国内常见的直播也有所不同，这就需要运营人员在直播前对目标客户进行全面、准确地分析，才能保障直播的针对性和吸引力。

（2）策划力

运营人员要能够完成直播的全流程策划，并根据需求设计促销活动方案。

（3）执行力

运营人员不仅要能够按照既定方案高效执行，还要在遇到问题时灵活应变，确保直播有序推进。

（4）总结力

直播结束后，运营人员需要进行及时、准确的复盘总结，以确保直播不断优化精进。

在初创期，团队成员大多对直播的各个流程处于熟悉和了解阶段，此时主播的人气和带货能力都较弱，运营策略主要参考以下方向：

（1）快速通过优质短视频进行吸粉

带货的前提是粉丝数量需要达到一定规模，前期粉丝的积累必不可少。

（2）定期进行直播

初创期的直播可以低时长、高频率，必须做到按期坚持。因为直播面向的国家不同，应据此选取合适的时间开播，通常午休和晚间休息时间的流量相对更高，如每天12：00或19：00开始，直播持续1小时。前期可以从聊天互动开始，选取与自身定位相符的热门话题，在互动中逐步加入商品介绍。此时不必过分追求带货效果，核心是期望团队快速熟悉直播流程，逐步积累能够最大程度调动用户兴趣的直播方式，厚积而薄发。

（3）逐渐增加直播时长

随着对直播流程和带货方式的熟悉，直播时长可逐步延长至2~4小时，每场直播介绍的商品也可以逐步增加，并不断丰富直播方式、促销活动。随着粉丝的积累，团队的工作重心可以逐渐从短视频转移至直播。

知识点2
成长期跨境电商直播团队搭建

随着直播营销从初创期进入快速成长期，直播账号的流量逐渐增加，直播活动的工作量也随之增大，且直播中面临的问题也会增加和细化，如主播人设不够丰满、直播间粉丝互动不足、产品销量不理想等。原有的团队规模（2～3人）已无法满足新的工作需求，因此，在快速成长期可将团队规模扩展为4～6人，组织架构如图3-5所示。

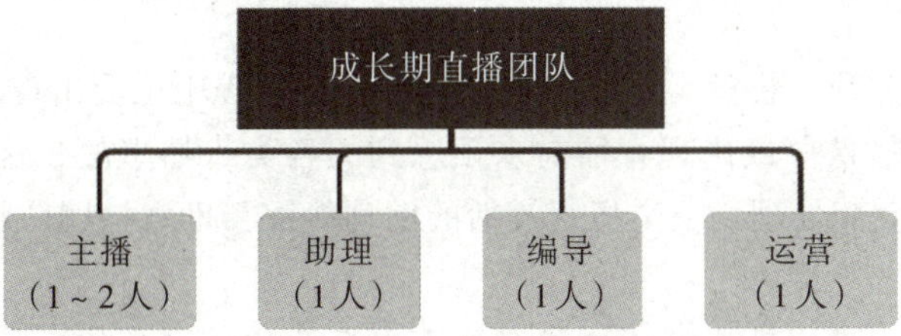

图3-5 成长期直播团队组织架构

随着新团队成员助理和编导的加入，团队成员的分工也需要进行相应调整和细化，各岗位职责分工见表3-2。

表3-2 成长期直播团队各岗位职责分工

岗位	职责分工
主播	1.准备自身服装及直播道具
	2.直播间带货，调动气氛
	3.用户答疑
助理	1.上下架商品，直播平台活动设置
	2.调试、控制直播设备
	3.引导直播间用户关注
	4.配合主播推品、答疑
编导	1.目标国家用户及市场调研、分析
	2.策划主播人设
	3.策划直播流程
	4.撰写直播脚本
	5.监测直播效果
运营	1.研究平台运营规则
	2.选品、定价
	3.策划促销方案
	4.复盘总结直播内容

对于新加入的助理及编导岗位，其核心能力要求如下：

1.助理

当直播间流量较大时，主播一人很难兼顾商品推荐、活动介绍、粉丝互动、现场答疑等多项工作，因此需要助理进行部分工作的分担，这就要求助理能够具备以下能力：

（1）细致耐心

助理日常工作多数较为烦琐复杂，如记录商品详情、一一回复粉丝提问等，因此需要助理在工作中做到细心、耐心。

（2）表达力

在直播间辅助主播推品时，需要帮助主播引导话题、补充商品信息、活跃气氛、引导互动及下单、解答粉丝疑惑，以上各环节对语言表达能力均有较高要求，清晰、流畅是基础，更多时候还需要做到幽默风趣。

（3）应变力

随着粉丝量上升，粉丝类型层出不穷，在直播过程中也会出现各种各样的问题，比如黑粉破坏直播秩序或出现直播前未预想到的各类直播事故，这些都需要助理根据直播情况随时应变处理。一个机智灵活的助理能够帮助直播团队解决很多麻烦。

2.编导

编导的加入，可以让直播工作各个环节更专业化、系统化，其角色定位与影视剧中的导演相类似，因此，编导在直播中发挥着极其重要的作用，对其能力的要求自然也会更高，至少需要符合以下两点：

（1）有敏锐度

编导需根据目标市场国的用户情况以及团队情况进行主播人设和直播活动的策划，这需要其具备极高的市场和用户敏锐度，以精准掌握目标市场用户的偏好，若偏好判断出现大的偏差，将直接导致整个团队的方向性错误。

（2）有统筹力

编导需要对直播流程和脚本进行策划，策划过程中需要调动团队中的各种力量，最终实现1+1>2的效果，这就需要编导具备优秀的统筹能力，能够进行最佳的排兵布阵。

进入成长期后，随着团队人数的增加，直播更具专业性，直播过程也更容易把控，此阶段的运营策略应从以下三方面进行调整：

（1）工作重心由短视频转向直播

适当减少短视频的发布量，同时短视频内容逐步补充直播中精彩、有趣的片段，以吸引短视频粉丝转化为主播或直播间粉丝。

（2）增加直播时长

由于主播现阶段已积累了一定的直播经验，同时也有了编导和助理的配合，每场直播的时长应尽量保持在4～6小时，直播间推荐的商品数量也可进行相应增加，以10～20款为宜，单个商品介绍时间不宜少于15分钟，通过专业全面的商品介绍来获取更多用户和供应商的信任。此阶段的核心目标，仍然在于探索更能获得用户认可的直播方式。

（3）优化直播内容

在此阶段，直播团队需要对直播间的用户进行画像，通过客观数据，准确掌握目标群体的特征及需求，有针对性地优化直播内容，包含但不限于直播间的开场设计、活动设计、互动设计、商品介绍方式及速度、关注及下单引导等环节。

知识点3
成熟期跨境电商直播团队搭建

随着粉丝数量的逐渐积累、合作商家的逐步增多，直播业务量不断扩大并形成稳定增长趋势，此时直播营销便进入了成熟期，相应的团队配置也需要进行扩充，此时的团队成员至少须达到10人，围绕各具体环节划分出了更多岗位，具体组织架构如图3-6所示。

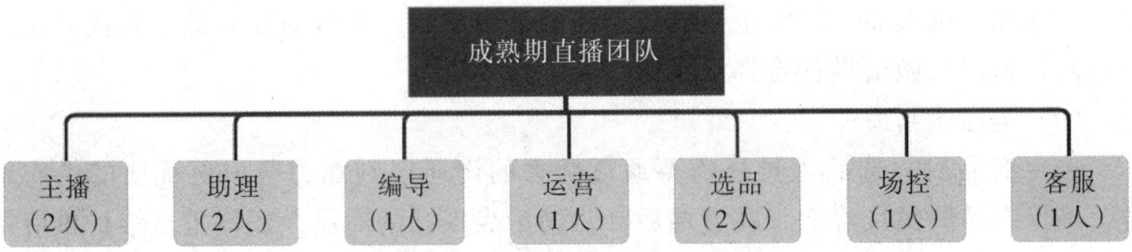

图3-6 成熟期直播团队组织架构

此阶段又增加了选品、场控、客服三个岗位，直播团队结构基本完善且分工也更为明晰，具体各岗位职责分工见表3-3。

表3-3 成熟期直播团队各岗位职责分工

岗位	职责分工
主播	1.直播间带货，活跃直播氛围
	2.直播用户答疑
助理	1.主播形象管理与直播道具准备
	2.引导直播间用户关注
	3.配合主播推品
编导	1.相关竞品调研
	2.策划主播人设
	3.策划直播流程
	4.撰写直播脚本
	5.监测直播效果
运营	1.研究平台运营规则
	2.策划促销方案
	3.流量购买及投放
	4.复盘总结直播内容
选品	1.目标国家用户及市场调研、分析
	2.招募、维护、管理供应商
	3.选品、价格谈判
	4.协助处理售后问题
场控	1.调试、控制直播设备
	2.上下架商品，直播平台活动设置
	3.监测直播数据
客服	1.用户答疑
	2.售后服务

对于新加入的三个岗位，其核心能力要求如下：

1.选品

直播带货的成败不仅取决于主播的能力，更取决于商品的优劣以及匹配度，与粉丝需求高度匹配的商品必然会更受欢迎。选品人员把好商品关对于团队而言至关重要，因此作为一名合格的选品人员，必须具备以下三项能力：

（1）调研分析力

直播前选品人员需要对目标市场国消费者需求进行充分调研，只有了解了客户需求，才能准确选品，同时也要具备严谨的分析能力，充分对比竞品、替代品及其供应商，为团队做出最佳选择。

（2）沟通谈判力

选定商品后，选品人员还需要通过优秀的沟通谈判能力争取更优质的供应渠道，确保商品质优且价廉，在直播后针对销量表现好的商品，还需重点维护供应渠道，保障稳定合作。

（3）数据分析力

商品上架推广后到底表现如何，不仅要看最终销量，更要通过过程数据分析粉丝对商品的反馈，销量低的商品未必是需求低的商品，对于浏览量高但销量少的情况，可能是因为商品详情页信息过少、商品价格过高导致最终转化不足，如果因为销量少而草率淘汰此类商品，很可能会错过潜在的爆品，因此优秀的数据分析能力能够帮助选品人员准确判断商品潜力，为直播团队精准推品。

2.场控

场控人员需要在直播前期做好设备的调试、商品及活动的配置，在直播过程中还需持续监测直播数据的变化来及时提醒主播调整节奏或提醒运营进行流量的投放，这需要场控人员在以下两点表现突出：

（1）工作细致度

设备的提前调试以及商品和活动的配置都涉及诸多细节，稍有疏漏就会影响整场直播的顺利进行，因此场控人员应具备很强的细致度，把控好所有细节，为直播保驾护航。

（2）数据敏感度

场控人员需要对直播过程中数据的变化有极高的敏感度，通过数据感知直播间粉丝对直播内容、带货商品的反馈，通过对正向以及负向反馈的及时提醒，推动团队其他成员在各自岗位进行及时的工作调整，以确保直播效果的不断优化。

3.客服

客服人员在直播前后都需要处理大量的客户咨询、售后问题，针对这类工作，以下两项特质必不可少：

（1）热情与耐心

随着直播业务量的增加，会出现大量重复的咨询，如果客服人员不具备足够的热情，将直接影响与粉丝沟通的态度，很多咨询当中甚至会出现部分客户的恶语相向，没有足够的耐心将很难妥善应对。当粉丝面临大量的同质性商品选择时，客服人员的沟通态度往往对最终转化起到显著的影响。

（2）学习与总结

教学微课
3-2
成熟期跨境电商直播团队各岗位能力要求

客服的工作多数较为机械和重复，而重复的工作需要及时总结才能提炼技巧提升效率。此外客服是接触客户的第一线，是最了解客户对直播和商品反馈的岗位，及时通过售后问题总结为团队提供直播调整建议，能够帮助直播团队少走弯路、快速成长。

成熟期的直播团队已经具备了完善的组织架构，通过明确的分工，团队已经能够充分掌握直播平台的各类规则以及用户的清晰画像，有足够的能力进行更加专业化的运营，运营策略可在以下两方面进行升级：

（1）优化直播内容

到成熟期后，主播和助理都已有了较为丰富的商品推荐经验，此阶段每款商品的推荐时间可以缩减为10分钟左右，一场6小时的直播，推荐的商品也可增加至30款左右。直播中除了推品，还可以设置固定的抽奖、秒杀、送福利等环节，以增强粉丝对直播间的黏性。

（2）制定具体的直播目标

从流程角度看，目标不仅包括销量等结果目标，还应包括粉丝量、转化率等过程目标；从时间角度看，不仅包括单场的目标，还应包括周维度、月维度甚至年度目标。通过目标矩阵的设定，结合及时的复盘总结，能够提高团队在直播运营管理过程中的效率与效果。

直播团队在不同的发展阶段，适用不同的直播团队配置方法，具体见表3-4。

表3-4　　各阶段直播团队配置方法

阶段	团队规模	核心岗位	适用条件
初创期	2～3人	主播、运营	初涉直播业务
成长期	4～6人	主播、助播、编导、运营	具有直播经验和直播基础，但直播内容和效果待优化
成熟期	10人及以上	主播、助播、编导、运营、选品、场控、客服	直播业务量逐渐扩大并形成稳定增长趋势

当然10人团队并非最高配置，上述岗位安排为各阶段核心岗位，实际业务场景中，直播团队完全可以根据自身需求对进一步细化的分工岗位进行人员补充，如设置专职的文案策划、图文设计、数据分析等，从而实现对运营环节的不断优化。在人数方面也并无上限，以淘宝平台头部主播为例，其团队成员遍及全国，人数更是超过了500人，团队成员除了负责直播间的工作外，还有一大部分人员承担着招商、选品、策划、运营等环节的工作。

教学微课
3-3
各发展阶段团队运营重点

总之，不管在何种业务背景下，搭建跨境电商直播团队都要遵循“因事设岗、依岗用人、人岗匹配”的原则，这样才能最大限度地发挥团队的力量。

任务操作

任务名称

PROIRON品牌跨境电商直播团队搭建

任务目标

- 根据PROIRON的推广需求，为其搭建跨境电商直播团队

任务计划

将任务进行分解并制订相关计划，填入表3-5中。

表3-5　任务计划书

<table>
<tr><th>序号</th><th>关键任务</th><th>任务详情</th><th>任务实践要求</th></tr>
<tr><td>1</td><td>分析目标产品销售情况</td><td>对目前PROIRON在俄罗斯的销售情况进行调研分析</td><td rowspan="5">1.总结俄罗斯市场情况
2.绘制团队组织架构图
3.编写核心岗位职责分工
4.编写核心岗位能力要求</td></tr>
<tr><td>2</td><td>调研相关竞品销售情况</td><td>了解俄罗斯市场对相关产品的需求情况</td></tr>
<tr><td>3</td><td>设计跨境电商直播团队架构</td><td>明确跨境电商直播团队所需核心岗位类型及人数</td></tr>
<tr><td>4</td><td>完成核心岗位职责分工</td><td>为各核心岗位分配适宜的工作内容</td></tr>
<tr><td>5</td><td>明确核心岗位能力要求</td><td>根据各岗位工作内容列出岗位从业人员的上岗要求</td></tr>
</table>

任务实施

1.自主查阅资料和记录

根据任务背景与任务目标，提前查阅相关文献及资料，将自学时遇到的疑难问题及灵感启发记录在表3-6中。

表3-6　自学记录表

序号	疑难问题/灵感启发

2.人员分组和任务安排

阅读任务计划，理解任务计划中的任务要点及实践要求。根据任务计划，学生自行进行人员分组和任务安排，将小组成员名单记录在表3-7中，以小组的形式完成本任务学习目标。

表3-7 小组分工表

组名			组长	
组员信息	组员姓名	组员学号	组员姓名	组员学号
任务安排				
备 注				

3.工作思路与流程

步骤一：分析俄罗斯PROIRON各产品销售情况。

销售现状：____

____

步骤二：调研相关竞品销售情况。

竞品情况：____

____

步骤三：设计跨境电商直播团队架构。

步骤四：完成核心岗位职责分工，将分工信息填入表3-8中。

表3-8 岗位职责分工表

序号	岗位名称	职责分工

步骤五：明确核心岗位能力要求，将具体要求填入表3-9中。

表3-9 岗位能力要求表

序号	岗位名称	能力要求

4.任务实施结论

____

____

____

任务评价

评价方式采用多元化评价，评价主体由学生、小组、教师和企业构成，评价标准、分值及权重如下：

1.学生以小组为单位，对本任务的实施过程与结果进行互评，将互评结果填入表3-10中。

表3-10　小组互评表

评价内容	评价标准	分值（分）	评分（分）
团队建设	团队合作紧密、互帮互助	10	
	工作态度端正、作风严谨	15	
	遵守法律法规和工作准则	10	
工作情况	计划制订周密、组织有序	15	
	按计划、高效率完成工作	20	
	工作成果完整且质量达标	30	
合　计		100	

2.教师对小组任务实施的过程与结果进行评价，将评价结果填入表3-11中。

表3-11　教师评价表

评价内容	评价标准	分值（分）	评分（分）
专业能力	能理解直播团队搭建原理	10	
	能划分核心岗位职责分工	15	
	能列举核心岗位能力要求	15	
完成情况	按时完成任务目标	10	
	工作成果质量达标	15	
	熟练掌握工作技能	15	
职业素养	学习认真、严谨、自律	10	
	积极参与课堂讨论展示	5	
	课堂任务及时复盘总结	5	
合　计		100	

3.企业对小组任务实施的过程与结果进行评价，将结果填入表3-12中。

表3-12　企业评价表

关键考核指标	分值（分）	得分（分）
能根据PROIRON品牌实际业务情况搭建适宜的跨境电商直播团队结构	45	
能根据团队结构进行合理的岗位职责分工	35	
能根据职责分工制定明确的岗位能力要求	20	
合　计	100	

4.根据上述结果填写表3-13。

表3-13　综合评价表

小组互评（20%）	教师评价（50%）	企业评价（30%）	综合评价

任务2
跨境电商直播带货选品

任务要求

1.掌握跨境电商直播选品要求；
2.掌握跨境电商直播选品技巧；
3.掌握跨境电商直播选品步骤。

任务情境

PROIRON品牌产品主要涵盖哑铃杠铃、健身器械、瑜伽舞蹈、武术搏击等多个品类，能够帮助用户进行更专业和高效的健身及训练。目前品牌的直播运营团队已经成功搭建，接下来，需要在品牌的在售商品中选取适宜直播销售的产品，适宜的选品将为直播的成功奠定良好基础。

知识链接

知识点1
跨境电商直播选品原则

选品作为直播中的核心要务，规范化是基础要求，尤其对于跨境电商直播，涉及跨越边境，且面对的往往是陌生市场，选品更应严谨对待，至少应遵循以下原则：

1.产品渠道需正规合法

从各权威机构每年发布的跨境电商调查报告中不难看出，产品质量一直是消费者最为关注的问题，尤其是涉及跨境交易时，产品渠道鱼龙混杂，在选品时，诚信经营必须放在首位，绝不可只图金钱利益选取非法的产品来源，而需严把质量关，选择来自正规合法企业的产品。相关企业必须经过正规备案，可通过国家企业信用信息公示系统 、企查查、天眼查等专业信息网站进行查询，必要时应结合企业或工厂的实地探访考察，确保记录良好、经营合法、无违规记录。

2.产品筛选考虑文化

跨境电商中往往涉及多个国家，不同国家之间的文化通常有较大差异，尤其东方国家与西方国家之间、不同宗教信仰之间，由于文化习惯的不同，对同一事物常有不同的看法，有时甚至大相径庭，比如白鹤在中国寓意吉祥、长寿，但在法国却是一种忌用图案；再比如菠萝披萨酸甜可口，在中国很受欢迎，但在意大利是绝对不允许将菠萝加在披萨中的，有的便利店销售菠萝时甚至需要顾客签署不将菠萝放入披萨的协议。诸如此类由文化差异引发的消费差异还有许多，如果选品时不考虑目标消费人群的文化特征，很容易引发粉丝的反感甚至抵制。

3.产品属性应时应景

跨境电商的范围比常规国内电商范围扩大了许多，由于地理范围的扩大，也带来了新的挑战，那就是需要充分考虑目标消费国的市场情况，包含但不限于当地的季节、气候、节日。比如，在中国的夏季销售连衣裙是非常明智的选择，但如果这个时候将连衣裙卖向另一个半球的澳大利亚就不是太明智的选择了，因为此时的澳大利亚正处于冬季。

4.产品卖点清晰明确

直播带货属于兴趣电商，区别于常规的搜索电商，直播需要通过产品的独特卖点来打动消费者。选择卖点明确的产品，就是要选择在外观、款式、质地、功能等方面拥有较为显著特点的产品。有卖点才会有市场，产品卖点明确才能够帮助主播在直播过程中打破消费者的心理防线，最终促成交易。

行业案例3-2

上亿元流水直播间产品入选率仅5%

央视财经《对话》栏目曾专访一位淘宝平台的头部主播，其直播间流水可达到1亿元以上。该主播透露，他们有一支强大的选品团队，所有商品进入直播间之前，都要经过层层把关筛选，如图3-7所示，最终产品的入选率仅5%。

图3-7 淘宝头部主播直播间选品会

产品筛选简单来说分为四个环节：招商初筛→选品会→主播一锤定音→最终质检。

1.选品会

每个品类的选品会每周有两场，成员由3名专业评审和2名大众评审组成，如图3-8所示。专业评审是专职质检团队成员，大众评审是公司内部随机挑选出的同事，以投票形式决定产品去留，综合淘汰率不低于50%。

图3-8 直播选品会展示推荐商品

“选品会上，质检团队成员会从合规的角度来看产品。”小李说。

在前不久的一场选品会上，有一款产品名称为“纯棉××”的衣服，其款式得到了在场其他成员的一致好评。但小庄用手一摸，发现衣服质感不对，翻开标签一看，果然不是纯棉，含棉量95%。

小庄认为，这款衣服还有浮毛非常严重的情况，消费者收到后的观感可能会不好。这一问题将直接在选品会上提出来，避免一些不太好的产品进入最终质检环节。

在选品会环节，品牌知名度似乎也不是“制胜王牌”。小庄介绍：“品牌知名度是重要维度，但并不是唯一维度。我们会根据产品特性，考虑是否与我们的用户群符合。如果卖点不够吸引人，功能不突出，也无法通过。”

2.最终质检

最终质检环节中，质检团队的工作可以简单分为三个部分：

（1）审核产品是否合规合法、品牌资质是否齐全

至于质检关注哪些问题，小李举例道：“比如，化妆品的生产企业是否有化妆品生产许可证，第三方委托生产是否有委托函，产品是否在我们要求的保质期内，我们要求保质期至少还有三分之二，食品的生产企业是否有食品生产许可证，许可证是否涵盖产品类目等。有三分之一的产品还会被送到第三方检测机构进行进一步检测。”同时，质检团队还会根据产品的综合风险，实地查看工厂的具体资质。“如果是之前没有合作过的品牌，或是有一些风险的产品，如电器、食品、化妆品等，都会考虑增加巡厂的环节。消费者吃进肚子和用在肌肤上的产品，我们会更加小心。”小李补充道。

（2）监测品牌和产品的舆情口碑

舆情口碑也是决定质检环节是否通过的重要维度之一。小李说："前几天的选品会上，有款产品所属品牌的另一系列产品被检测出来含甲醛，我们就暂时不考虑上这款产品了。"

（3）判断直播卖点话术的合规性，是否有夸张宣传的情况

小庄介绍，在卖点审核环节，他们会查看宝贝详情页和产品包装上的内容，是否违反《中华人民共和国广告法》和公序良俗。同时，还会检查直播间展示的KT板和道具。"有些化妆品涉及特证（即特殊化妆品注册证），比如美白产品需要备案。我们会对自称有美白功效的产品——核对是否有特证，如果没有特证，就会考虑用其他词语替代，如'提亮肤色'。"小李补充道。

此外，第二次上直播间的产品可能照样会经历质检流程。"有些产品有时效性，比如进口产品涉及报关单，不同批次的美妆产品也不一样，我们会进行再度审核。有些产品经过3~6个月的时间后再来直播间的话，我们会再次完整地看它的供应商营业范围有没有更改，商标注册证、检测报告有没有过期等。"小李说。

资料来源：佚名. 产品入选率仅5%!上亿流水直播间这样做质检［EB/OL］.［2021-03-04］. http://www.360doc.com/content/21/0304/11/48314968_965080254.shtml.

案例思考：有能力和精力组建选品或质检团队的主播自然是少数，那么对于大多数跨境电商直播团队而言，在选品把关时应注意哪些要点？

知识点2 跨境电商直播选品技巧

教学微课 3-4

跨境电商直播选品原则

在符合基础的选品要求之后，仍然存在海量的商品可供直播团队选取，怎样选取才更容易获取流量、打动粉丝呢？以下是可供参考的五点技巧：

1.提前分析粉丝特性

选品的核心要点在于"匹配"，即产品要与粉丝的需求尽可能地贴近。面对不同的消费国家或文化，消费者可能存在迥异的特征与偏好，即便同一国家或文化中的群体，由于主播本身风格各异，吸引的粉丝也都具备各自不同的特征，随之而来的就是不完全相同的产品需求，如果在选品时不考虑目标消费者的特性盲目上架，销量将没有任何保障，因此在选品前必须针对目标粉丝群体的性别、年龄、学历、收入、偏好等基础属性做尽可能全面的分析，根据分析结果选择最符合粉丝偏好的产品。

2.选取销量较高的产品

尤其针对初创期直播团队，可能存在对目标消费国消费群体不够了解的情况，这种情况下，为了避免出错，可以优先考虑那些已经在其他业务相似的直播

间有较好销售表现的产品。跟卖当地热销商品，能够帮助直播团队在运营前期快速上手。

3.选取复购率较高的产品

电商直播带货中，主播的粉丝群体相对稳定，直播的长期持续产出依赖于粉丝的持续复购，更高的购买频次不仅意味着更高的收益，也意味着更高的粉丝活跃度，因此选品时应尽量选择一些复购率较高的产品，比如日用品、化妆品、零食等快消品，此类商品若能够在粉丝中形成好的口碑，粉丝留存并持续购买类似以及其他商品的概率将大大提高。

4.选取便于运输的产品

物流是影响客户体验的重要因素，并且每一次愉快的购物体验都可以为后期的持续转化奠定基础。对于跨境电商而言，物流尤其重要，如果直播团队在目标消费国没有覆盖足够的仓储，那么远距离的运输将无法避免，选品的过程中应尽量避免选择不便运输、易碎、易腐的产品。

5.选取颜值较高的产品

直播带货属于展示型营销，通过屏幕感知产品的过程中，产品颜值是对消费者有巨大影响的因素，爱美之心人皆有之，这一原则放之四海而皆准，因此选择一些外观漂亮、设计感强的产品，会更容易抓住消费者的眼球，也更容易勾起消费者下单的冲动。

知识点3
跨境电商直播选品步骤

选品的过程并不简单是从多个产品中筛选一个或多个产品，而是一个复杂的分析过程，具体步骤如图3-9所示。

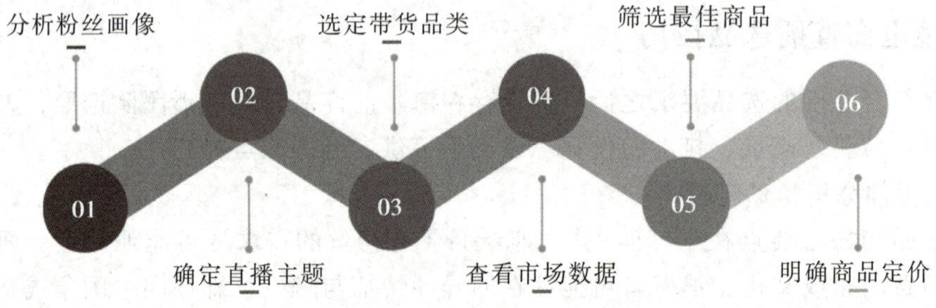

图3-9 跨境电商直播选品步骤

1.分析粉丝画像

若已有一定量级的粉丝，可通过直播平台提供的用户数据，分析粉丝基础特征，包含但不限于性别、年龄、学历、收入、消费偏好，若缺少数据则可通过线上调研问卷的形式对粉丝进行抽样调研，了解其特征偏好。若还处于初创期，尚未积累足够量级的粉丝，则需要预先圈定目标营销人群，比如是希望吸引青年女性或是宝妈等，通过划定目标消费者来明确消费偏好，进而有针对性地选择商品。

2.确定直播主题

一个好的直播主题对于一场成功的直播是必不可少的，目前各大平台的热门直播都会有一个明确的直播主题，目的是让粉丝在第一时间明确本场直播的类型和方向，便于提前进行直播预热、吸引粉丝提前关注，也便于在直播过程中主播和粉丝就主题进行更多、更有序的互动。直播主题可以是场景类，比如“夏日度假风穿搭专场”，也可以是活动类，比如“6·18底价囤货节”等。

3.选定带货品类

明确粉丝偏好以及直播主题后，就可以筛选本场直播的带货品类了。大类可以从食品、日用品、电器、服饰等入手，选定大类后，可以再进行二级、三级分类的拆解，比如，直播食品大类，可以选取零食类，零食类中的低糖低脂类。通过带货品类的筛选，进一步缩小选品的范围。

4.查看市场数据

选定带货品类后，就需要通过各类工具查看相关品类的销售数据以作参考。参考数据至少需包括相关品类下现有热销品牌有哪些、热销单品有哪些、销量大致有多少，通过数据的整理来确定有更好销售空间的候选商品。类似数据的查看可以通过Google Trends来完成，通过其可了解指定品牌或产品的查看搜索次数和Google Trends中关键字的变化趋势，以此来分析其客观的市场表现。此外还可以通过在亚马逊、速卖通等主流跨境电商平台进行相关品类的搜索，查看近期热销商品的销量等数据。图3-10为在亚马逊平台搜索哑铃（dumbbell）的商品展示页面，通过该页面能够了解目前销量较好的哑铃种类以及具体销售数据，并作为直播间选品参考。

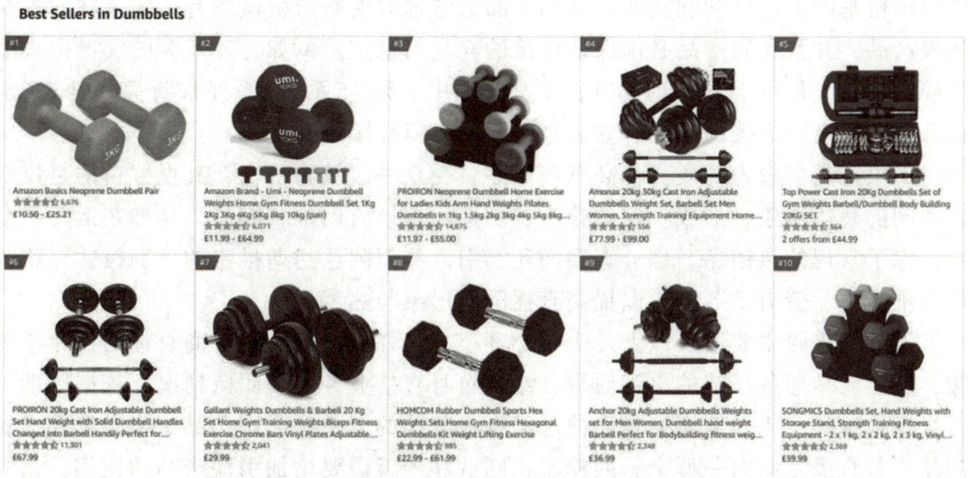

图3-10 亚马逊网站搜索“哑铃”的商品列表页面

5.筛选最佳商品

有了数据加持，基本已经可以圈定部分候选商品，最终的敲定还需要考虑商品的供应问题，即优先选择有优质货源的商品。货源的选择需要至少满足合法、便利、稳定这三个原则，尤其是在跨境电商中，涉及商品进出关境，货源的质量将直接决定电商经营能否稳定长久。

6.明确商品定价

经过与供应商的洽谈，直播团队已经掌握了一批优质的商品以及其供给价格，最终产品上架时还需要确定其销售价格，产品销售价格的高低取决于其在本场直播中承担的角色，一般可将一场直播中的产品分为引流产品、利润产品和形象产品，如图3–11所示。

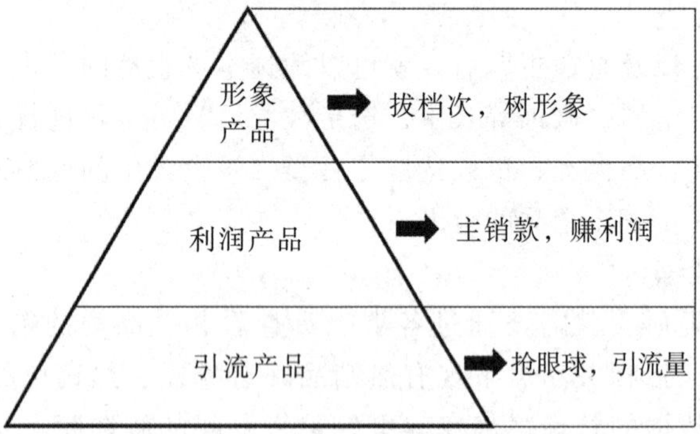

图3–11 跨境电商直播选品结构

引流产品的作用是抢眼球、引流量，因此其定价必须具备明显优势，大多引流品均为成本价销售，甚至会亏损销售，引流品的类别应选取大众消费刚需产品，确保质优价廉，此外最好能与其他利润产品形成关联，带动后续产品的销售。

利润产品顾名思义是为了保障直播间的经营利润，其定价需要在供应商给出的供给价格基础上留出利润空间，利润产品通常选取的是与引流款有一定关联的主推常规产品，并且利润产品必须保证供给的充足与稳定。例如，麦当劳的汉堡中其他款经常售罄，但巨无霸永远都有；宝马车型中1系、5系、7系经常断货，但3系永远都有；王老吉凉茶的瓶装、盒装经常断货，但红罐装永远都有。

形象产品多数为高质高价高利润商品，受众一般较为狭窄，其设置目的是拉升直播间的整体形象、形成一定的噱头、制造比较效应助推利润品，比如在运动鞋专场，除了常规的热销品，部分直播间还会引入类似阿迪达斯推出的“普拉达”款或耐克推出的“劳力士”款，以提高直播间的形象与热度。

选品的步骤主要涉及以上几个核心环节，但并非所有跨境电商直播均可原样照搬，重点需掌握各环节的决策原理，结合自身直播业务以及团队情况，依据原理进行合理地选品。比如若直播是面向已经有过复购的老粉丝，则选品中未必需要形象产品；若直播是面向一群全新的粉丝，则选品中就需要增加引流产品的比例。在实际业务当中还需掌握原理，灵活运用。

任务操作

教学微课 3-5

跨境电商直播选品步骤

任务名称

在针对俄罗斯大学生举办的直播购物节中，为PROIRON品牌进行直播选品。

任务目标

- 从PROIRON品牌在售的商品中选取适宜直播销售的产品。

任务计划

将任务进行分解并制订相关计划，填入表3-14中。

表3-14 任务计划书

<table>
<tr><th>序号</th><th>关键任务</th><th>任务详情</th><th>任务实践要求</th></tr>
<tr><td>1</td><td>调研市场需求</td><td>调研俄罗斯大学生日常健身情况以及对健身产品的需求</td><td rowspan="3">1.撰写选品报告
2.将任务完成结果进行汇报展示</td></tr>
<tr><td>2</td><td>查看市场数据</td><td>针对有需求的产品查询俄罗斯市场销售数据</td></tr>
<tr><td>3</td><td>选取推荐商品</td><td>确定最终直播销售的商品类别、型号</td></tr>
</table>

任务实施

1.自主查阅资料和记录

根据任务背景与任务目标，提前查阅相关文献及资料，将自学时遇到的疑难问题及灵感启发记录在表3-15中。

表3-15 自学记录表

序号	疑难问题/灵感启发

2.人员分组和任务安排

阅读任务计划，理解任务计划中的任务要点及实践要求。根据任务计划，学生自行进行人员分组和任务安排，并将小组成员名单记录在表3-16中，以小组的形式完成本任务学习目标。

表 3-16　　任务分组表

组名			组长	
组员信息	组员姓名	组员学号	组员姓名	组员学号
任务安排				
备 注				

3.工作思路与流程

步骤一：通过搜集网络信息，调研俄罗斯大学生日常健身情况以及对健身产品的需求。

大学生健身情况：________________________________

____

____

健身产品需求：__________________________________

____

____

步骤二：针对热门健身产品，查询该品类热销款在当地的销售数据。

商品A情况：_____________________________________

____

____

商品B情况：_____________________________________

____

商品C情况：

商品D情况：

商品E情况：

步骤三：结合PROIRON品牌产品，筛选适合本次直播销售的商品并说明理由，选品数量不少于三款。

选品A及选择理由：

选品B及选择理由：

选品C及选择理由：

选品D及选择理由：

选品E及选择理由：

4.任务实施结论

任务评价

评价方式采用多元化评价，评价主体由学生、小组、教师和企业构成，评价标准、分值及权重如下：

1.学生以小组为单位，对本任务的实施过程与结果进行互评，将互评结果填入表3-17中。

表 3-17 小组互评表

评价内容	评价标准	分值（分）	评分（分）
团队建设	团队合作紧密、互帮互助	10	
	工作态度端正、作风严谨	15	
	遵守法律法规和工作准则	10	
工作情况	计划制订周密、组织有序	15	
	按计划、高效率完成工作	20	
	工作成果完整且质量达标	30	
合　计		100	

2.教师对小组任务实施的过程与结果进行评价，将评价结果填入表 3-18 中。

表 3-18 教师评价表

评价内容	评价标准	分值（分）	评分（分）
专业能力	能完成对陌生市场相对全面的市场调研	10	
	能针对特定商品进行客观全面的数据分析	15	
	能正确选取适合直播的商品	15	
完成情况	按时完成任务目标	10	
	工作成果质量达标	20	
	熟练掌握工作技能	10	
职业素养	学习认真、严谨、自律	10	
	积极参与课堂讨论展示	5	
	课堂任务及时复盘总结	5	
合　计		100	

3.企业对小组任务实施的过程与结果进行评价，将结果填入表 3-19 中。

表 3-19 企业评价表

关键考核指标	分值（分）	得分（分）
能准确调研消费者需求	30	
能针对特定商品进行全面的数据分析	30	
能利用调研信息与数据筛选出适宜直播的商品	40	
合　计	100	

4.根据上述结果填写表 3-20。

表 3-20 综合评价表

小组互评（20%）	教师评价（50%）	企业评价（30%）	综合评价

任务3
跨境电商直播场景搭建

任务要求

1. 了解直播间场地的常见分类；
2. 掌握直播间空间的布局原理；
3. 掌握直播间背景的装饰技巧；
4. 掌握直播间灯光的布置方法；
5. 掌握直播间设备的配备要求。

任务情境

目前PROIRON品牌的直播选品已经确定，接下来，就可以根据候选商品的销售需求进行直播场景的搭建了，直播场景的好坏直接决定了直播间吸引力的高低，需要结合PROIRON品牌各产品的健身场景来选取适宜的场地、空间、背景、灯光、设备，为粉丝提供最佳观看体验的同时营造出最能促进销售的直播氛围。

知识链接

知识点1
直播场地的选择

1. 直播场地的分类

以营销带货为目的的直播场地，可分为室内场地和室外场地，如图3-12所示。

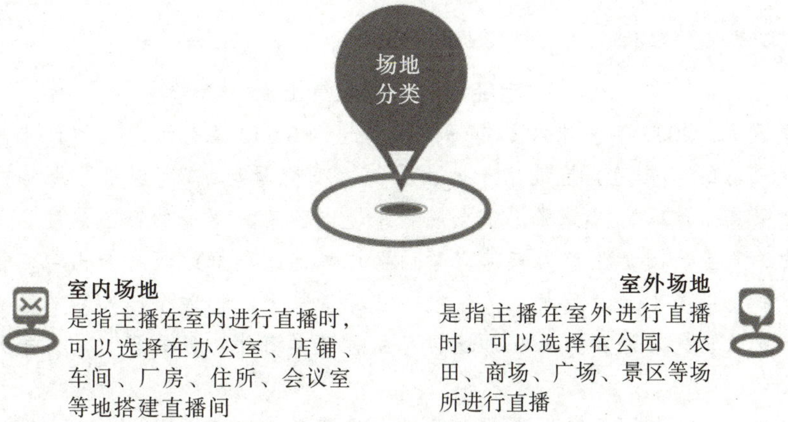

图3-12 直播场地分类

（1）直播场地的要求

一般的营销型直播，对场地的要求至少需满足光线充足、环境安静和网络通畅，具体如图3-13所示。

光线充足	环境安静	网络畅通
可以利用自然光线，自然光线不足的情况下，需使用专业灯光进行补充，以保证直播环境内通透明亮	应尽量远离建筑工地、学校、广场等较为嘈杂的地方，即便在室外直播，也应选取便于收音、杂音较少的环境，以保障收看直播时的听觉体验	对直播而言，网络是必备条件，不论室内室外，在确认周边环境合格的情况下，首先就需测试网络的流畅度，最好采用独享宽带，避免使用共享宽带。只有流畅的网络才能确保直播的顺利进行

图3-13　直播场地要求

（2）直播场地的选取

直播场地的选取通常有两种方法（见表3-21）：

表3-21　直播场地的选取方法

序号	方法	方法说明
1	根据商品特性选择直播场地	考虑商品特性时，需考虑商品的生产场景、购买场景、使用场景。例如，对于健身类商品，在室内便于陈列和展示其使用效果，如图3-14所示为健身品牌PROIRON的直播间；对于餐食类商品，在厨房或餐厅辅以烹饪过程往往更容易激起用户的下单欲望；对于农产品则在原产地的田间地头直播效果更好
2	根据直播内容选择直播场地	如果直播中设计了特殊活动，例如表演、运动展示等，则需要考虑面积较大的室内场所或室外场所；如只是全程在桌面前进行商品展示，则仅需要面积较小的室内场所即可

行业案例3-3

“宅经济”下的家具出海

数据显示，2022年全球家具市场规模将达到6 542亿美元，且预计未来四年家具在海外市场的需求仍会持续增长。由于海外疫情蔓延，“宅经济”顺势崛起，不仅带动了家具品类的需求暴涨，也点燃了跨境电商家具赛道的空前热度，而中国作为最大的工业生产国，生产力充沛，营商环境稳定，利好政策纷纷出台，恰恰为国内品牌出海提供了生产及政策上的红利。在此背景下，作为全国知名的家具零售公司林氏木业以敏锐的洞察力正在加速自身品牌进军海外业务的脚步，力争开拓新的业务增长点。

近日林氏木业与阿里巴巴国际站超级星厂牌合作的跨境直播间中，就邀请了两位从英语老师转行的跨境电商主播为品牌出海带货。

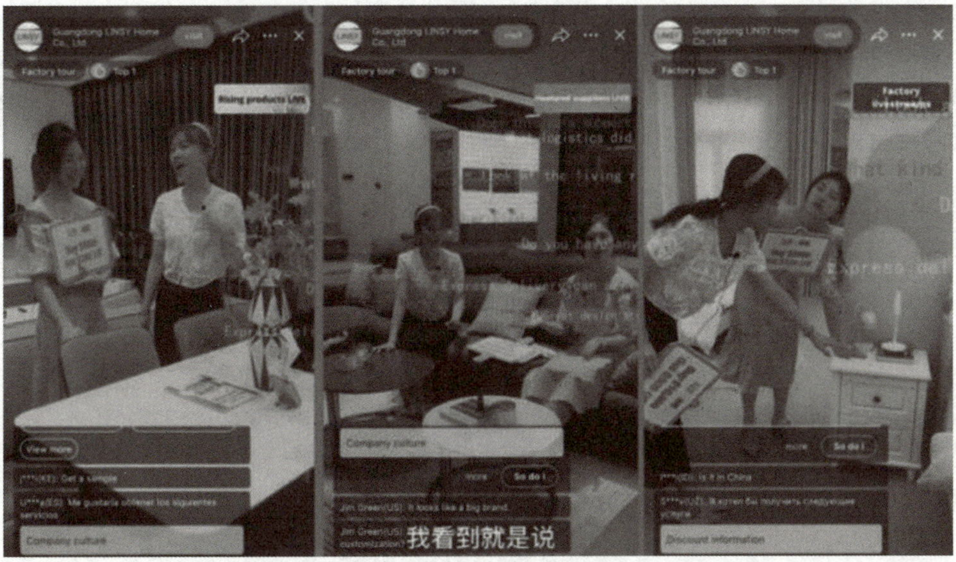

图3-14　林氏木业直播间

林氏木业直播间不同于常规主播带货时的固定场景，而是直接把直播间放在了家具样板间，由主播带着直播间观众进行沉浸式家具体验，如图3-14所示。两位带货主播通过现场实物试用，给粉丝分享了最直观的商品体验，获得了大量海外市场买家的青睐，当天的直播浏览量也是节节攀升。

为了给不同的客户更好的体验，林氏木业根据不同的消费习惯、类型、国家采用了差异化的服务，这也是林氏木业的海外服务体系，而差异化服务的落实则需要利用品牌便捷发货、不设起订门槛以及代理服务的优势，加深客户对产品的认知，给予客户引导，让客户可以信赖品牌。

双语直播是漫漫出海路的开始，中国品牌的出海已经掀起了朵朵浪花，像林氏木业一样利用数字化信息加快出海速度也会成为一种趋势，对于之后的精彩，我们拭目以待。

资料来源：作者根据相关资料整理。

案例思考：林氏木业把直播间直接搬到了样板间，沉浸式的展示给消费者提供了更直观的体验感，请再举出至少三种沉浸式直播的例子，并说明其中的亮点。

知识点2
直播间空间的布局

直播间的空间布局是直播团队按照直播画面的需要进行设定的。在普通的室内直播间，一般出现在直播画面中的有背景墙、主播以及助理，其他工作人员和与所推荐商品不相关的物品一般不会出现。因此，空间布局上，一般可以将直播间分为背景区、主播活动区（包含商品展示区）、硬件摆放区以及其他工作人员活动区。其中，硬件摆放区包括提示区、摄像机摆放区、监视器摆放区。背景区和主播活动区需出现在直播画面中，其他工作人员活动区则不会出现在直播画面中，具体规划如图 3-15 所示。

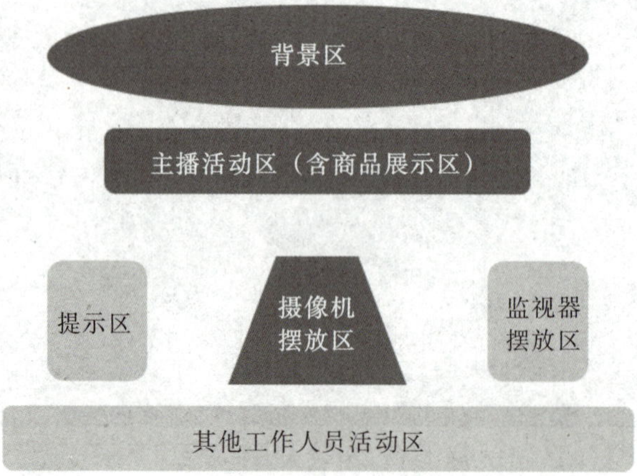

图 3-15 直播场地布局

在拍摄和灯光设备摆放区，调整好最佳直播画面效果后，应做好位置标记，便于下一次直播使用。整体空间布局确认后，不宜轻易变动，以免设备重复调试，影响直播效率。

知识点 3
直播间背景的装饰

直播间的背景装饰需要符合直播的主题及主播的人设，在此基础上，直播团队可以使用以下方式对直播间背景进行装饰：

1. 背景颜色

若主播风格是有亲和力的，直播背景可以选取暖色风格；若主播风格是成熟稳重的，则直播背景适宜选取纯色且相对深色的风格。背景可以使用墙纸或窗帘，选购时不要选择有反光面的墙纸，材质以绒面吸光为宜。

2. 装饰点缀

如果直播背景区较大，为了避免直播间显得太过空旷，直播团队可以适当添加一些小物品来丰富直播背景区。尤其在跨境电商直播中，主播可根据目标消费国文化习俗，摆放一些具备当地特色的物品以快速拉近与粉丝的距离。如果在节日期间直播，可以适当地布置一些与节日气氛相关的物品，或者为主播搭配符合节日主题的妆容和服饰，以提升直播间人气。例如，在圣诞节期间面向美国消费者直播时，可在直播间内增加圣诞树、圣诞帽等节日饰品。

3. 置物架

如果背景墙或纯色背景无法很好地衬托主播风格、体现直播主题，则可在背景区域摆放一个置物架，在置物架上摆放一些能够体现主播风格的物品，例如书籍，或本次直播推荐的各类商品。如图3-16所示，PROIRON品牌的直播间就使用了专业的置物架，既可以突出直播间商品的丰富性，也能够方便主播进行商品的展示。

图3-16 PROIRON直播间的置物架

知识点4 直播间灯光的布置

在布置直播间的过程中，灯光的布置也非常重要。恰到好处的灯光能够凸显主播的形象，让主播面部看起来更加自然，增加观众对主播的好感。有时你会发现，两个布局、装饰完全相同或相近的直播间，一个直播间的主播面色看起来白皙红润，而另一个直播间的主播面色看起来却黯淡无光，这就是布光不同造成的。直播间常见的光源主要有主光、顶光、辅助光、轮廓光、背景光五种，其作用及布置要点见表3-22。

表3-22 直播间光源的作用及布置要点

序号	名称	作用	布置要点
1	主光	映射外貌和形态的主要光线，起主要照明作用，可以使主播脸部受光均匀，也是灯光美颜的第一步	应放置在主播正面，与镜头光轴形成0-15度的夹角，从这个角度照射的光充足均匀，使主播的脸部柔和，可起到磨皮美白的作用，其缺点是由于光线直射，画面缺乏阴影导致画面扁平，缺乏层次感，因此还需其他光源进行调整配合

续表

序号	名称	作用	布置要点
2	顶光	次于主光的光源，从头顶位置照射，给背景和地面增加照明，同时加强瘦脸作用	从主播上方照下来，能够产生浓重的投影感，有利于轮廓的塑造，起到瘦脸的作用，高度一般不超过主播头顶两米，其优点很突出，但也有缺点，那就是容易在眼睛和鼻子下方形成阴影，因此应搭配相应的妆容进行修饰
3	辅助光	辅助主光的光源，可增加整体立体感，起到突出侧面轮廓的作用	从主播左右两侧呈90度照射，左前方45度照射的辅助光可以使面部轮廓产生阴影，打造立体质感，右后方45度照射的辅助光可以使后面一侧的轮廓被打亮，与前侧光产生反差，打造出主播整体造型的立体感和质感。日常可借助反光板补光，制造软光效果，还能让主播皮肤更白皙光滑，但要注意避免光线太亮，使面部出现过度曝光和局部暗沉的情况
4	轮廓光	又称逆光，放置在主播身后，勾勒出主播轮廓，可以起到突出主体的作用	应放置在主播身后，形成逆光效果，从而使主播的轮廓更加分明，同时也能够将主播从直播间背景中分离出来，更加突出其主体位置。但作为轮廓光不宜过亮，否则会导致整个画面主体部分过黑
5	背景光	又称环境光，主要用作背景照明，使直播间的各点光照度尽可能统一，起到让室内光线更均匀的作用	在主播轮廓打造完毕后，能够为主播呈现完美的肌肤，但此时直播间背景往往会相对暗淡，因此需要安置背景光来均匀室内光线，灯光应采取低亮度、多光源的方式布置，做到尽量简单，切忌喧宾夺主

知识点5
直播间设备的配备

好的直播设备是确保直播画面清晰、直播内容稳定生成的前提。目前直播的主流设备是手机，常见热门手机的摄像功能已经完全足够支持一场流畅的直播，直播团队只需要在手机上安装所需的直播软件即可。以手机直播为例，表3-23中列出了直播间中所需的硬件、软件设备名称及配备要点。

表3-23　直播间设备名称及配备要点

设备分类	序号	设备名称	配备要点
硬件	1	手机	直播时至少需要准备2台手机，并且同时登录直播账号，以备不时之需
	2	电源	有条件的情况下应准备插线板，以便在直播过程中随时补充电量，若无法进行插座充电，则必须提前准备移动充电宝，以避免直播因手机电量不足而中断
	3	无线网络	网络速度直接影响直播画面质量以及用户观看体验。通常直播采用的是无线网络连接，正式直播前应对网络环境做充分测试，同时应准备网络流量卡或无线网卡，确保直播中网络畅通
	4	支架	直播过程中，需保证拍摄手机的稳定，以减少直播画面抖动，且可能需要对拍摄手机的位置和角度进行调整，因此需要使用适合的支架。固定机位直播时需要手机支架，如图3-17所示，移动机位直播时应准备手持手机稳定器或手机防抖云台
	5	补光灯	多数时间主播直播使用的是前置摄像头，大多手机前置摄像头像素较低，光线不足将影响整体画面效果，主播可使用补光灯，同时打开冷光和暖光，优化面容
	6	收音设备	使用手机直播时，由于主播和手机之间有一定距离，若直接使用手机收音效果一般较差，应配备额外收音设备，可使用无线蓝牙耳机，或使用专业无线麦克风保障音效，图3-18为常用麦克风，也称小蜜蜂
	7	提词器	一场常规直播时长可达4小时以上，直播内容较多，难以全部准确记忆，因此需要通过提词器对主播进行及时提醒，提醒内容可包括商品信息、促销活动信息、直播流程提醒等。除此之外，可能仍有部分临时信息需要传达给主播，此时还应准备手写板，作为机动提词器
	8	相机	直播结束后，直播团队往往还会开展后期的针对性宣传，此时需要现场的高清大图、高清视频或现场花絮作为素材，因此最好使用专业相机进行拍摄或录制
软件	1	直播账号设置	未经设置的直播账号，用户在进入直播间后很难直观地了解直播内容，极容易造成用户流失。为了提升用户留存、减少跳出，需要对直播间的各项信息进行提前设置，包含但不限于直播预告、直播封面图、直播标题、直播描述、直播间橱窗、直播间发言规则、直播转发文案等，具体需根据直播平台要求进行完整设置。内容上应突出直播主题、主播介绍、热推商品信息等，提高直播吸引力
	2	直播平台测试	直播平台测试至少应包含两部分：第一部分是测试主播视角，确保主播熟悉直播开始、镜头切换、声音调整、留言回复等操作；第二部分是用户视角，务必以用户身份提前进入直播间进行全面观察，至少包含画面、声音、留言、下单等环节，检查是否还有待优化之处

图3-17 常见手机支架

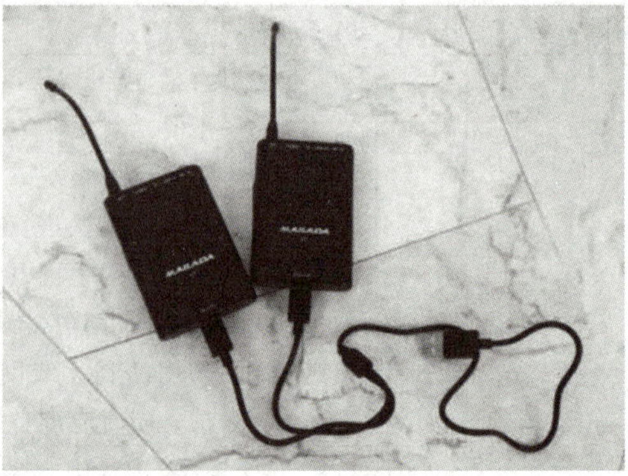

图3-18 常见麦克风

教学微课 3-6

直播间设备的配备

任务操作

任务名称

PROIRON品牌俄罗斯大学生直播购物节直播场景设计

任务目标

- 为PROIRON品牌直播选取适宜的直播场地
- 为直播间设计背景装饰

任务计划

将任务进行分解并制订相关计划，填入表3-24中。

表3-24 任务计划书

序号	关键任务	任务详情	任务实践要求
1	了解选品特点	充分了解任务二中选定的直播商品的功能和特点	1.撰写设计报告 2.将任务完成结果进行汇报展示
2	选取直播场地	根据直播选品的特点和展示需求，选取直播场地	
3	设计背景装饰	根据直播需求设计直播间背景装饰	

任务实施

1.自主查阅资料和记录

根据任务背景与任务目标，提前查阅相关文献及资料，将自学时遇到的疑难问题及灵感启发记录在表3-25中。

表3-25 自学记录表

序号	疑难问题/灵感启发

2.人员分组和任务安排

阅读任务计划，理解任务计划中的任务要点及实践要求。根据任务计划，学生自行进行人员分组和任务安排，将小组成员名单记录在表3-26中，以小组的形式完成本任务学习目标。

表3-26 任务分组表

组名			组长	
组员信息	组员姓名	组员学号	组员姓名	组员学号
任务安排				
备注				

3.工作思路与流程

步骤一：通过阅读商品详情介绍选品特点及展示需求。

选品A特点及展示需求：____

____

____

选品B特点及展示需求：____

____

____

选品C特点及展示需求：____

____

____

选品D特点及展示需求：____

____

选品E特点及展示需求：

步骤二：为直播选取适宜的直播场地。

直播场地描述：

场地选取理由：

步骤三：为直播设计适宜的背景装饰。

背景颜色及选择理由：

背景装饰布局及理由：

4.任务实施结论

任务评价

评价方式采用多元化评价，评价主体由学生、小组、教师和企业构成，评价标准、分值及权重如下所示：

1.学生以小组为单位，对本工作页的实施过程与结果进行互评，将互评结果填入表3-27中。

表3-27　小组互评表

评价内容	评价标准	分值	评分
团队建设	团队合作紧密、互帮互助	10	
	工作态度端正、作风严谨	15	
	遵守法律法规和工作准则	10	
工作情况	计划制订周密、组织有序	15	
	按计划、高效率完成工作	20	
	工作成果完整且质量达标	30	
合　计		100	

2.教师对小组工作过程与结果进行评价，将评价结果填入表3-28中。

表 3-28　　教师评价表

评价内容	评价标准	分值（分）	评分（分）
专业能力	能完成对陌生市场相对全面的市场调研	10	
	能针对特定商品进行客观全面的数据分析	15	
	能正确选取适合直播的商品	15	
完成情况	按时完成任务目标	10	
	工作成果质量达标	20	
	熟练掌握工作技能	10	
职业素养	学习认真、严谨、自律	10	
	积极参与课堂讨论展示	5	
	课堂任务及时复盘总结	5	
合　计		100	

3. 企业对小组工作过程与工作结果进行评价，将结果填入表 3-29 中。

表 3-29　　企业评价表

关键考核指标	分值（分）	得分（分）
能准确调研消费者需求	30	
能针对特定商品进行全面的数据分析	30	
能利用调研信息与数据筛选出适宜直播的商品	40	
合　计	100	

4. 根据上述结果填写表 3-30。

表 3-30　　综合评价表

小组互评（20%）	教师评价（50%）	企业评价（30%）	综合评价

职业素养指南　跨境电商直播选品最强助力——风靡全球的中国制造

近几年，中国制造可谓风靡全球，无论是非洲、东南亚等发展中国家，还是欧洲、美国等发达国家，越来越多的外国朋友喜欢上了中国制造的产品，许多国产商品在国外同样畅销。例如小型冰箱、服饰、自行车、各类食品等，在国外的销售都是相当火热。甚至一些国内平价的商品，一到国外就成功实现翻身，步入“高端产品”之列，其中销售最火爆的非“老干妈”莫属。据了解，国内的老干妈辣酱一瓶的单价只需十几元人民币，但在国外的价格可以高达六十元人民币，如此大的价格差异足以看出老干妈在国外的风靡。

特别是在疫情影响下，全球贸易供应链受到了严重的影响，欧美国家生产力不足，导致不少国家出现了商品短缺的局面。关键时刻，各国都将目光集中在了我国身上，中国制造的商品一上架就被一扫而空，可见中国制造的深远影响。

如今我国工业体系已经成功覆盖200多个工业门类，能自主解决99%以上的工业配件需求。随着“中国制造”逐渐成为全球市场的“硬通货”，中国将再次向全球展示中国的强大。

素养小结：如此强大的中国制造，为跨境电商直播提供了海量的优质产品，让跨境电商直播大有可为。同学们应抓住机会，扎实学习相关理论知识，通过线上线下丰富的教学资源进行多场景实战训练，为未来走上工作岗位做好充分的准备。

资料来源：作者根据相关资料整理。

项目小测

项目小测3

1.下列属于成熟期直播团队的必要岗位的是（　　）。

A.收银员　　B.选品员　　C.直播助理　　D.客服

2.下列属于跨境电商直播选品时需要考虑的因素有（　　）。

A.目标消费国的文化习俗

B.商品的供应渠道

C.商品的物流情况

D.直播间粉丝的消费偏好

3.下列属于跨境电商直播运营人员需要具备的特征有（　　）。

A.颜值高　　B.分析能力强　　C.执行能力强　　D.感染力强

4.下列不属于跨境电商直播场地必备要求的有（　　）。

A.场地空旷　　B.有自然光　　C.网络畅通　　D.有背景墙

5.跨境电商直播中场景搭建包含的环节有（　　）。

A.选择直播场地

B.安排直播间空间布局

C.布置直播间灯光

D.配备直播间设备

4

项目 4

跨境电商直播操作

学习目标

知识目标

1. 了解阿里巴巴国际站的特点和直播规则
2. 了解 TikTok 平台的直播间功能以及管理员模式的特点和作用
3. 了解京东国际直播账号的类型及各类型的特点

技能目标

1. 掌握在阿里巴巴国际站创建直播、填写直播预告的方法，并开启直播
2. 掌握在 TikTok 注册账号和开通跨境店铺的方法与流程，并开启直播
3. 掌握京东国际上各类型账号的注册方法及如何开通直播权限，并开启直播

素养目标

动画 4-1

如何选择跨境电商直播平台

1. 通过学习各个跨境电商平台直播的设置要求和操作方法，使学生在工作中培养严谨、专注、诚实守信的职业精神
2. 通过在各种平台进行跨境电商直播实践，提升学生的自信心和表达能力，培养学生注重团队合作和精益求精的职业素养

项目描述

作为在传统跨境电商B2B出口模式下深耕多年的外贸电商企业，山西新和实业有限公司经过前期的基础知识培训、直播策划与筹备后，现决定将旗下的健身品牌PROIRON体育健身器材类产品在不同的平台尝试进行跨境电商出口直播。同时，引进海外市场中的互补产品，在跨境电商进口平台开展直播。山西新和实业有限公司计划以多平台、多模式的跨境直播形式，搭建更合理的产品层次，拓展销售渠道，扩大产品销路，同时宣传健身知识，鼓励全民健身。

项目分解

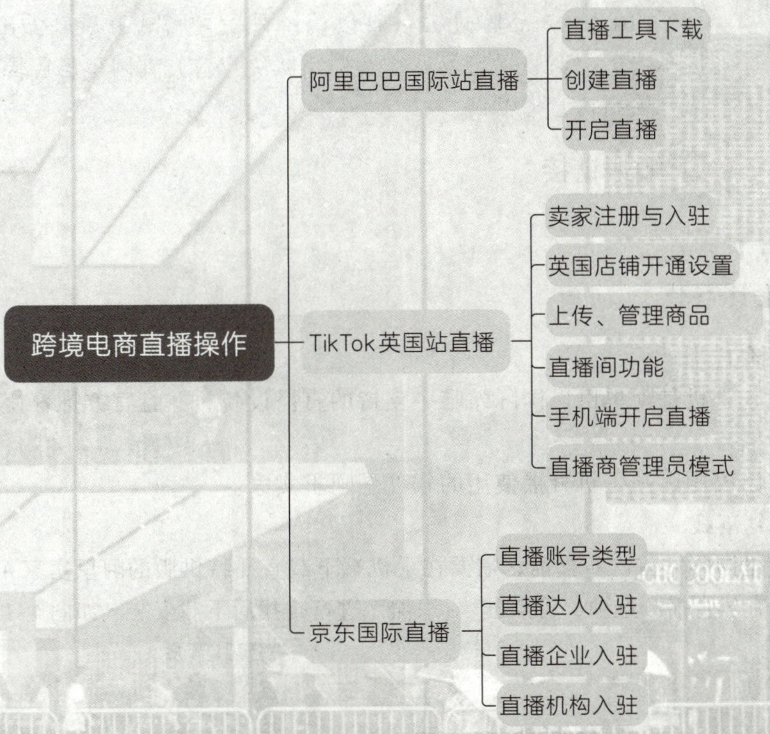

任务1 阿里巴巴国际站直播

教学微课
4-2
阿里巴巴
国际站直播

任务要求

1. 掌握阿里巴巴国际站的直播工具和设备要求，并下载直播工具；
2. 能够在PC端和手机端创建直播，并填写直播预告；
3. 能够在阿里巴巴国际站顺利开启直播；
4. 掌握在PC端进行直播监控的方法和内容。

任务情境

PROIRON品牌过去一直以传统外贸的模式开展B2B出口业务，进军跨境电商直播市场后，直播团队决定首先在阿里巴巴国际站进行第一轮出口直播尝试。

知识链接

知识点1 直播工具下载

1. 直播工具

目前，手机是阿里巴巴国际站唯一支持的直播设备，并且官方推荐使用苹果手机进行直播。

阿里巴巴国际站手机直播使用的软件是阿里卖家。

2. 工具下载

在阿里国际站首次直播前，需要在手机端下载直播特供版的阿里卖家App，如果面板上没有“直播”选项，可点击“+添加”进行查找后下载安装（如图4-1所示）。

图4-1 手机端下载阿里卖家App的页面

如手机端已有该软件，下载前不需要卸载原有软件，直接扫描二维码进行安装，就会自动覆盖并替换成直播特供的版本（如图4-2所示）。

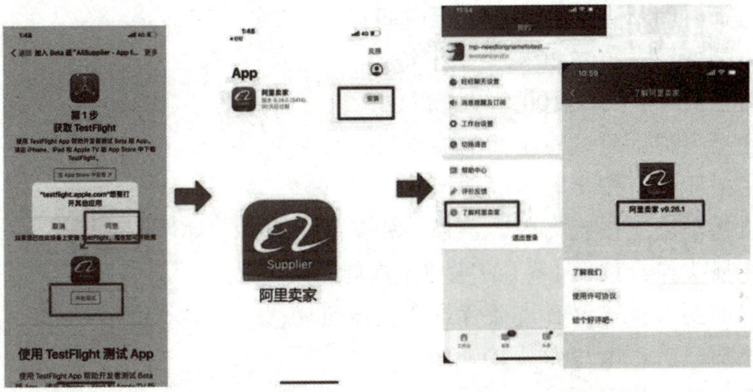

图4-2　手机端安装并检查阿里卖家App版本

知识点2
创建直播

在PC端和手机端均可以创建直播。

1.PC端创建直播

商家首先需要在PC端选好商品，制作商品目录，然后开始创建直播。阿里巴巴国际站规定只能创建30天之内的直播，建议所有的直播都提前至少1小时创建直播预告。

PC端创建直播的入口及操作路径为：登录My Alibaba→媒体中心→管理直播，点击右上角“创建正式直播”，选择“店铺直播”或“活动直播”后即可创建直播（如图4-3所示）。

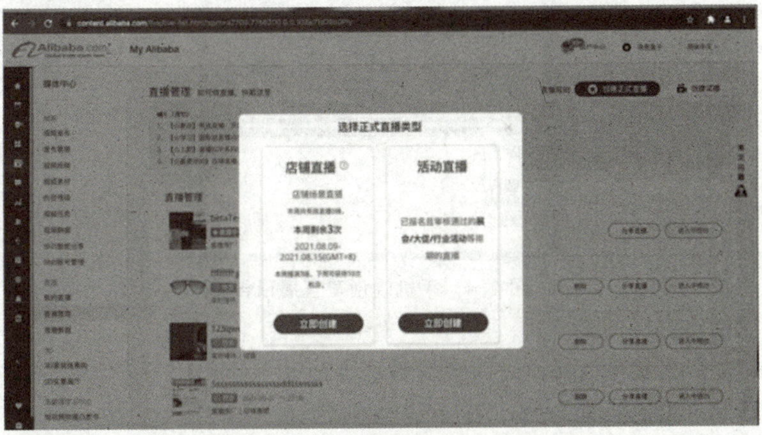

图4-3　PC端创建直播的入口

PC端创建直播的步骤：

（1）进入直播管理页面；

（2）选择“创建直播”；

（3）创建直播预告；

（4）自动同步App端。

在PC端创建直播时，需要填写的直播预告内容如下：

（1）直播时间：直播开始的中国时间；
（2）直播标题：英文20～60个字符；
（3）直播简介：英文100个字符以内；
（4）主播名称：可以写主播的英文名；
（5）主播职位：按实际情况选择；
（6）直播类型：按直播内容选择，如新品、测评、探厂等；
（7）主播头像：按照1∶1的宽高比裁剪；
（8）封面要求：建议有直播背景和主播照片；
（9）添加商品：填写商品ID。

2.手机端创建直播

登录阿里卖家App，在工具栏内找到直播功能，点击“创建正式直播”，选择“店铺直播”或“活动直播”后即可创建直播（如图4-4所示）。

图4-4　手机端创建直播预告

手机端创建直播的步骤：
（1）打开阿里卖家App，进入直播管理页面；
（2）选择“创建直播”；
（3）填写预告信息；
（4）发布直播预告；
（5）等待审核结果。

创建手机端直播预告，需要填写以下信息：
（1）封面图1：宽高比为1∶1，分辨率为750×750px，图片应有人物和场景；
（2）封面图2：宽高比为16∶9，分辨率为1 280×720px，图片应有人物和场景；
（3）直播标题：英文20～60个字符；

（4）直播简介：英文100个字符以内；

（5）直播时间：中国时间，只能创建15分钟以后、30天以内的直播；

（6）直播类型：按直播内容选择；

（7）添加商品：最多可添加100个（App支持商品分组，但不支持搜索）。

知识点3
开启直播

创建直播预告后需要一定的审核时间，即使是试播也会有审核时间。审核通过后，就能在店铺主页看到该直播预告了（如图4-5所示），同时系统会自动显示出公司的名称、LOGO、实时点赞数以及直播时长。

图4-5　阿里国际站直播预告PC端界面

直播预告审核通过后，从PC端进入中控台，系统会显示二维码，用手机扫码可跳转到阿里卖家App，可以提前将观看链接转发给买家。

主播应提前15分钟进入直播间准备直播，但不要提前开始直播，因为买家并不会看到。等到了开播时间，便可以在手机上开启直播。在直播过程中，如果因操作失误不小心退出直播间，只需要重新回到直播页面点击“继续直播”即可。

在直播过程中，PC端小助理的主要工作是负责添加商品、置顶商品、关注留言和评论、禁言不友好的用户等帮助主播维持直播间秩序。

对于直播运营来说，最关心的就是排名问题。在阿里巴巴国际站的直播首页点击“online trade show”的引流banner之后，会出现直播间排序，也可理解为是直播间的排序规则（如图4-6所示）。

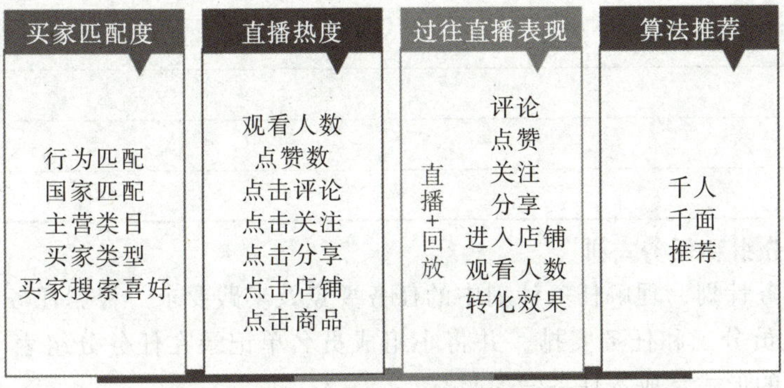

图4-6　直播间排序要素规则

任务操作

任务名称

PROIRON品牌体育健身器材在阿里巴巴国际站进行出口跨境直播。

任务目标

- 从PROIRON品牌体育健身器材的产品目录中选择适合在阿里巴巴国际站进行直播的产品；
- 下载直播工具，创建直播，并尝试在阿里巴巴国际站进行直播。

任务计划（见表4-1）

表4-1 任务计划书

序号	任务指标	任务详情	任务结果
1	选择商品	根据阿里巴巴国际站的特点选择适合在该平台直播展示和销售的PROIRON品牌商品	1.制作PPT 2.将任务完成结果进行汇报展示
2	下载直播工具	用手机下载阿里卖家App	
3	创建直播	在手机端创建直播，填写并发布直播预告信息	
4	开启直播	将选好的商品在阿里巴巴国际站直播展示，并在后台进行检测和分析	

任务实施

1.自主查阅资料和记录

根据任务背景与任务目标，提前查阅相关文献及资料，将自学时遇到的疑难问题或灵感启发记录在表4-2中。

表4-2 自学记录表

序号	疑难问题/灵感启发

2.人员分组和任务安排

阅读任务计划，理解任务计划中的任务要点及实践要求。根据任务计划，学生自行进行人员分工和任务安排，并将小组成员名单记录在任务分组表（见表4-3）中，以小组的形式完成本任务学习目标。

表4-3 任务分组表

组名			组长	
组员信息	组员姓名	组员学号	组员姓名	组员学号
任务安排				
备注				

3.工作思路与流程

步骤一：分析阿里巴巴国际站的平台特点，从PROIRON品牌体育健身器材的产品目录中选择适销商品。

平台的特点：____

____

____

适销商品的特点：____

____

____

选定适销商品：____

____

____

步骤二：在手机上安装阿里卖家App。

出现问题：____

____

____

解决办法：____

____

____

步骤三：在手机端创建一场直播，填写并发布直播预告。

封面图1：________________

封面图2：________________

直播标题：________________

直播简介：________________

直播时间：________________

直播类型：________________

添加商品：________________

步骤四：开启直播并进行直播监测。

出现问题：________________

____

____

解决办法：________________

____

____

监测记录：________________

____

____

4.任务实施结论

____

____

____

任务评价

评价方式采用多元化评价，评价主体由学生、小组、教师和企业构成，评价标准、分值及权重如下：

1.学生以小组为单位，对本任务的实施过程与结果进行互评，将互评结果填入小组互评表，见表4-4。

表4-4 小组互评表

评价内容	评价标准	分值	评分
团队建设	团队合作紧密、互帮互助	10	
	工作态度端正、作风严谨	15	
	遵守法律法规和工作准则	10	
工作情况	计划制订周密、组织有序	15	
	按计划、高效率完成工作	20	
	工作成果完整且质量达标	30	
合　计		100	

2.教师对小组任务实施的过程与结果进行评价，将评价结果填入教师评价表，见表4-5。

表4-5 教师评价表

评价内容	评价标准	分值（分）	评分（分）
专业能力	能根据平台特点选择适销商品	10	
	能掌握直播工具的要求并正确下载	5	
	能正确填写直播预告并成功创建直播预告	15	
	能顺利开启直播并进行监测	15	
完成情况	按时完成任务目标	10	
	工作成果质量达标	15	
	熟练掌握工作技能	10	
职业素养	学习认真、严谨、自律	10	
	积极参与课堂讨论展示	5	
	课堂任务及时复盘总结	5	
合　计		100	

3.企业对小组任务实施的过程与结果进行评价，并将结果填入企业评价表，见表4-6。

表4-6 企业考核评价表

关键考核指标	分值（分）	得分（分）
能够选择适销商品并创建直播预告	50	
能够成功在阿里巴巴国际站开启直播，并掌握直播监测的方法和内容	50	
合　计	100	

4.根据上述结果填写综合评价表，见表4-7。

表4-7 综合评价表

小组互评（20%）	教师评价（50%）	企业评价（30%）	综合评价

任务2
TikTok英国站直播

任务要求

教学微课 4-3

TikTok海外站直播

1.掌握TikTok平台的入驻条件和注册方法；

2.掌握TikTok跨境店铺开通的设置内容和方法；

3.学会TikTok店铺上传商品和管理商品的操作方法；

4.掌握TikTok直播间的功能及开启直播的方法；

5.理解TikTok直播间管理员模式的含义、作用和权限。

任务情境

经过阿里巴巴国际站跨境出口直播的推广，PROIRON 品牌的 B 端用户满意度大幅提升。但是由于全球新冠疫情暴发，B2B 外贸模式受到冲击。山西新和实业有限公司准备将旗下 PROIRON 品牌体育健身器材类产品在 TikTok 平台进行直播推广。

知识链接

根据艾媒咨询发布的《2022 年中国跨境直播电商产业趋势研究报告》显示，2022 年 TikTok 拥有超过 10 亿的全球用户，其中，四分之一的用户会在观看 TikTok 直播或视频时研究相关产品并进行购买。TikTok 用户数量的爆发式增长以及高回报率，赋予跨境卖家无限的可能性。

知识点 1 卖家注册与入驻

1. 卖家注册条件

（1）拥有中国内地/香港特别行政区的合法企业营业执照；

（2）卖家的营业执照需覆盖商家所售商品类目的经营活动；

（3）产品符合当地出口要求和跨境禁限售商品规则；

（4）产品符合平台治理规则。

2. 入驻需要提供的材料

如果是普通商家入驻，需要准备：

（1）公司营业执照（正本副本均可）；

（2）法人证件（身份证、护照）；

（3）全网唯一的手机号码；

（4）全网唯一的邮箱地址；

（5）其他跨境电商平台的店铺后台页面截图，须包含店铺名称、注册主体及 DSR（卖家服务评级系统）> 4.5；

（6）中国内地/香港特别行政区发货和退货仓的联系人和手机号码（用于物流服务首公里物流退货）；

（7）英国的 TikTok 账号，账号持有人须年满 18 岁、发布过 5 条短视频且累计获得超过 100 个点赞；

（8）退货仓联系人和地址（可选，用于用户退货退款场景）。

如是定邀商家入驻，需要准备：

（1）公司营业执照（正本副本均可）；

（2）法人证件（身份证、护照）；

（3）全网唯一的手机号码；

（4）全网唯一的邮箱地址；

（5）邀请码；

（6）中国内地/香港特别行政区发货和退货仓联系人、手机号码（用于物流服务首公里物流退货）；

（7）退货仓联系人和地址（可选，用于用户退货退款场景）。

3.卖家入驻流程

（1）进入TikTok Shop跨境官网。

登录英国小店注册页面：https://seller.tiktokglobalshop.com/account/register（如图4-7所示），开始注册成为TikTok Shop跨境卖家。

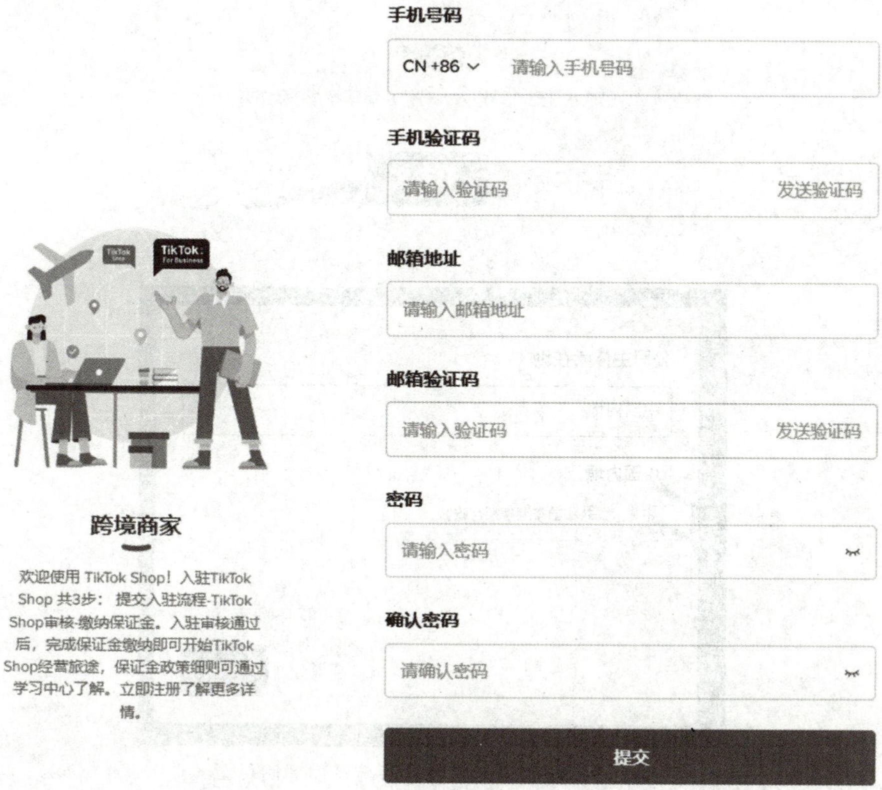

图4-7　TikTok Shop跨境官网注册页面

（2）填写注册信息。

•输入注册使用的手机号码，点击“发送验证码”后，输入手机收到的验证码；

•输入注册使用的邮箱地址，点击“发送验证码”后，输入邮箱收到的验证码；

•设置密码并确认无误后，点击“提交”；

•完成账号注册（如图4-8所示）；

•点击“开始入驻”，启动店铺入驻流程。

（3）填写公司主体所在地及邀请码

•根据营业执照选择公司主体所在地；

•填写邀请码，点击“提交”（如图4-9所示）。

图 4-8　完成账号注册

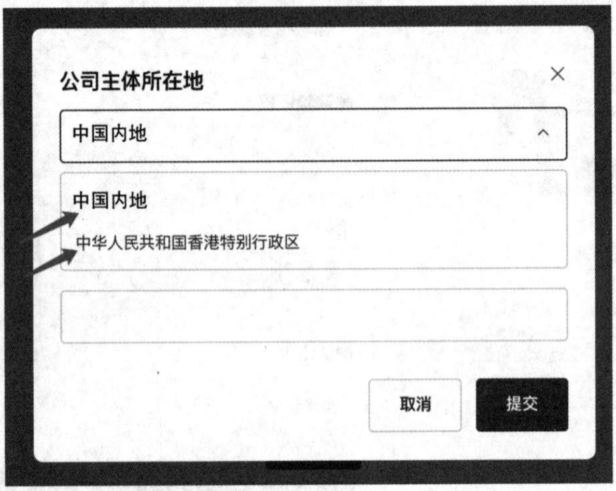

图 4-9　填写公司主体所在地及邀请码页面

（4）商家认证

上传公司营业执照图片（如图 4-10 所示）：中国内地企业需上传公司营业执照；中国香港企业需上传公司注册说明书及商业登记证。

上传后系统会自动识别信息并填写至下方空格，若未识别成功，或信息有误，请自行填写或修正信息，待确认无误后进入下一步。

（5）法人认证

上传法人证件图片，上传后系统会自动识别信息并填写至下方空格（如图 4-11 所示）。若未识别成功，或信息有误，请自行填写或修正。如填写中途需退出，可先点击保存，系统将保存已填写的信息。

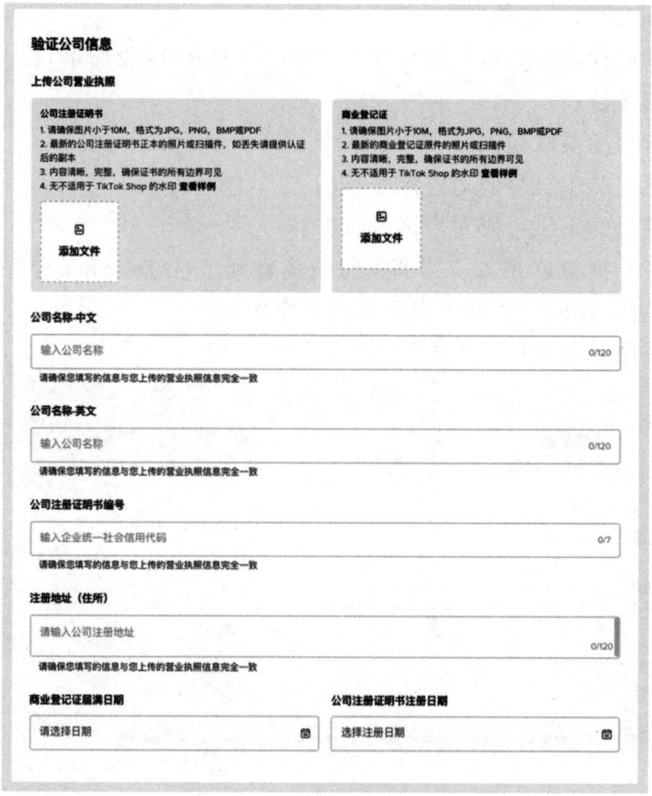

图4-10 上传公司营业执照及商业登记证页面

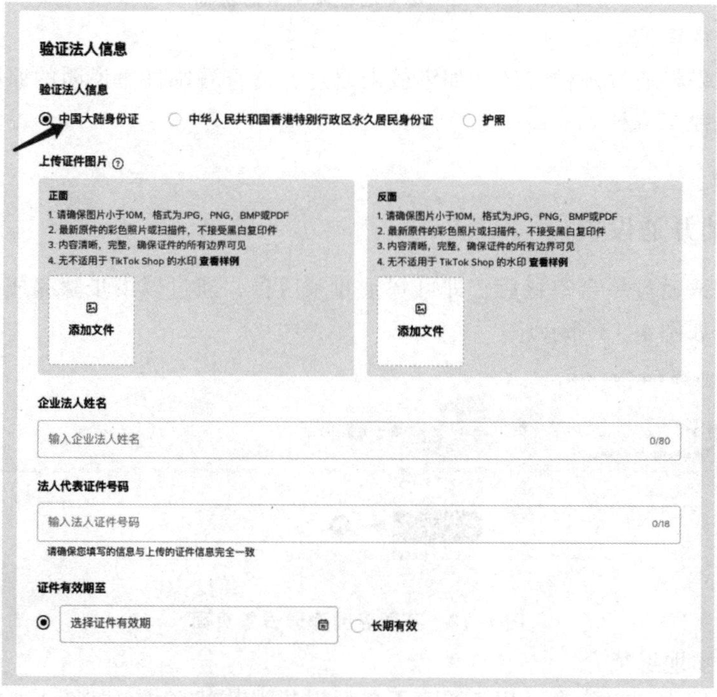

图4-11 上传法人证件页面

（6）填写店铺基础信息

•设置店铺名称，须是英文填写且全网唯一（如图4-12所示）；

•选择主营类目；

•设置发货仓库及联系人；

•中国内地仓的手机号码对应区号+86；

•中国香港仓的手机号码对应区号+852；

•填写退货仓库及联系人（当商家将包裹寄到“TikTok Shop分拣仓”后，分拣仓会认为该包裹存在问题并将其退回到退货仓库）；

•确认下方服务条款后，点击“提交”。

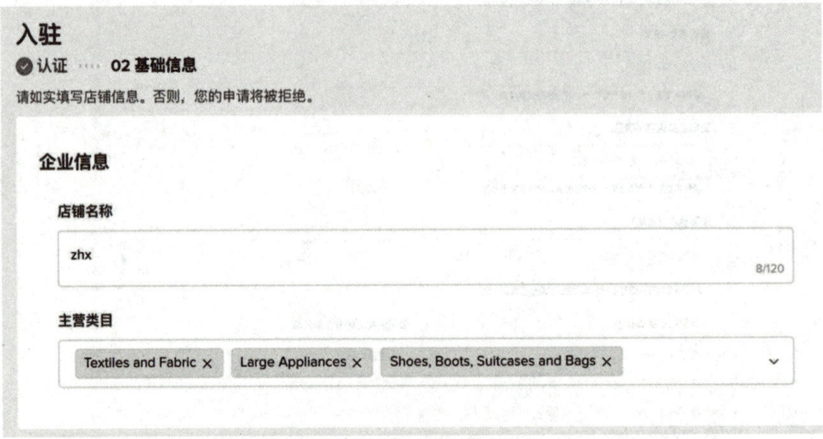

图4-12 填写店铺基础信息页面

（7）等待审核

审核结果将通过邮件告知，如审核未通过，请查看邮件里说明的原因，按描述修改后重新提交审核。

知识点2 英国店铺开通设置

入驻申请通过平台审核后，即可登录商家后台，通过以下步骤完成英国店铺的开通设置（如图4-13所示）。

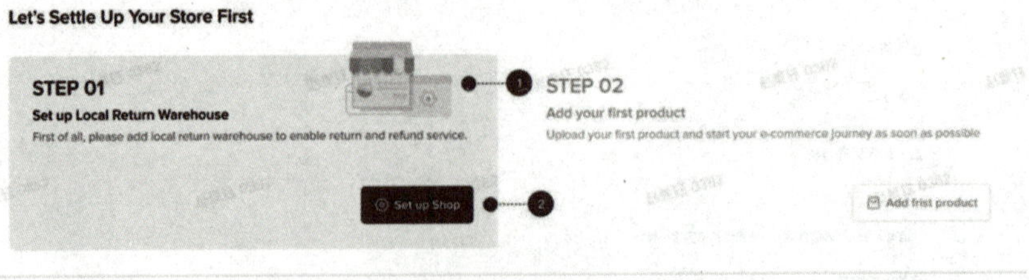

图4-13 英国店铺开通设置页面

1.设置本地退货仓

设置英国本地退货仓：用于买家下单后退货退款的场景（如图4-14所示）。

图4-14 设置英国本地退货仓页面

2.发布第一个商品

目前TikTok Shop跨境的市场为英国，所以必须用英文填写商品信息（如图4-15所示）。商品提交后将进入平台审核，审核通过后将正式对外发布，如审核不通过则需根据驳回原因修改。

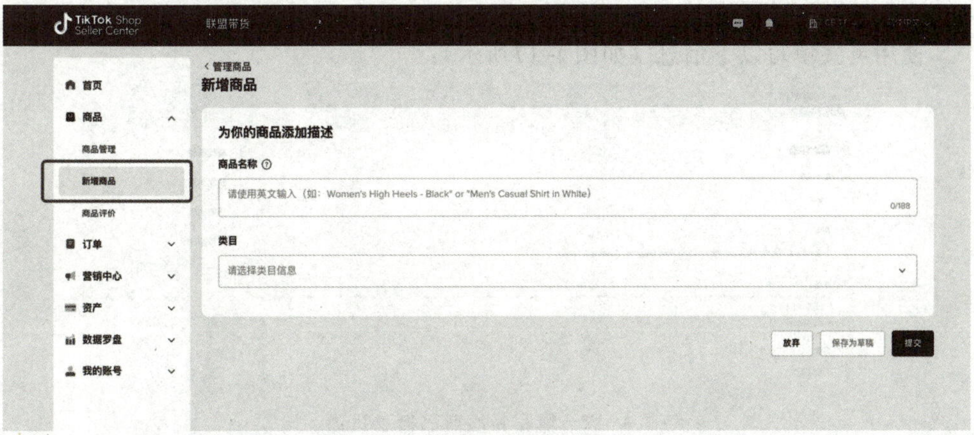

图4-15 商品发布页面

3.绑定结算银行卡（仅适用于英国跨境商家）

（1）入口：我的账号→商家资料→支付信息。

（2）绑定结算银行卡：

•支付信息是指卖家的结算账号信息，可以对卖家的账号进行添加或更改，并查看结算账号状态；

•目前支持使用Payoneer账号和中国内地对公银行卡（对公银行卡目前仅支持英国跨境）；

•如没有Payoneer账号，需要先在Payoneer首页（https：//register.payoneer.com.cn/）注册；

•如使用中国内地对公银行卡，需要填写相关信息（使用中国内地对公银行卡进行结算时，结算金额币种为人民币，且商家无须承担手续费；汇率会按照交易时的实际汇率进行英镑和人民币的换算，卖家可以在账单中查看汇率信息）。

4.填写VAT信息

• 如已有VAT账号，需要绑定VAT账号；

• 入口：我的账号→商家资料→公司信息。

知识点3 上传、管理商品

1.上传商品详情

入口①：商品→新增商品。

入口②：商品→管理商品→添加新商品（如图4-16所示）。

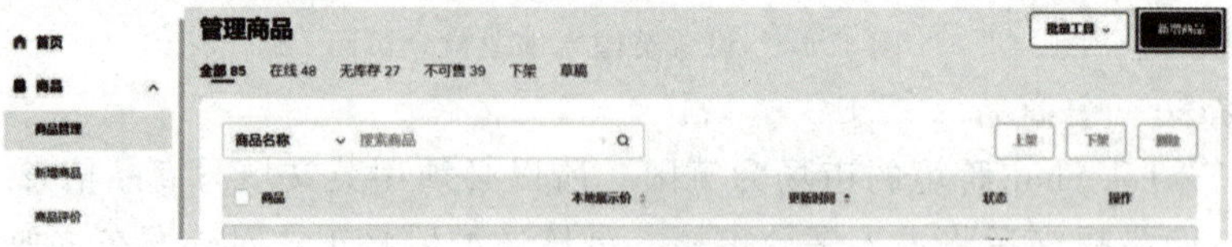

图4-16 新增商品入口页面

（1）填写商品属性

使用英文填写以下信息（如图4-17所示）：

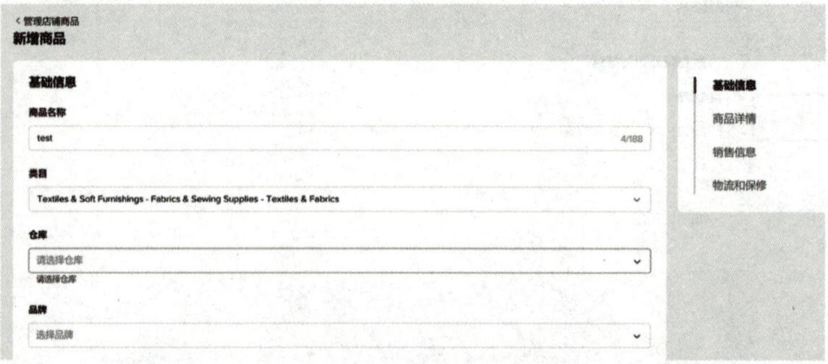

图4-17 填写新增商品信息页面

• 商品名称：最多可输入188个字符。

• 品类：可通过关键字搜索，快速选中商品类目（部分类目需满足行业资质要求）。

• 仓库：如已设置仓库地址则需要在此选择。

• 商品品牌：可通过搜索关键字，在平台的品牌池中快速选择。此处可选的品牌不受限于资质，若该品牌在品牌库中存在且非高危品牌，即可被选择。已提交过审的品牌资质，品牌下方会显示“Authorized”字样，用户会在商品详情页看到品牌字段；未提交过审的品牌资质，品牌下方将显示“Unauthorized”字样，且不会在买家端展示。

（2）填写商品详情（如图4-18所示）

图4-18 填写商品详情页面

• 商品图片：可上传1～9张，格式支持png、jpg、jpeg，分辨率不小于100px×100px，图片大小不超过5MB，宽高比为1∶1。

• 商品描述：商品描述需要给顾客提供相关产品的有效信息，以便指导顾客购买，要求33～999个字符，最多可插入30张图片。

• 视频（选填）：可添加视频来进一步介绍商品，便于顾客更好地了解商品。

（3）填写销售信息（如图4-19所示）

图4-19 填写商品销售信息页面

• 设置销售属性名称。

• 填写SKU信息：设置好属性词后，将自动生成SKU清单，需填写第一个SKU

信息。本地展示价为消费者看到的价格，包含关税和其他税费。本地完税价则不含增值税，如某产品多个SKU信息一致，系统支持将第一个SKU的价格、库存一键同步到后面所有SKU。

• 本地完税价：由于英国税收要求和TikTok Shop物流限制，需确保本地化最终价格+运费≤134.5GBP×（1+增值税率）。

• Seller SKU：是对不同变量商品的定义，可选填。

（4）商品重量及预估运费

• 商品重量：包裹重量0～100kg。

• 商品尺寸：长、宽、高分别＜1 000cm，长×宽×高≤100kg。

输入商品信息后将显示预估费用，但仅供参考，实际运费会根据卖家和买家的地址而发生变化（如图4-20所示）。

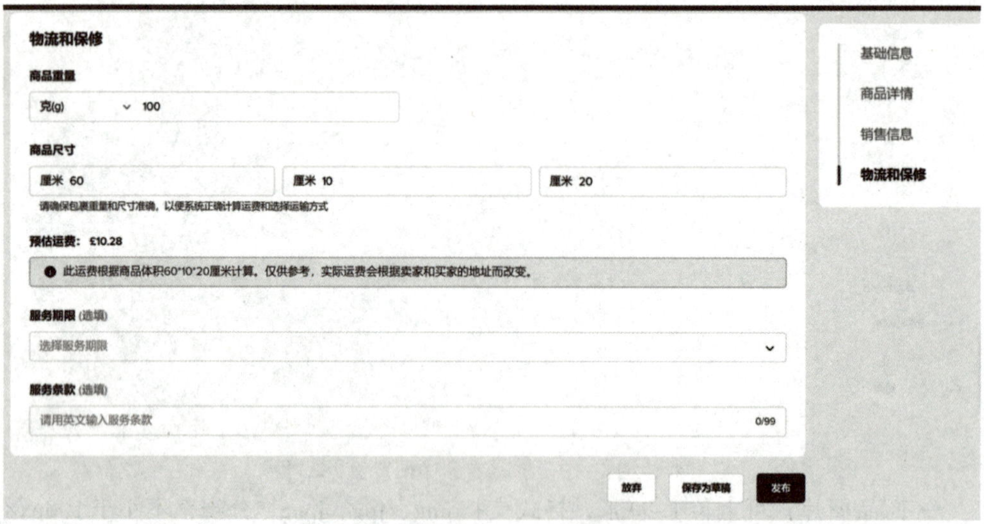

图4-20　设置商品重量与运费的页面

（5）商品售后及服务

服务期限&服务条款（选填）：服务期限应为商品选择支持的售后服务期限，服务条款需使用英文填写。

（6）提交

点击“提交”后，等待审核。

2.查看商品状态

卖家在商品页面下选择“管理商品”，可查看处于不同状态的商品、更改商品状态以及编辑商品信息。

（1）全部商品

卖家可以对所有添加过的商品进行编辑、删除、复制、上架、下架、修改商品价格及库存，且系统支持按照Seller SKU、分类、价格搜索商品（如图4-21所示）。

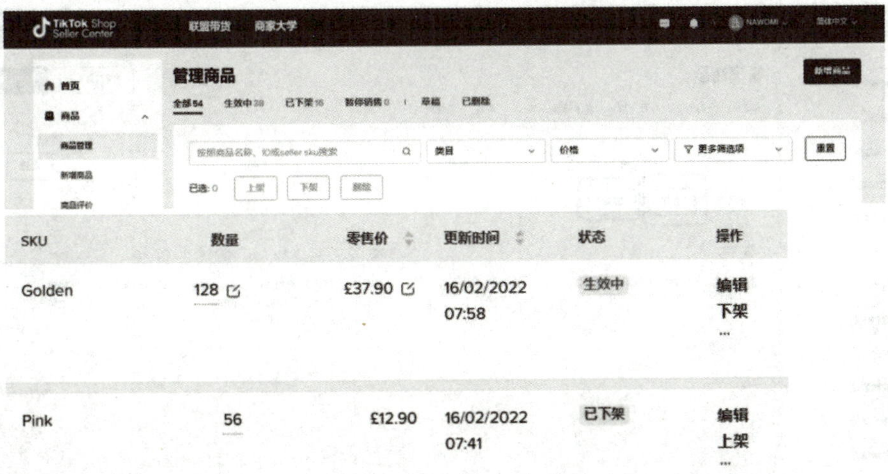

图4-21　全部商品列表页面

（2）生效中商品

生效中商品是指买家可以看到的商品，包含无库存商品。卖家可以对生效中的商品进行编辑、删除、下架、修改商品价格和库存等操作，编辑后的商品需要平台重新审核通过后方可生效。

一款商品下的多个SKU，可批量调整价格和库存。

点击“眼睛”图标，可预览呈现给买家的效果（如图4-22所示），但该页面仅支持预览，无法购买。

图4-22　预览呈现给买家的商品效果图页面

（3）已下架商品

• 商家下架：商家自主下架的商品，可以通过“上架”操作将其重新上架（如图4-23所示）；

图 4-23 已下架商品列表页面截图

• 已删除：已被删除的商品，可以通过“恢复”操作将其恢复，被恢复的商品将在下架列表中显示。

（4）暂停销售商品

暂停销售商品主要包括由于各种原因导致暂时不可售的商品。

• 审核中：平台正在审核中的商品。此状态下商家可以编辑商品信息，编辑后的商品将会重新进入平台审核。

• 审核失败：由于违反平台规定，而没有通过审核的商品。当商品审核失败，商家会收到一封邮件告知具体的失败原因，商家可以据此修改商品信息，然后重新提交。

• 平台下架：由于违反平台相关规定而被下架的商品。当商品被下架，商家会收到一封邮件告知具体的下架理由。商家可以据此修改商品信息，然后重新提交。

• 冻结：当发现商品可能存在违法、有害或假冒的情况时，平台会冻结这些商品。当商品被冻结，商家会收到邮件或者通过站内通知了解具体的冻结理由，可点击“拒绝理由”查看，但被冻结的商品不可以进行编辑或者重新提交。

（5）草稿商品

草稿商品是保存为草稿暂未发布的商品，可继续编辑或删除。

（6）已删除商品

已经被删除的商品可以点击“恢复”将其恢复，被恢复的商品将回到下架商品列表中（如图 4-24 所示）。

3. 查看商品评价

（1）查看评价入口

点击“商品”→商品评价（如图 4-25 所示）。

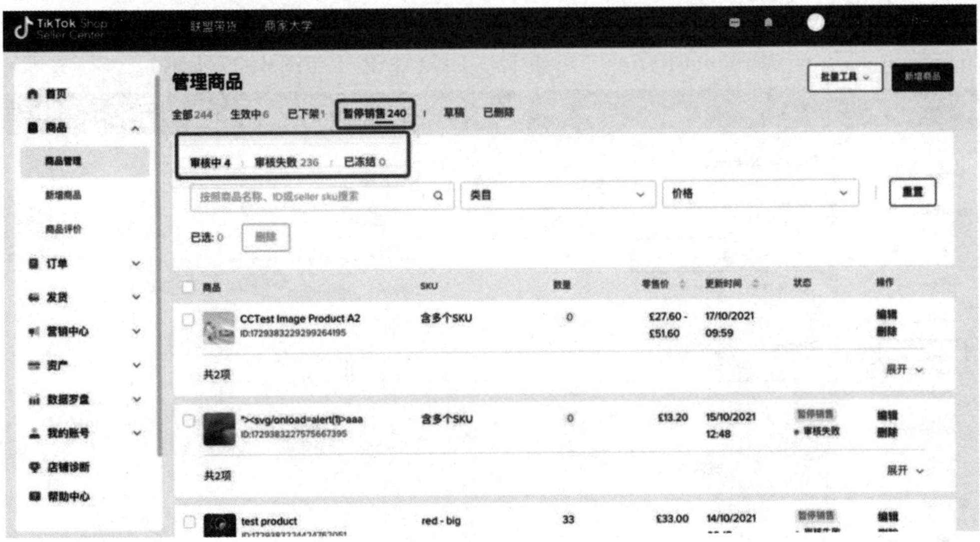

图4-24　已删除商品列表页面

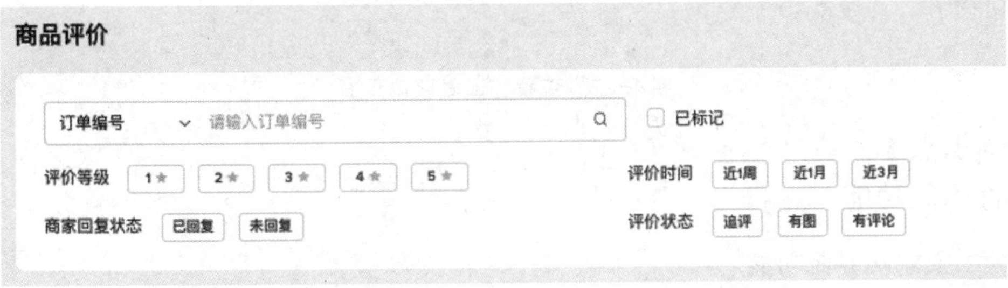

图4-25　商品评价等级列表

（2）商品评价查询

平台支持查询所有商品评价的信息，有两种查询方式：

• 搜索：可通过订单编号、商品名称和用户名进行搜索，其中，后两者可模糊搜索。

• 筛选：可通过标记、评价等级、评价时间、商家回复状态、评价状态进行筛选。

（3）单条评价操作

将鼠标停留在某条评价，可点击右上角进行标记（如图4-26所示）。

图4-26　商品评价标记页面

点击Order ID，可跳转至订单管理详情页；点击“Product Name”，可跳转至商品详情页；点击“Product Rating”可查看、回复评论（如图4-27所示）。

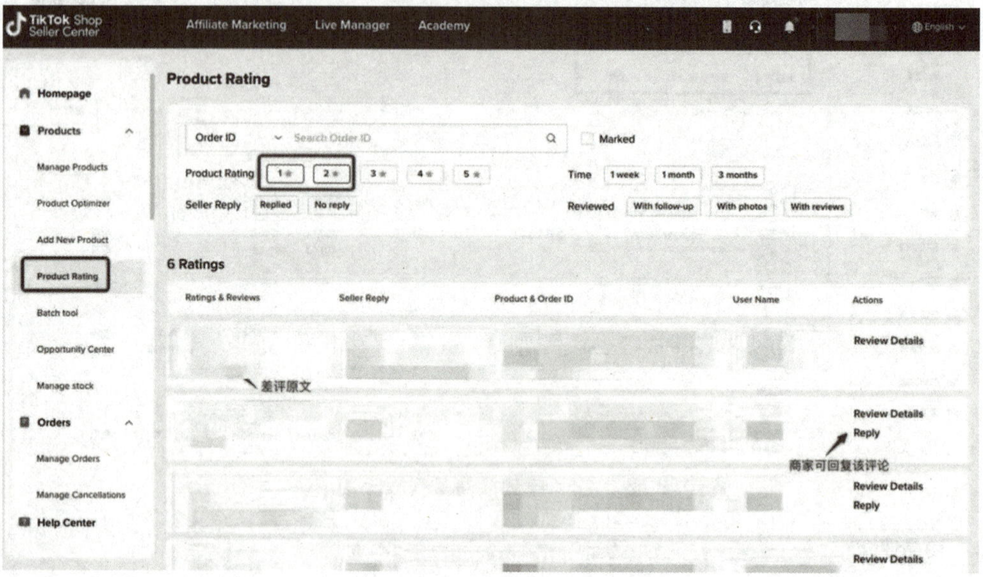

图4-27 查看、回复评论页面

知识点4 直播间功能

1.卖家端界面功能

（1）镜头翻转：卖家可点击屏幕右侧“Flip”翻转前置、后置摄像头。

（2）视频美颜：卖家可选择美颜和滤镜。

（3）视频特效：卖家可点击“Effects”选择不同的视频特效。

（4）直播间分享：卖家可点击“Share”将直播间分享至TikTok好友或个人其他社媒主页，如WhatsApp、Facebook等。

（5）添加商品功能：卖家可将TikTok自家小店或其他小店，以及在Shopify独立站的商品添加至直播间。

• 添加其他平台商品名称要求：最长可输入30个字符（含空格），支持空格，不支持标点符号和表情。添加商品时，平台会校验填入的商品链接是否有效，通过校验后才可添加商品。

（6）评论：卖家可在评论区观看观众评论，并回复观众的相关问题。

（7）观众连麦/Multi-guest：卖家可通过连麦功能和观众进行连麦互动。

（8）直播后数据看板：直播结束后，卖家可看到当场直播的数据表现，如直播观看人数、点赞数、新增粉丝数等。

（9）设置：卖家可设置开启/关闭直播间送礼物功能、开启/关闭直播间评论、设置直播间屏蔽关键词等。

2.买家端界面功能

（1）查看卖家店铺信息：点击头像可查看卖家的店铺信息，如粉丝数、点赞数，并可通过信息卡直接关注卖家店铺。

（2）留言区互动：买家可通过在留言区留言和卖家进行互动。

（3）转发直播间：观众可通过“分享”按钮一键转发直播间至其他社媒平台，如Facebook、WhatsApp、Snapchat等。

（4）直播间送礼物：观众可在直播间通过金币充值购买等值的虚拟礼物，对主播进行打赏。

（5）直播间连麦：观众可以和主播在线连麦（如图4-28所示）。

图4-28　直播间发送连麦、预览、连麦成功页面

（6）直播间下单。

第一步：在直播间左下方找到小黄车标志查看直播商品。

第二步：找到想要购买的商品，点击“buy”。

第三步：选择相应的产品规格，点击“buy now”，然后填写收货地址和支付方式（目前仅支持信用卡付款），订单完成。

知识点5
手机端开启直播

步骤一：进入TikTok后，在个人中心页面点击“Me”进入店铺。

若店铺内还未上架商品，点击“Get started”开始上架商品；若店铺内已有商品，则点击“Manage Shop”添加或管理店铺内商品。

步骤二：添加完商品后，在主页点击“+”进入直播界面，设置好直播封面和标题后，点击“Go LIVE”开启直播（如图4-29所示）。

步骤三：在商家直播界面找到购物袋图标，点击“Add from Shop”为直播间添加商品（如图4-30所示）。

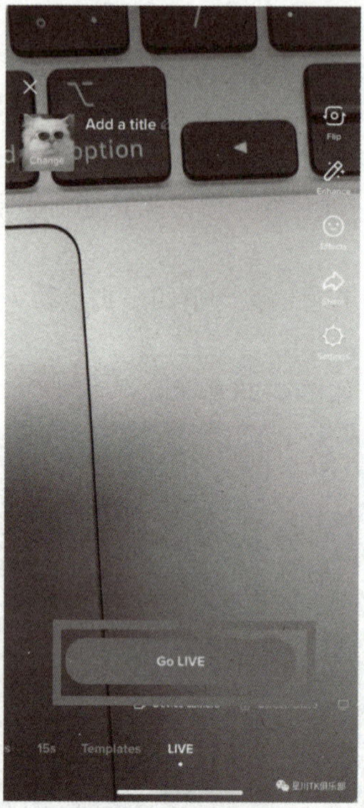

图 4-29　开启直播

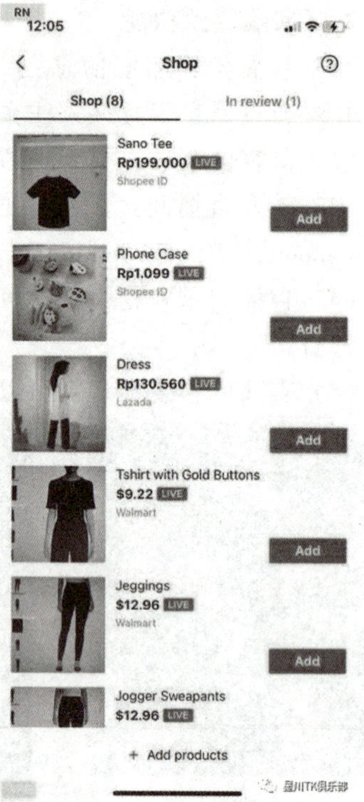

图 4-30　添加商品页面

步骤四：在主播讲解商品的过程中，可以选择“Pin/Unpin”置顶/取消置顶商品。

步骤五：直播结束后，点击关闭标志，确认结束直播。

直播结束后，卖家可以看到本场直播的数据统计，如直播的观看人数、新增粉丝、打赏观众及累计获得打赏数等（如图 4-31 所示）。

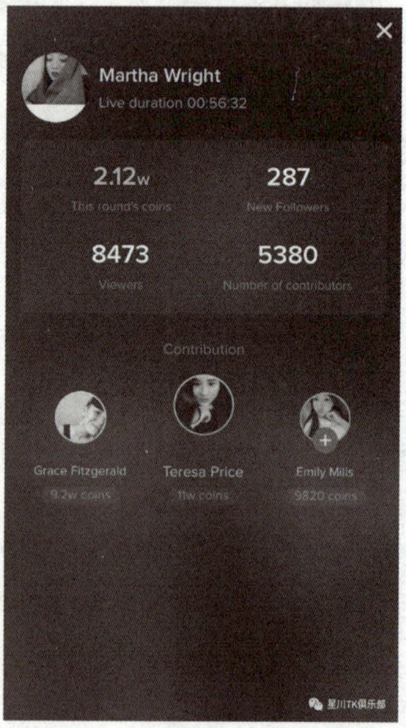

图 4-31　查看直播数据页面

知识点6
直播间管理员模式

1.直播间管理员模式的含义

直播间管理员模式是指主播添加另一个账号为直播间的管理员，主播使用一个手机开播，同时另一个手机登录管理员账号协助管理直播间的运营模式。例如：主播可以将主播助理的账号添加为管理员，在直播时协助主播管理直播间的评论、用户和商品等。需要注意的是，主播账号与管理员账号必须为同一国家的账号。

2.直播间管理员模式的作用

（1）单人直播，两部手机

当主播使用手机直播时，必须使用前置摄像头才能方便查看和回复评论，以及进行商品管理等操作，但是前置摄像头像素较低，且严重限制主播的移动范围。现在，管理员模式就可以解决这个问题。只要添加另一个账号为管理员，主播就能轻松实现单人直播，即一个手机直播，另一个手机用来管理评论、用户及商品。

（2）主播+助理，一起管理

当主播需要专注于讲解商品时，主播助理可以使用管理员模式来帮助主播进行直播间的各类管理操作（如图4-32所示）。

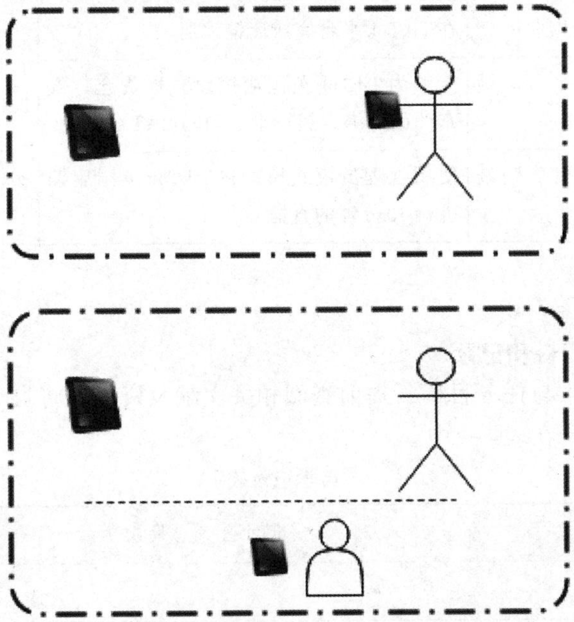

图4-32　直播间管理员模式的使用情境

3.直播间管理员账号的权限

（1）禁言：管理直播间的禁言用户名单。

（2）屏蔽：管理直播间的屏蔽用户名单。

（3）管理评论：设置评论、主持人、封锁账户等。

（4）管理商品：管理员进入主播的直播间内，打开左下角购物袋，即可添加、修改、删除商品。

任务操作

任务名称

PROIRON品牌体育健身器材在TikTok平台英国站店铺进行直播。

任务目标

- 为PROIRON品牌在TikTok平台英国站注册店铺，并完成开通设置；
- 从PROIRON品牌体育健身器材的产品目录中选择适合的产品，模拟在TikTok英国站店铺进行跨境直播。

任务计划（见表4-8）

表4-8　任务计划书

序号	任务指标	任务详情	任务结果
1	理解TikTok平台注册条件并完成注册	使用PROIRON品牌所属企业提供的资料在TikTok平台完成店铺注册	1.制作PPT 2.将任务完成结果进行汇报展示
2	掌握TikTok平台店铺开通设置	能够为TikTok英国店铺设置退货仓、发布商品、绑定银行卡、填写VAT信息	
3	在TikTok平台店铺进行直播	使用管理员模式模拟在TikTok英国店铺进行30分钟的直播	

任务实施

1.自主查阅资料和记录

根据任务背景与任务目标，提前查阅相关文献及资料，将自学时遇到的疑难问题或灵感启发记录在表4-9中。

表4-9　自学记录表

序号	疑难问题/灵感启发

2. 人员分组和任务安排

阅读任务计划，理解任务计划中的任务要点及实践要求。根据任务计划，学生自行进行人员分工和任务安排，并将小组成员名单记录在任务分组表（见表4-10），以小组的形式完成本任务学习目标。

表4-10 任务分组表

组名			组长	
组员信息	组员姓名	组员学号	组员姓名	组员学号
任务安排				
备 注				

3. 工作思路与流程

步骤一：分析TikTok平台的特点，选择适合PROIRON品牌体育健身器材的变现方式。

平台的特点：______________________________

____

____

选择变现方式：______________________________

____

____

分析原因：______________________________

____

____

步骤二：从PROIRON品牌体育健身器材的产品目录中选择适合在TikTok英国站进行直播的产品。

选择产品：______________________________

分析原因：

步骤三：为已选定的PROIRON品牌体育健身器材类产品设置信息。

产品名称：

产品品类：

仓　　库：

产品描述：

产品图片说明：

产品视频说明：

销售属性：

SKU信息：

重　　量：

尺　　寸：

步骤四：使用管理员模式模拟直播30分钟并进行直播间监管。

出现问题：

解决办法：

监控记录：

4.任务实施结论

任务评价

评价方式采用多元化评价，评价主体由学生、小组、教师和企业构成，评价标准、分值及权重如下：

1.学生以小组为单位，对本任务的实施过程与结果进行互评，将互评结果填入小组互评表，见表4-11。

表4-11　小组互评表

评价内容	评价标准	分值（分）	评分（分）
团队建设	团队合作紧密、互帮互助	10	
	工作态度端正、作风严谨	15	
	遵守法律法规和工作准则	10	
工作情况	计划制订周密、组织有序	15	
	按计划、高效率完成工作	20	
	工作成果完整且质量达标	30	
合　计		100	

2.教师对小组任务实施的过程与结果进行评价，将评价结果填入教师评价表，见表4-12。

表4-12　教师评价表

评价内容	评价标准	分值（分）	评分（分）
专业能力	理解TikTok平台的特点和变现方式	10	
	完成TikTok平台店铺注册	5	
	完成TikTok跨境店铺开通设置	10	
	模拟在TikTok平台店铺直播	15	
完成情况	按时完成任务目标	10	
	工作成果质量达标	20	
	熟练掌握工作技能	10	
职业素养	学习认真、严谨、自律	10	
	积极参与课堂讨论展示	5	
	课堂任务及时复盘总结	5	
合　计		100	

3.企业对小组任务实施的过程与结果进行评价，并将结果填入企业评价表，见表4-13。

表4-13　企业评价表

关键考核指标	分值（分）	得分（分）
熟知TikTok平台注册的条件和要求	20	
能够为PROIRON品牌的TikTok平台店铺设置开通，并上传新商品	30	
使用管理员模式在TikTok平台直播30分钟	50	
合　计	100	

4.根据上述结果填写综合评价表，见表4-14。

表4-14　综合评价表

小组互评（20%）	教师评价（50%）	企业评价（30%）	综合评价

任务3 京东国际直播

教学微课 4-4

京东国际直播

任务要求

1.理解京东国际直播账号的类型及其特点；

2.理解达人账号入驻的条件，并掌握注册流程和开通直播权限的方法；

3.理解企业账号入驻的条件，并掌握注册流程和开通直播权限的方法；

4.理解机构账号入驻的条件，并掌握注册流程和开通直播权限的方法。

任务情境

PROIRON品牌体育健身器材已在阿里巴巴国际站和TikTok英国站积累了出口跨境直播的经验。该品牌提出“既要强身健体，又要全面防护和保养”的口号。因此，山西新和实业有限公司决定从海外市场引进能够与PROIRON品牌体育健身器材互补的关联产品，与该品牌自有产品形成组合，并进行直播推广。

知识链接

京东国际致力于在各种消费场景下整合跨境进口商品以及京东站内的一般贸易进口商品，为海外品牌与中国消费者之间搭建起信任的桥梁，也为中国消费者带来丰富、高品质的进口商品。

知识点1 京东国际直播账号类型

1.个人账号

个人账号适用于达人，包含媒体达人、明星达人、红人达人、IP达人、机构达人、普通达人六种业务角色，需要录入身份证等认证信息，可以申请直播权限，直接开播，也可以绑定到机构母账号下。

（1）明星达人：是指在公众认知当中具有一定知名度和影响力的人物，例如：有影视音乐作品的演员、歌手、艺术家、知名主持人、知名运动员，或在微博、Instagram、Facebook等平台具有一定号召力的时尚idol。

（2）红人达人：是指在垂直领域具有较强的专业技能，有一定的话语权和影响力，有一定数量的粉丝基础，且不属于明星艺人、媒体达人、IP达人业务角色的个人。

（3）媒体达人：是指站外粉丝数达到一定量级，拥有独立账号、网站、App等载体的个人，其中网站须有合法备案，App须在应用市场上线，其他媒体须具备信息传播许可及可证明资质的文件。

（4）IP达人：如京东官方号或其他综艺、营销栏目的账号。

（5）机构达人：是指与已入驻机构有绑定关系的个人。

（6）普通达人：是指无机构挂靠，且不属于明星艺人、媒体达人、IP达人业务角色的个人。

2.企业账号

企业账号是多人运营的公司账号，需要录入营业执照等认证信息，可以申请直播权限，直接开播，也可以绑定到机构母账号下。

3.机构账号

机构账号适用于经纪公司、传媒公司、广告公司等MCN机构，需要录入营业执照等认证信息，机构母账号拥有管理子账号的权限，但是无法直接开播。

知识点2
直播达人入驻

1.达人入驻条件

媒体达人：站外粉丝数需达到一定量级，拥有独立账号、网站、App等载体，其中网站须有合法备案，App须在应用市场上线，其他媒体须具备信息传播许可及可证明资质的文件。

机构达人：有已入驻机构承接或与已入驻机构有绑定关系。

普通达人：站外某一平台粉丝数不少于2万，并且有不少于5场视频或直播的经验（不限平台）。

明星达人、红人达人、IP达人暂不支持主动申请。

2.达人入驻流程

（1）登录京东内容开放平台：dr.jd.com（如图4-33所示）；

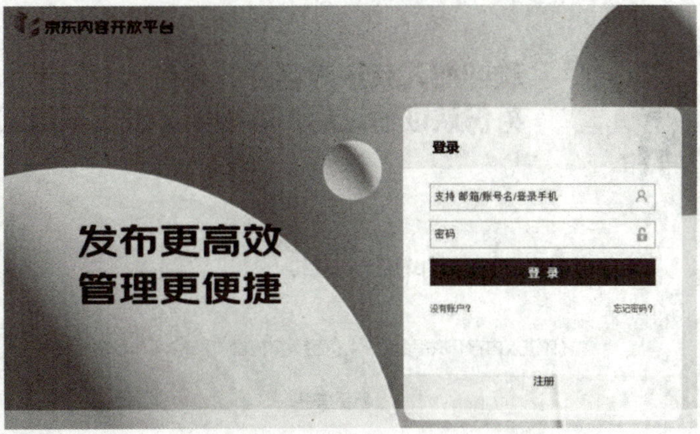

图4-33　京东内容开放平台登录页面

（2）输入京东商城账号（在jd.com购物时所用的账号）和密码，点击登录；

（3）当该账号未注册达人平台时，须选择达人账号类型（如图4-34所示）；

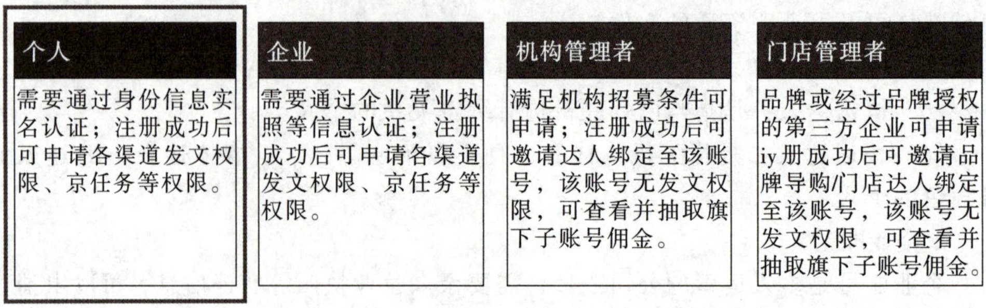

图4-34　申请个人类型账号页面

（4）选择达人账号类型后，点击进入信息填写界面（如图4-35所示）；

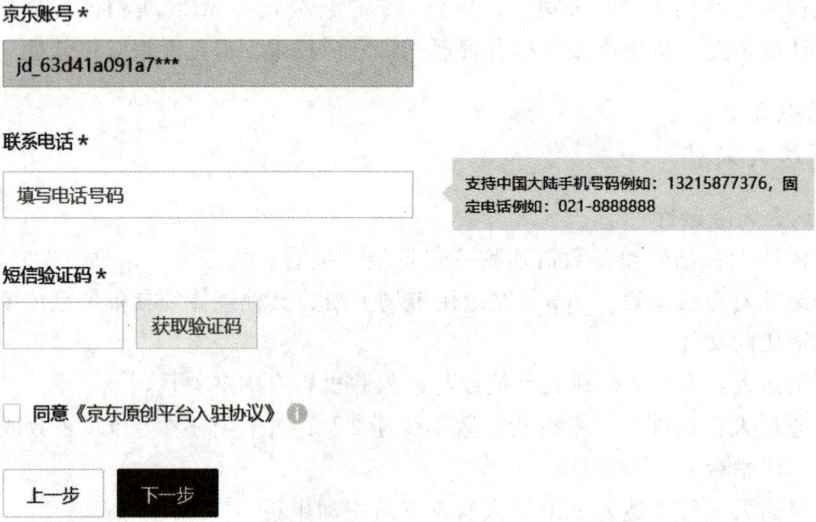

图4-35　个人账号信息认证页面

（5）完成基础信息认证（如图4-36所示）。

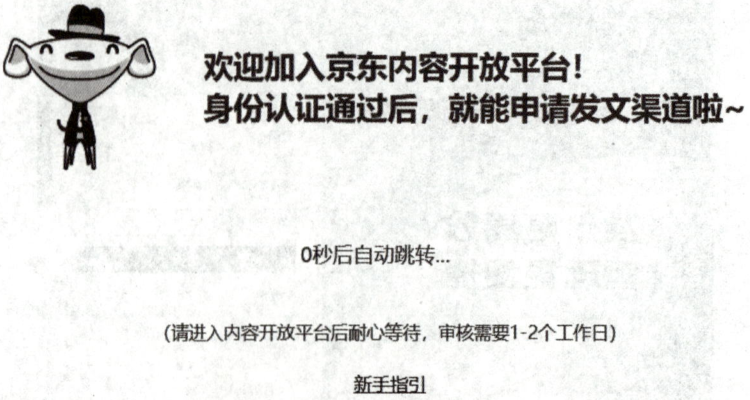

图4-36　个人账号认证完成页面

应注意，完成达人入驻基本信息的认证后，在身份审核过程中内容创作等权限暂时不会开通，审核将于5个工作日内完成。

3.申请开通京东国际直播权限

（1）普通达人

第一步：登录京东内容开放平台：dr.jd.com；

第二步：点击渠道申请（如图4-37所示）→选择京东直播（如图4-38所示）→点击展开→点击申请（如图4-39所示）；

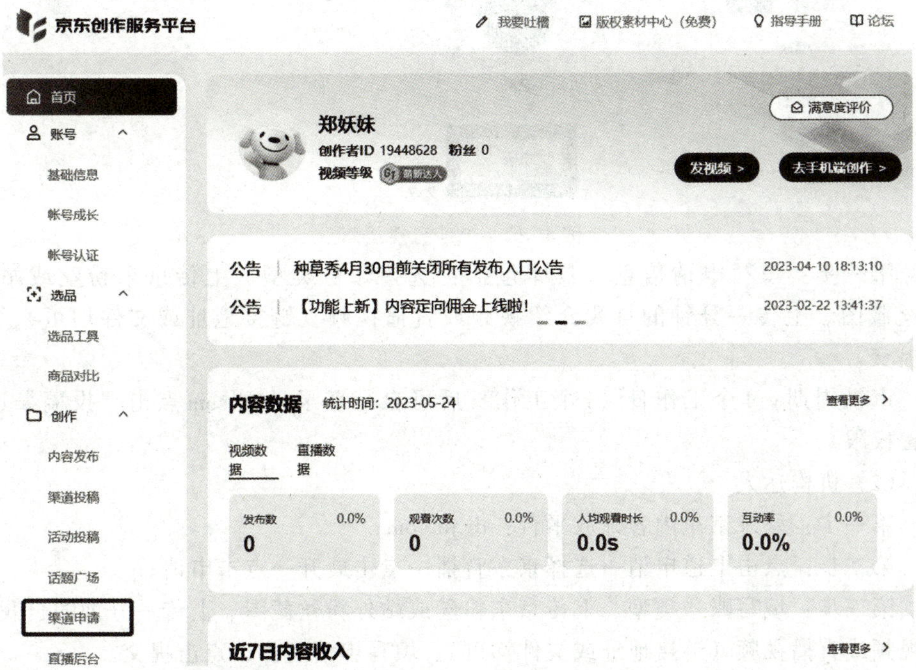

图4-37　渠道申请页面

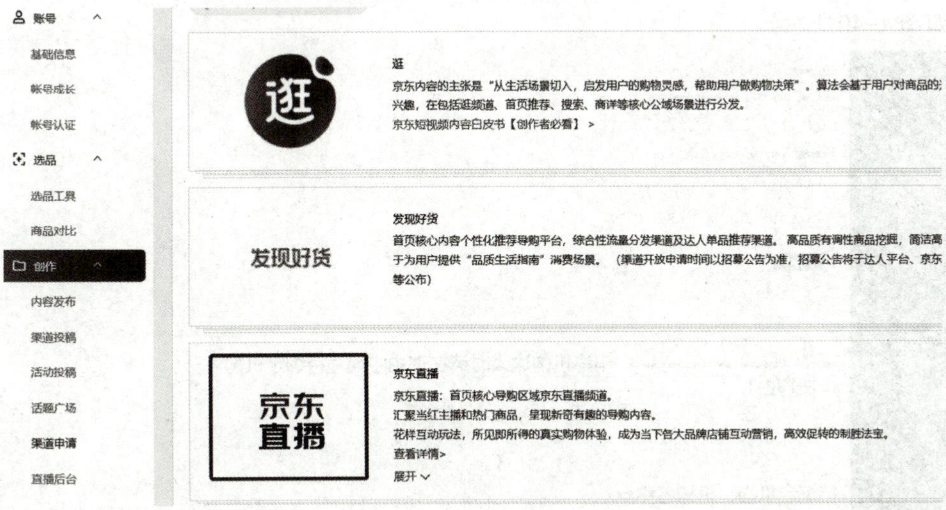

图4-38　选择京东直播页面

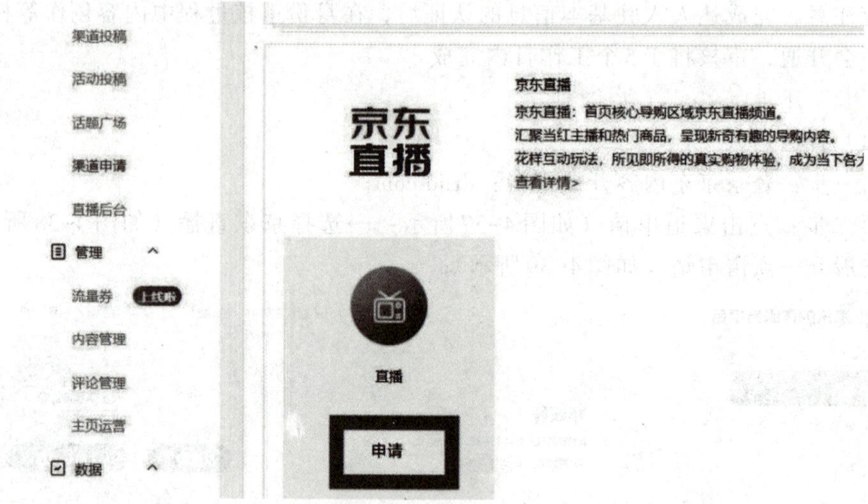

图 4-39　申请直播页面

第三步：填写申请信息，具体包括：选择账号类型、上传京东粉丝或站外粉丝截图、上传一分钟的自我介绍视频或直播视频（链接地址或文件均可），点击提交。

审批周期：1个工作日（1个工作日后可自行登录dr.jd.com点击“投稿渠道”查看权限）。

（2）机构达人

第一步：登录京东内容开放平台：dr.jd.com；

第二步：点击渠道申请→选择京东直播→点击展开→点击申请；

第三步：填写账号类型、上传京东粉丝或站外粉丝截图、上传一分钟的自我介绍视频或直播视频（链接地址或文件均可）、填写申请理由，点击提交。

注意：应在申请理由处按照“待绑定机构：机构名称××”填写待绑定机构（如图4-40所示）。

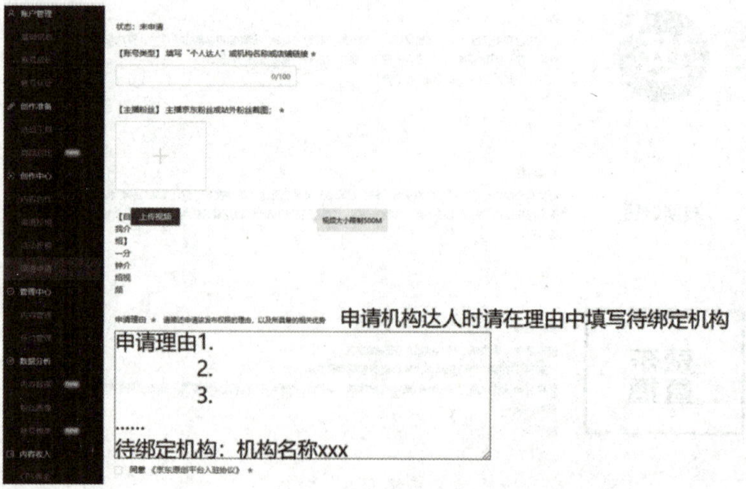

图 4-40　填写待绑定机构页面

审批周期：1个工作日（1个工作日后可自行登录dr.jd.com点击“投稿渠道”查看权限）

（3）媒体达人

第一步：登录京东内容开放平台：dr.jd.com；

第二步：点击渠道申请→选择京东直播→点击展开→点击申请；

第三步：填写账号类型、上传京东粉丝或站外粉丝截图（如图4-41所示）、上传一分钟的自我介绍视频或直播视频（链接地址或文件均可）、填写申请理由，点击提交。

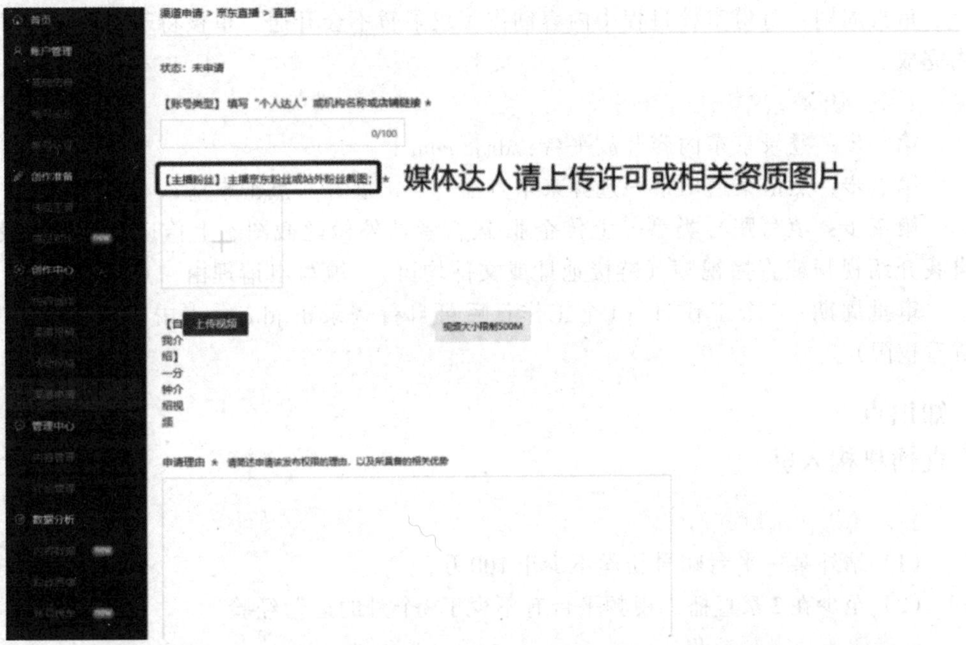

图4-41 上传京东粉丝或站外粉丝页面

注意：需在“【主播粉丝】主播京东粉丝或站外粉丝截图”处上传媒体许可或相关资质图片。

审批周期：1个工作日（1个工作日后可自行登录dr.jd.com点击“投稿渠道”查看权限）。

知识点3
直播企业入驻

1.注册企业类型账号流程

（1）登录京东内容开放平台：dr.jd.com（如图4-42所示）；

（2）输入京东商城账号（即在jd.com购物时所用的账号）和密码，点击登录；

（3）选择企业账号类型，点击进入企业信息填写界面；

（4）完成基础信息认证。

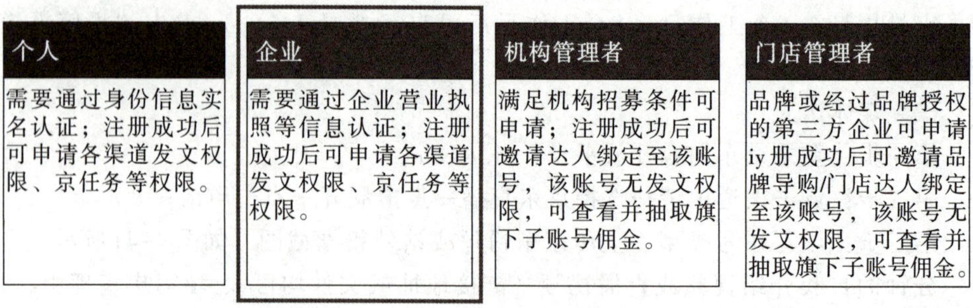

图4-42 申请企业类型账号页面

审批周期：身份审核过程中内容创作等权限暂不会开通，审核将于5个工作日内完成。

2.申请开通京东国际直播权限

第一步：登录京东内容开放平台：dr.jd.com；

第二步：点击渠道申请→选择京东直播→点击展开→点击申请；

第三步：填写账号类型、上传企业/运营者站外粉丝截图、上传运营者的一段自我介绍视频或直播视频（链接地址或文件均可）、填写申请理由，点击提交。

审批周期：1个工作日（1个工作日后可自行登录dr.jd.com点击“投稿渠道”查看权限）

知识点4
直播机构入驻

1.直播机构入驻条件

（1）站外某一平台账号粉丝不少于100万；

（2）至少在2家直播、视频平台有不少于3个月的运营经验。

2.直播机构入驻流程

直播机构入驻京东国际，必须注册京东国际直播MCN账号。步骤如下：

第一步：登录京东内容开放平台：dr.jd.com；

第二步：输入京东商城账号（即在jd.com购物时所用的账号）和密码，点击登录；

第三步：MCN机构选择机构管理者账号类型，点击进入机构信息填写界面（如图4-43所示）；

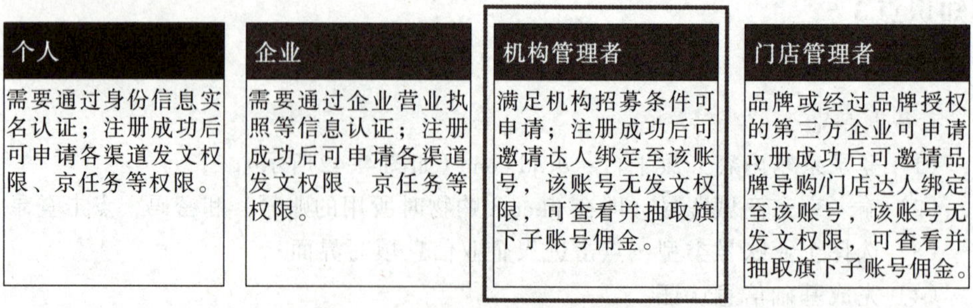

图4-43 申请机构类型账号页面

第四步：完成基础信息认证。

审批周期：身份审核过程中内容创作等权限暂不会开通，审核将于5个工作日内完成。

3.申请开通京东国际直播权限

发送以下资料到邮箱：livework@jd.com，进行审核。

（1）机构基本信息：机构pin、机构昵称；

（2）机构的完整介绍资料（PPT或PDF均可）；

（3）机构以往的直播视频（链接地址或文件均可）；

（4）机构站外粉丝截图。

任务操作

任务名称

为PROIRON品牌体育健身器材选择进口互补组合产品，并在京东国际平台进行直播。

任务目标

- 从海外市场选择与PROIRON品牌体育健身器材互补的产品；
- 选择适合的京东国际账号类型，完成账号注册；
- 开通直播权限，选择2～3项进口互补产品进行30分钟直播。

任务计划（见表4-15）

表4-15　　任务计划书

序号	任务指标	任务详情	任务结果
1	理解京东国际的账号类型	为PROIRON品牌互补产品选择合理的京东国际账号类型	1.制作PPT 2.将任务完成结果进行汇报展示
2	掌握京东国际账号注册和开通直播的方法	在京东国际完成某类型账号的注册流程，并开通直播权限设置	
3	在京东国际平台进行直播	使用PROIRON品牌的互补组合产品在京东国际平台进行30分钟的直播	

任务实施

1.自主查阅资料和记录

根据任务背景与任务目标，提前查阅相关文献及资料，将自学时遇到的疑难问题或灵感启发记录在表4-16中。

表 4-16　　自学记录表

序号	疑难问题/灵感启发

2. 人员分组和任务安排

阅读任务计划，理解任务计划中的任务要点及实践要求。根据任务计划，学生自行进行人员分工和任务安排，将小组成员名单记录在任务分组表（见表 4-17）中，以小组的形式完成本任务学习目标。

表 4-17　　任务分组表

组名			组长	
组员信息	组员姓名	组员学号	组员姓名	组员学号
任务安排				
备注				

3.工作思路与流程

步骤一：分析京东国际的平台特点，从海外市场选择与PROIRON品牌体育健身器材互补的产品。

平台的机制特点：________________

选择互补产品：________________

分析原因：________________

步骤二：为PROIRON品牌体育健身器材的组合互补产品选择适用的账号类型。

账号类型：________________

分析原因：________________

步骤三：选定某一适用的账号类型，在京东国际平台完成注册并开通直播权限。

选择账号类型：________________

分析选择原因：________________

出现问题：________________

解决办法：________________

步骤四：开30分钟直播并进行效果监测。

出现问题：________________

解决办法：________________

____

监控记录：____________________________________

____

____

4.任务实施结论

____

____

____

任务评价

评价方式采用多元化评价，评价主体由学生、小组、教师和企业构成，评价标准、分值及权重如下所示：

1.学生以小组为单位，对本工作页的实施过程与结果进行互评，将互评结果填入小组互评表，见表4-18。

表4-18 小组互评表

评价内容	评价标准	分值（分）	评分（分）
团队建设	团队合作紧密、互帮互助	10	
	工作态度端正、作风严谨	15	
	遵守法律法规和工作准则	10	
工作情况	计划制订周密、组织有序	15	
	按计划、高效率完成工作	20	
	工作成果完整且质量达标	30	
合　计		100	

2.教师对小组工作过程与结果进行评价，并将评价结果填入教师评价表，见表4-19。

表4-19 教师评价表

评价内容	评价标准	分值（分）	评分（分）
专业能力	正确理解京东国际账号的类型和特点	15	
	完整阐述注册流程和开通直播权限的方法	10	
	在京东国际进行30分钟直播	15	
完成情况	按时完成任务目标	10	
	工作成果质量达标	20	
	熟练掌握工作技能	10	
职业素养	学习认真、严谨、自律	10	
	积极参与课堂讨论展示	5	
	课堂任务及时复盘总结	5	
合　计		100	

3.企业对小组工作过程与工作结果进行评价，并将结果填入企业评价表，见表4-20。

表4-20 企业评价表

关键考核指标	分值（分）	得分（分）
理解京东国际平台账号类型和开通直播权限	50	
为PROIRON品牌选择关联组合互补产品在京东国际平台进行直播	50	
合　计	100	

4.根据上述结果填写综合评价表，见表4-21。

表4-21 综合评价表

小组互评（20%）	教师评价（50%）	企业评价（30%）	综合评价

职业素养指南

阿里巴巴国际站直播平台管理规则

第一条【适用范围】

本规则适用于在阿里巴巴国际站直播平台发布内容的所有用户，包括直播创作者即主播和互动参与用户（统称为“用户”）。

第二条【效力级别】

本规则是《阿里巴巴国际站规则总则》和《阿里巴巴国际站交互信息规则》的有效补充，本规则有特殊规定的，根据本规则执行。

第三条【准入】

（一）直播创作者（即主播）的准入要求

符合条件的用户（包括阿里巴巴国际站会员、第三方创作机构等）可入驻阿里巴巴国际站直播平台以主播身份开展直播创作、发布和推广活动。入驻阿里巴巴国际站直播平台，用户须满足：

1.根据平台要求完成认证；

2.符合风险评估标准；

3.非限制推广类目；

4.对应账号的违规分值＜24分且知识产权严重违规被处罚次数＜1次；

5.未因违反国家法律法规或阿里巴巴国际站（包括关联方）相关规则处于被限制参加营销活动期间内；

6.无重大税收违法案件；

7.企业无工商状态异常；

8.企业无失信行为；

9.诚信经营，履约和服务保障等符合平台相关要求；

10.具有一定的粉丝量、客户运营能力；

11. 满足阿里巴巴国际站直播平台主播要求；

12. 对会员类型等有特殊要求的，以另行规定为准。

（二）互动参与用户

所有完成阿里巴巴国际站要求注册认证的阿里巴巴国际站用户均可参与直播互动。

第四条【信息发布】

（一）不得发布危害信息，如敏感信息、淫秽色情信息等；

（二）不得发布不实信息，如不实宣传、虚假中奖信息、所推广商品信息与实际信息不一致等；

（三）不得伪造活动信息；

（四）不得发布垃圾广告；

（五）不得发布其他阿里巴巴国际站直播平台不允许发布的信息。

第五条【行为规范】

（一）主播

1. 不得违规推广，如推广的商品涉嫌出售违禁商品、主播违反平台相关推广规则等；

2. 不得存在易导致交易风险的行为，如引导用户进行线下交易、发布外部网站的商品或信息等；

3. 不得侵犯他人权益，如泄露他人信息、不当使用他人信息和权利、骚扰他人等；

4. 不得扰乱平台秩序，如进行造假或作弊、提供虚假信息等；

5. 不得违背承诺；

6. 直播信息不得与入驻信息不符；

7. 不得违反阿里巴巴国际站直播平台其他关于主播要求的规定。

（二）互动参与用户

1. 不得侵犯他人权益，如泄露他人信息、不当使用他人权利、骚扰他人等；

2. 不得扰乱平台秩序。

第六条【特殊管理】

（一）经新闻媒体曝光、监管部门通报或其他要求协查的直播内容或主播，阿里巴巴国际站直播平台视情节严重程度可采取限制内容展示、拉停直播、删除违规内容、限制内容发布、清退主播等措施。

（二）主播发布有违公序良俗、《阿里巴巴国际站规则总则》、《阿里巴巴国际站直播平台管理规则》和《阿里巴巴国际站交互信息规则》等信息。随着阿里巴巴国际站和国际社会的发展，可能会出现某些新的、相关国家不允许的、危害平台或消费者利益的、或网民普遍不认可的行为或信息，可能在本规范中没有涵盖但却又非常紧急、重要需要管控的。阿里巴巴国际站直播平台视情节严重程度可采取限制内容展示、拉停直播、删除违规内容、限制内容发布、清退主播等措施。

第七条【违规处理】

（一）主播：违反本规则，阿里巴巴国际站直播平台可采取警告并下线直播、删除直播内容、冻结直播权限、清退账户等措施。

（二）互动参与用户：违反本规则，阿里巴巴国际站直播平台可采取删除违规信息、暂停直播评论功能、关闭直播评论功能等措施。

（三）直播平台中所涉及的商品和交易违规行为将按照阿里巴巴国际站相关规则处理；

（四）违规情节严重的，阿里巴巴国际站将视情况限制相关账户参与营销活动，关闭相关产品功能或账户等措施；

具体直播过程违规行为及对应违规处理措施详见违规处理一览表。

第八条【清退】

主播如出现以下任一情形，将被阿里巴巴国际站直播平台清退：

（一）不再符合本规则第三条准入条件；

（二）存在违规处理一览表中被清退情形；

（三）违反相关国家法律规定。

第九条【清退再入驻】

（一）因第八条第（一）项被清退的，可重新申请入驻；

（二）因第八条第（二）项被清退的，依据违规处理一览表中的规定执行；

（三）因第八条第（三）项被清退的，不允许再入驻。

第十条【生效时间】

本规则将于2020年07月23日生效。

资料来源：阿里巴巴国际站．阿里巴巴国际站直播平台管理规则．[EB/OL]．[2020-07-15]．https://rulechannel.alibaba.com/icbu?type=detail&ruleId=11002679&cId=1276#/rule/detail?cId=1276&ruleId=11002679.

项目小测

项目小测4

1.以下平台中，不能进行跨境直播的是（　　）。

A.Shopee　　B.抖音　　C.TikTok　　D.Lazada

2.目前TikTok支持直播带货的国家是（　　）。

A.美国　　B.俄罗斯　　C.英国　　D.巴西

3.在阿里巴巴国际站设置直播预告时，字符数要求是（　　）。

A.20～60字符　　B.20～80字符

C.100字符以内　　D.60字符以内

4.在TikTok直播间，一个主播可以添加（　　）个账号作为自己的管理员账号。

A.1个　　B.5个　　C.10个　　D.无限制

5.不能在京东国际申请直播的个人达人是（　　）。

A.媒体达人　　B.普通达人　　C.机构达人　　D.明星达人

5

项目 5

跨境电商直播复盘

学习目标

知识目标

1. 能够描述跨境电商直播复盘的完整步骤
2. 能够描述直播复盘过程中核心指标及其含义
3. 能够描述核心数据的分析流程及方法

技能目标

1. 能够对跨境电商直播进行步骤完整地复盘
2. 能够掌握跨境电商直播分析中的核心指标
3. 能够灵活进行跨境电商直播后的数据分析

素养目标

1. 通过学习直播复盘步骤，培养学生精益求精的工匠精神
2. 通过学习各类核心指标，培养学生细致严谨的工作态度
3. 通过学习数据分析方法，培养学生专业规范的工作理念

项目描述

PROIRON品牌的直播已经结束，各健身产品都有一定的销量，此时团队面临一些新的问题，那就是本场直播到底是成功还是失败，直播过程中各环节是否都按预期要求完成，对于后续的直播，是否能总结出一些可以借鉴的经验。这就要求PROIRON团队进行一次完整的直播复盘。没有一场直播是完美的，每场直播都有值得反思的地方，尤其是对处于初创期的直播团队，复盘更是不容忽视。

项目分解

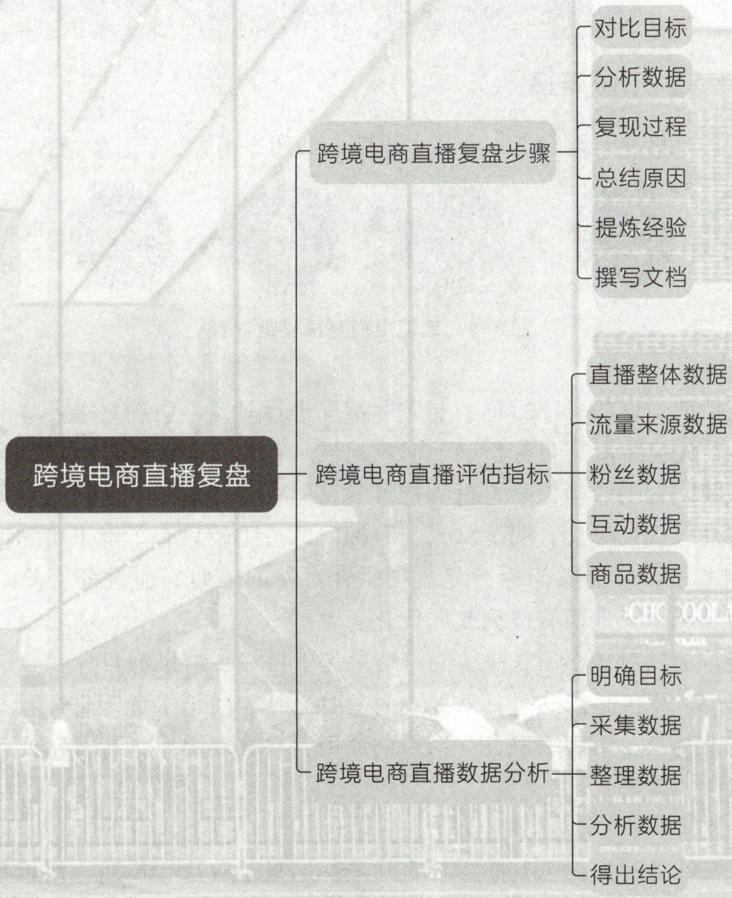

任务1
跨境电商直播复盘步骤

任务要求

掌握跨境电商直播复盘的完整步骤

任务情境

对PROIRON团队来说，直播复盘不能盲目进行，复盘的目的不仅仅是关注结果是否达到预期，更重要的是总结出值得日后借鉴的经验，因此复盘的过程应该尽可能客观且全面。

知识链接

跨境电商直播复盘可分为6个基本步骤，如图5-1所示。

图5-1　跨境电商直播复盘步骤

1.对比目标

根据直播前预设的各项目标，与实际情况进行对比，明确直播各环节达标与未达标部分。首先应将既定目标清晰、明确地展示在复盘会议的显眼处，让所有团队成员都能够随时看到，确保复盘过程能够紧密围绕目标进行。然后将实际达成结果展示在旁边进行直观对比，明确结果与目标间的差距。只有了解了实际情况与预期目标之间的差距，才能够为后续复盘提供针对性的方向，通过分析差距出现的原因，找出问题所在，进而有效调整和优化。

结果与目标的对比会有3种结论，结果优于目标、结果与目标一致、结果未达到目标。其中，不仅是未达目标时要及时复盘总结；当结果优于目标时，也一定要第一时间完整复盘，明确引发良好结果的原因，将有利因素进行复制或扩大，帮助直播运营团队高效成长。

2.分析数据

通过与目标的对比仅可判断本场直播最终结果是否达到预期，而过程中的表现却无从判断，一个好的结果并不代表过程完美，一个坏的结果也不能说明过程中全无可取之处，因此必须对过程中的核心指标进行一一列举，通过对过程指标的数据进行规范化分析，明确过程中各环节的执行效果。

复盘的核心指标包含直播整体数据、流量来源数据、粉丝数据、互动数据、商品数据。每项数据内又包含多个具体指标，需要对其进行目标的明确，数据的收集、整理、分析，最终形成客观有效的结论。根据对各环节核心指标的分析，找到问题所在，精准解决不足、有效提炼经验。

3.复现过程

通过数据分析能够准确找到问题所在，此外还需对直播过程中的运营动作进行回顾。复现直播过程就是要针对需重点分析的环节，进行历史操作或动作的描述，从而在回顾中找出哪些操作有益于目标实现，哪些是不利于目标实现的。只有落脚于实际的运营动作，复盘对团队而言才是具有借鉴意义的。其意义大小取决于在复现过程中以下3点原则的遵循程度：

（1）真实、客观。直播团队需对直播的工作过程进行真实、客观地记录，不能主观美化，也不能有倾向性地筛选。

（2）全面、完整。直播团队需要提供相关环节各个角度的信息，每个角度的信息都应描述完整。

（3）细节丰富。直播团队在重点的问题环节复现流程时，应具体、翔实地描述清楚是谁在什么时间，用什么方式做了哪些动作，最后产生了什么样的结果。例如，在直播过程中，是谁在什么时间点，用什么样的方式，发布了什么样的促销内容，发布后直播间的流量和互动量产生了怎样的变化等。

通常我们习惯于口头描述，但实操过程中发现，文字记录是最适合过程复现的方式，因为通过文字记录，团队中的每位成员都能够方便地进行检查，信息的遗漏、偏差很容易能够被发现，从而及时补充、纠正，为后续的复盘工作提供一个更为可靠的分析依据。

4.总结原因

总结原因是直播复盘中的核心步骤，只有找到问题出现的原因，才能谈及后续的调整优化。分析原因时，可以采用连续追问法，通过多个“为什么”，往往能找到问题背后真正的原因。

追问时，可以从以下3个角度展开，连续追问多次，往往可以得出各自角度的结论，而这些结论，往往就是问题形成的根本原因：

（1）从导致结果的角度，问“为什么会发生”；

（2）从检查问题的角度，问“为什么没有发现”；

（3）从暴露问题的角度，问“为什么没有进行提前预防”。

5.提炼经验

教学微课 5-1

复盘中如何找问题根源

经过原因总结的环节，直播团队往往已经找到了一些问题，甚至还能总结出一些经验和方法。然而，此时归纳出的经验和方法多数还不能直接使用，还需经过因果关系的推演，即是否符合“因为做了哪些事，所以出现了什么结果”。只有符合因果关系的结论，才是可参考的结论。

进行因果推演时，直播团队可以按照各工作环节的“可控性”进行判断。根据可控程度不同，可将各工作环节分为可控、半可控、不可控三类。

（1）可控，是指直播团队可以控制全部的工作环节和成果；

（2）半可控，是指直播团队只能控制部分工作环节与成果，其余无法控制；

（3）不可控，是指直播团队的工作成果由团队之外的其他人或事决定，完全不受自己控制。

其中，可控部分和半可控部分，是直播团队可以在之后的工作中改进的部分，可以作为经验进行留存，并用以指导后续的直播运营管理；而对于不可控部分，由于团队无法预判结果，其结论在下一次直播时是否出现无法判断，因而就不具备指导意义，也就无法用作经验进行借鉴。可见，直播复盘的核心，是要团队从一场具体的直播中提炼出经验和方法，以此来解决这一类的问题，进而不断优化直播运营。

6.撰写文档

最后，还需进行一步操作，即将直播复盘过程中发现的问题、原因以及得出的经验、结论，以文字的形式固化下来。这个过程看起来微不足道，但却对团队的运营能力提升有非常重要的作用。

第一，文档能够为团队留下最真实、准确的记录，避免遗漏或遗忘；第二，文档能够将工作过程、经验变成具有一定逻辑结构的显性知识，便于查阅与传播；第三，文档也更有利于团队进行对比学习，在对比过程中甚至可能会有新的发现。因此，复盘环节最后的这一步，为直播运营团队提供了重要的资料来源，尤其对于初创团队，一定不要忽略。

为了便于文档撰写，可根据团队业务形式，设计相对固定的复盘表格，每次直播后在表格内进行逐项记录，既方便也能够避免遗漏，参考表格见表5-1。

表5-1 直播复盘记录表

复盘直播场次		直播地点	
直播时间		复盘时间	
直播主题			
直播参与人员			
复盘参与人员			
预设目标			
目标达成情况			
问题过程数据			
问题操作复现			
原因分析			
经验总结			

行业案例5-1

直播复盘要点

动画5-2

跨境电商直播复盘要点

PROIRON是全球最大的举重器材专业生产商和供应商山西新和实业有限公司旗下的健身品牌，品牌致力于让广大健身爱好者获得健康完美的健身体验。PROIRON品牌产品主要涵盖哑铃杠铃、健身器械、瑜伽舞蹈、武术搏击等多个品类，目前对多个国家均有通过跨境直播进行销售。通过对PROIRON直播运营负责人的采访，我们了解了以下在跨境直播结束后复盘的要点。

首先，直播过程需要全程录屏，可以拿手机点击进入品牌的直播间来录屏，也可以在电脑上录制。PROIRON的直播间都是每次开播后安排客服在电脑上全程录屏，因为录屏文件占用空间较大，电脑上存放更为方便。

如果没办法全程录屏的话，至少要把前半个小时录下来，把憋单和转款的整个流程录制下来；在直播的过程中，至少录制两款商品的过款流程。根据各平台的算法机制，刚开播都会给直播间推第一波流量，后续是否再继续推流给你的直播间，是以直播前30分钟成交人群画像来确定的，所以开播前半个小时非常重要，一定要录屏以便结束后复盘。

另外，直播过程是团队所有成员配合的过程，因此，直播复盘需要清晰地了解直播过程中每个人的工作是否执行到位。表5-2中列出了直播团队中5个核心岗位的复盘要点。

表5-2　直播团队核心岗位复盘要点

岗位	复盘要点	具体维度
主播	直播状态	脚本、开场话术、互动话术、憋单话术、促单话术、产品话术、场控能力
场控	直播效果	选品、排品、组合、流程、节奏、视觉效果、人气、转化
运营	投放效果	视频发布、投流时机、投放金额、投放目标、投放效果
助理	后台操作配合	上下架产品、库存、优惠券、进店、点击、下单
客服	粉丝需求	中奖粉丝、高频问题、粉丝需求

认真严谨地复盘是一个直播团队持续优化和成功的关键，只有在复盘中不断积累经验和教训才能不断向更高的台阶迈进。

案例来源：校企合作企业提供的实操案例。

案例思考：除了案例中提到的复盘内容外，你认为在一场直播结束后，还有哪些方面是需要进行复盘的？

任务操作

任务名称

PROIRON主播跨境电商直播复盘

任务目标

- 假设你是PROIRON品牌直播的主播，请描述你的具体复盘行动。

任务计划

将任务进行分解并制订相关计划，填入表5-3中。

表5-3　任务计划书

序号	关键任务	任务详情	任务实践要求
1	对比目标差距	列举数据，明确距离目标的差距	1.撰写复盘报告 2.进行复盘报告的汇报展示
2	分析相关数据	找到核心相关指标并通过平台直播后台或第三方分析工具收集数据进行分析	
3	复现直播过程	通过直播录屏回放或团队回顾会议复现直播过程	
4	总结问题原因	总结导致数据结果不理想的原因	
5	提炼优化经验	提炼出可供后续直播复制参考的经验	
6	撰写复盘文档	形成完整全面的复盘文档	

任务实施

1.自主查阅资料和记录

根据任务背景与任务目标，提前查阅相关文献及资料，将自学时遇到的疑难问题及灵感启发记录在表5-4中。

表5-4　自学记录表

序号	疑难问题/灵感启发

2. 人员分组和任务安排

阅读任务计划，理解任务计划中的任务要点及实践要求。根据任务计划，学生自行进行人员分组和任务安排，并将小组成员名单记录在表5-5中，以小组的形式完成本任务学习目标。

表5-5 任务分组表

组名			组长	
组员信息	组员姓名	组员学号	组员姓名	组员学号
任务安排				
备注				

3. 工作思路与流程

步骤一：对比目标差距。

描述结果数据主要来源渠道：____

____

步骤二：分析相关数据。

成交金额的计算公式：____

____

列出影响成交金额的指标：____

____

筛选与主播直接相关的指标：____

____

描述相关数据主要来源渠道：____

____

描述相关指标核心分析思路：______________________________

____

步骤三：复现直播过程。

描述复现过程的主要方法：______________________________

____

描述需重点复盘的流程：______________________________

____

步骤四：总结问题原因。

列举可能出现的问题原因：______________________________

____

步骤五：提炼优化经验。

列举可以复制借鉴的经验类型：______________________________

____

步骤六：撰写复盘文档。

描述撰写复盘文档需注意的要点：______________________________

____

4.任务实施结论

____

____

____

任务评价

评价采用多元化评价方式，评价主体由学生、小组、教师和企业构成，评价标准、分值及权重如下：

1.学生以小组为单位，对本任务的实施过程与结果进行互评，将互评结果填入表5-6中。

表5-6 小组互评表

评价内容	评价标准	分值（分）	评分（分）
团队建设	团队合作紧密、互帮互助	10	
	工作态度端正、作风严谨	15	
	遵守法律、法规和工作准则	10	
工作情况	计划制订周密、组织有序	15	
	按计划高效率完成工作	20	
	工作成果完整且质量达标	30	
合计		100	

2. 教师对小组任务实施的过程与结果进行评价，将评价结果填入表5-7中。

表5-7 教师评价表

评价内容	评价标准	分值（分）	评分（分）
专业能力	能完成对陌生市场相对全面的市场调研	10	
	能针对特定商品进行客观全面的数据分析	15	
	能正确选取适合直播的商品	15	
完成情况	按时完成任务目标	10	
	工作成果质量达标	20	
	熟练掌握工作技能	10	
职业素养	学习认真、严谨、自律	10	
	积极参与课堂讨论展示	5	
	课堂任务及时复盘总结	5	
合计		100	

3. 企业对小组任务实施的过程与结果进行评价，将结果填入表5-8中。

表5-8 企业评价表

关键考核指标	分值（分）	得分（分）
能准确调研消费者需求	30	
能针对特定商品进行全面的数据分析	30	
能利用调研信息与数据筛选出适合直播的商品	40	
合计	100	

4. 根据上述结果填写表5-9。

表5-9 综合评价表

小组互评（20%）	教师评价（50%）	企业评价（30%）	综合评价

任务2
跨境电商直播评估指标

任务要求

掌握跨境电商直播中核心指标及其含义

任务情境

PROIRON团队在进行直播复盘的过程中发现直播中产生了很多数据，数据有高有低，这个时候团队成员对通过哪些指标来评估直播效果产生了分歧，接下来就需要对跨境电商直播评估的核心指标进行系统地梳理。只有掌握了清晰明确的指标体系，才能更科学合理地评估直播效果。

知识链接

跨境电商直播全流程涉及的核心评估指标可以分为5类，具体如图5-2所示。

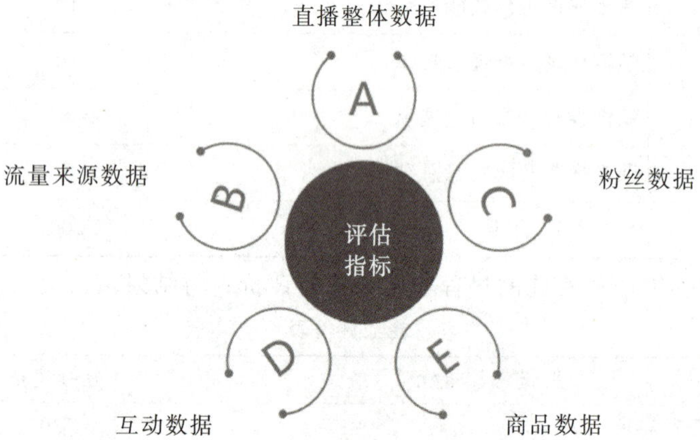

图5-2 跨境电商直播评估指标

1. 直播整体数据

直播整体数据包括直播间观看人次（PV）、观看人数（UV）、商品点击量、订单量与交易额、优惠券使用量等。各指标不仅要看累积量，还需查看过程中的变化趋势。例如，通过查看PV或UV在整场直播过程中的变化趋势，可总结粉丝观看直播的高峰时段与低谷时段，用于后续重点运营参考。通过分析上述数据，团队可以对直播整体情况有客观的认知。

2. 流量来源数据

可利用直播平台或第三方提供的流量监测工具，对流量来源数据进行分析。通过分析流量来源数据，团队可以判断各渠道引流效率，筛选效果更好的引流方式在后续直播中进行复用。以TikTok直播为例，其流量来源主要有6种（见表5-10）。

教学微课 5-3

如何分来源分析流量

3. 粉丝数据

粉丝数据是指观看直播的粉丝相关的数据，包括新增粉丝数、粉丝观看人次（PV）、人数（UV）、人均观看时长、新增粉丝量等。其中，PV和UV的差值越大，说明粉丝进出直播间次数越多，直播内容对其吸引力也越大；再结合人均观看时长，观看时间越长，说明直播内容与粉丝需求越匹配，粉丝黏性也越高；而如果此时PV和UV差值很大，但人均观看时长却较短，说明粉丝多次进入直播间后

表5-10　　TikTok直播流量来源

流量来源	引流方式
官方推荐	在直播时官方会根据直播内容以及质量向直播间推荐随机用户，决定官方是否能够推更多流量的根本就是直播间的数据，包括直播过程中的新增粉丝数、粉丝停留时长、评论互动数、付费转化数等。所以我们要做的就是在直播时针对这几项数据进行流程上的优化，以提升直播间的权重，获取更多公域流量
关注粉丝	关注主播的粉丝进入直播间带来的流量
短视频引流	直播开始前，通过在TikTok账号上发布直播预告短视频，吸引站内流量关注直播
站外引流	除了TikTok粉丝以外，还可以把其他社交媒体平台上的粉丝引流至直播间，如Instagram，Facebook，YouTube等。这需要我们提前做好直播预告，预告内容除了最基本的商品预告外，还要把直播间福利及优惠等展示给粉丝，以便吸引更多流量
付费流量	主要来源为Promote投放。Promote是TikTok站内付费广告工具，可用于推广直播间和短视频。针对直播，Promote将通过直播预览流的方式提高直播间的曝光率，用户可在刷短视频时看到直播间的预览卡片，一键点击即可进入直播间。我们需要结合自己的商品确定目标人群的年龄、性别。此外，要注意在创建了付费计划后，系统需要15～20分钟的审核，所以投放时间要根据自己直播间的流量情况进行提前安排。可以参考历史直播间的分时段流量情况，判断流量一般在直播的哪个阶段开始下跌，可在该时段的前15～20分钟创建计划

停留很短便跳出了，反馈出的信息往往是直播间本次主题对粉丝有较大吸引力，但实际商品促销价格未满足粉丝预期。

新增粉丝数是直播平台权重最大的一项指标，主播需持续关注进入直播间的新人，让其感受到主播的关注，将其注意力快速吸引到主播身上，将新增粉丝转化为关注粉丝，持续增加直播间粉丝基数，以获得更多营销转化空间。

4. 互动数据

直播过程中的互动行为主要包括点赞、评论、分享、关注等。互动用户数占直播间访问用户总数的比例，即本场直播的互动率。除了绝对数值，团队还可根据用户在直播间的评论内容，通过“词云生成器”制作“评论词云”。“评论词云”能够将用户评论中出现的关键词，按其出现频次进行字体大小的排布，生成直观的热门评论图谱，进而根据用户反馈快速调整直播运营方案。“评论词云”示例图如图5-3所示。

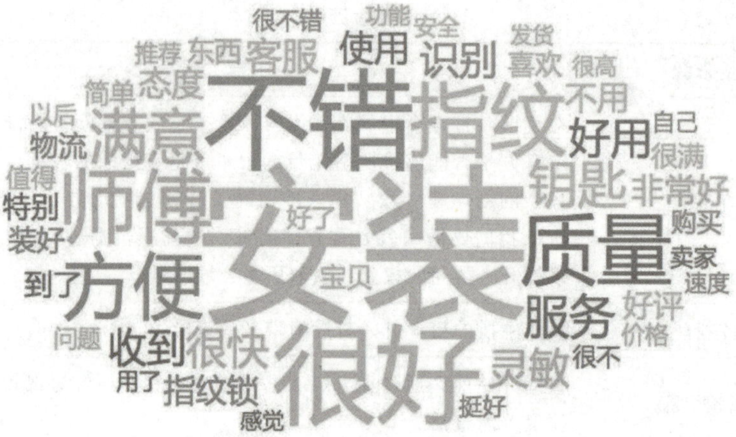

图 5-3 电商评论“词云图”

教学微课 5-4

如何进行跨境电商直播互动数据分析

教学微课 5-5

如何进行跨境电商直播商品数据分析

5. 商品数据

商品数据包括商品点击数据、加购数据、销量数据等。此类指标既要单独分析，还应综合分析。以商品点击数为例，点击次数越多，说明商品在直播间内受到的关注度越高。若最终销量很低，则说明商品的详情页或价格方面出现了问题，阻碍了用户最终的消费决策，下一步就需要有针对性地排查商品相关信息，找准问题所在，进行针对性优化。

行业案例 5-2

TikTok 直播大屏

图 5-4 是 TikTok 向商家端开放的管理后台中直播数据的大屏，其中包含了直播过程中需要关注的各项重要指标，商家可以在直播过程中或直播结束后通过对直播大屏中的各项数据进行分析，找寻本场直播中的亮点以及可能存在的问题。

图 5-4 TikTok 直播数据大屏

其中各项指标的计算公式及含义如下：

成交金额=观看人数×商品点击率×点击成交转化率×客单价

观看商品点击率=商品点击PV/直播间的用户观看次数

点击成交转化率=支付的SKU订单数/累计商品点击PV

千次观看成交金额=（GMV/直播间用户观看次数）×1 000

成交用户数=直播间支付的去重用户数，包含退款用户数

件单价=直播间成交金额/成交商品件数

观看人次=直播间累计观看人次

最高在线人数=直播间最高同时在线的用户数

人均观看时长=用户观看直播总时长/直播间去重观看人数

商品曝光次数=直播间商品的曝光次数，包括商品列表和商品讲解卡

CTR=商品点击次数/商品曝光次数

创建订单数=该商品用户创建的订单数

支付订单数=该商品用户支付的SKU订单数

成交金额=商品累计支付金额

案例来源：校企合作企业提供的实操案例.

案例思考：这些数据之间是否存在关联，请列举至少三对有关联的数据，并描述其关联之处。

____

____

____

任务操作

任务名称

跨境直播核心指标列举

任务目标

- 列举一场直播中至少10个核心指标，并描述其含义及影响因素

任务计划

将任务进行分解并制订相关计划，填入表5-11中。

表5-11 任务计划书

序号	关键任务	任务详情	任务实践要求
1	列举核心指标	列出评估一场直播好坏的至少10个核心指标	1.填写指标表格 2.进行表格汇报展示
2	描述指标定义	解释各指标的含义	
3	列举影响因素	列明影响各项指标的因素	

任务实施

1. 自主查阅资料和记录

根据任务背景与任务目标，提前查阅相关文献及资料，将自学时遇到的疑难问题及灵感启发记录在表5-12中。

表5-12 自学记录表

序号	疑难问题/灵感启发

2. 任务实施成果

列举至少10个核心指标，分析其含义和影响因素，填入表5-13中。

表5-13 任务成果记录表

序号	指标名称	指标含义	影响因素
1			
2			
3			
4			
5			
6			
7			
8			
9			
10			
11			
12			

任务评价

评价采用多元化评价方式，评价主体由学生、小组、教师和企业构成，评价标准、分值及权重如下：

1.学生以小组为单位，对本任务的实施过程与结果进行互评，将互评结果填入表5-14中。

表5-14 小组互评表

评价内容	评价标准	分值（分）	评分（分）
团队建设	团队合作紧密、互帮互助	10	
	工作态度端正、作风严谨	15	
	遵守法律、法规和工作准则	10	
工作情况	计划制订周密、组织有序	15	
	按计划高效率完成工作	20	
	工作成果完整且质量达标	30	
合 计		100	

2.教师对小组任务实施的过程与结果进行评价，将评价结果填入表5-15中。

表5-15 教师评价表

评价内容	评价标准	分值（分）	评分（分）
专业能力	能完成对陌生市场相对全面的市场调研	10	
	能针对特定商品进行客观、全面的数据分析	15	
	能正确选取适合直播的商品	15	
完成情况	按时完成任务目标	10	
	工作成果质量达标	20	
	熟练掌握工作技能	10	
职业素养	学习认真、严谨、自律	10	
	积极参与课堂讨论和展示	5	
	课堂任务及时复盘总结	5	
合 计		100	

3.企业对小组任务实施的过程与结果进行评价，将结果填入表5-16中。

表5-16 企业评价表

关键考核指标	分值（分）	得分（分）
能准确调研消费者需求	30	
能针对特定商品进行全面的数据分析	30	
能利用调研信息与数据筛选出适合直播的商品	40	
合 计	100	

4.根据上述结果填写表5-17。

表5-17　　综合评价表

小组互评（20%）	教师评价（50%）	企业评价（30%）	综合评价

任务3
跨境电商直播数据分析

任务要求

掌握跨境电商直播中数据指标的分析方法

任务情境

通过对核心指标的学习，PROIRON团队目前已经梳理出了直播过程中的一些核心数据，但这些数据有大有小，一眼看上去并没有发现什么问题，如何对这些数据进行科学地分析成为团队目前的阻碍。

知识链接

电商直播数据分析通常需包含5个基本步骤，如图5-5所示。

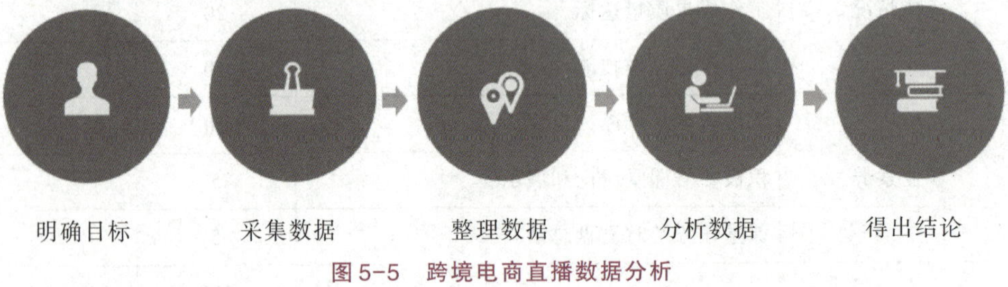

图5-5　跨境电商直播数据分析

1.明确目标

分析数据从来不是目的，为了分析而分析往往是无意义的，目的始终应该是解决某个实际的业务问题或困惑，因此分析任何一项数据前均应该明确分析的目的。一般情况下，直播团队进行数据分析的目的有3个。

（1）判断优劣。例如，若盲目看直播间整体流量与过程流量，往往看不出门道，但如果为了判断直播间当日流量与过往流量的高低，则能够有针对性地进行同比或环比。

（2）查找问题。例如，当我们以寻找商品销量偏低的原因为目标时，就可以选取商品浏览量、加购量、下单量进行组合分析，根据浏览量判断商品热度，根据加购量、下单量判断商品信息设置的优劣。

（3）寻找规律。例如，当我们以推测平台算法规律为目标时，就可以提取多场直播数据，根据直播内容、粉丝量增长趋势去分析是否有一定的规律。

2.采集数据

明确分析目标或目的后，就能够有针对性地进行数据采集了。目前各大直播平台都会提供相对完善的运营数据，进入直播账号后台，一般都会有直播数据统计板块，这里是多数团队采集数据的主要来源。例如，在TikTok后台的“数据罗盘”板块，为商家提供了各类核心指标的数据查看入口，如图5-6所示。

图5-6　TikTok后台数据查询界面

3.整理数据

整理数据包括对数据进行核对修正、整理加工，以方便后续的分析。

（1）核对修正

不论从何种渠道采集的数据，都可能出现失误，或出现与实际业务情况不符的问题，因此，正式进行数据分析前，需要先对数据进行核对，发现特殊异常之处，需结合实际直播情况进行修正，以确保数据的有效性。

（2）整理加工

完成数据修正后，可进行数据的统计计算，包括数据的求和、平均、比例计算、趋势分析等，通常此类过程在Excel表中就能完成。

4.分析数据

最常用的分析方法为对比分析法和特殊事件分析法。

（1）对比分析法

对比分析法是指将实际数据与基数数据进行对比，通过比对，找出异常数据。这里特别要申明，“异常”不是仅指差的数据，还包括离平均线偏差较大的数据。比如，某主播每天增粉长期维持在50～100这个区间，某天增粉量突增到200，虽然是个好结果，但也算异常数据，需要密切关注，查找原因。其常用方法可分为同比与环比。

同比，即当前时间范围内某个时间位置与上一个时间范围内的相同位置进行对比。例如，本周一与上周一对比。环比，即当前时间范围与上一个时间范围的数据对比。例如，本周一与上周日对比。

（2）特殊事件分析法

通过对比分析往往能发现一些异常数据，即偏离平均值较大的数据。大部分的数据“异常”都会关联特殊事件，如首页或者频道改版、标签变化、开播时段更改等，这就要求运营或场控在日常做数据记录时要同步记下这些特殊事件，以便后期结合数据挖掘其中的关联。

教学微课
5-6
常见数据
分析方法

5. 得出结论

数据分析的最终结果应汇总成数据分析报告，形成完整结论。由于分析过程中会运用大量的图表，因此PPT一般更适合作分析总结。总结的过程中应先提出清晰、明确的观点，再通过详细的数据图表以及文字解说进行论证，最终推导出结论。一场直播中，可能涉及多处数据分析，每次完整的数据分析都应该形成完整的结论。结论的形成未必需要长篇大论，但需要逻辑清晰、观点明确，以便后期直播运营过程中进行查阅。

行业案例5-3

数据驱动的直播时代

在互联网平台直播卖货和在传统电视购物频道卖货的一个很大区别，就是粉丝可控化和数据可视化。我们能够通过数据来衡量直播效果。

直播经济的本质就是注意力经济，要通过数据来分析直播内容的好坏，我们先要了解目前的市场有多大。以淘宝直播平台为例，该平台一天的UV在1 500万左右。其次我们要知道平均每个人能看多少秒，有一个公式可以快速地计算出来，总时长=平台总UV×观看时长。假如今天有1 500万UV进入淘宝的直播间，每个人看10分钟，则1 500万UV×600秒=90亿秒。假如今天你的直播间人进来了都不想出去，这意味着什么？这意味着粉丝们的时间都被你消费掉了，那么在同一时间段其他主播的流量就会变少。

现在直播比较关注的一点是直播的观看时长，有很多新主播直播两三个小时，只有几百个人观看，不知道怎么提升。其实，主播关注的不应该是进来的人多或少，而应该关注直播间的人均观看时长。也就是说，当粉丝来到了你的直播间后，他能否留在你的直播间。据了解，一些主播一天播了七八个小时，在线人数并不多，在线转化也不怎么样，但观看人数还是不错的。在这个时候，我们是否想过改变直播内容，如直播中抽奖、发红包等。在我们改变直播内容的时候，这些数据是否会发生变化，这一点非常关键。一个粉丝进入直播间后是否离开跟我们做商品详情页一样，人均停留时间越长，粉丝黏度越高，转化率就越高。

这里有一个公式，大家可以去算一下自己直播间的人均停留时长是多少。直播间人均观看时长=直播时长（秒）/观看人数。例如，一小时进来7 200人，人均观看时长是100秒。优秀的主播一场直播的人均观看时长可以达到6～10分钟，所以衡量自己直播的内容是否是粉丝想看的，可以采用这个算法。如果内容有问题的话，要分析自己、产品以及现有的粉丝画像，找到突破点，来优化自己的直播内容。

当我们把直播内容优化了以后，就要关注自身的吸粉情况。互动效果的数据化衡量指标是直播过程中的核心，粉丝看直播的时候，能不能跟主播产生互动或者点赞，要看主播的引导情况和内容策划情况，互动的好坏直接影响粉丝的购买率。

以上的数据维度对直播权重影响都非常大，除此之外，直播时长也同等重要。基于日常营销的常规直播，建议最低不能少于3个小时，按目前淘宝直播的规则，低于3个小时基本上等于没有直播，特别是流量分配的权重基于实时热度来计算，很多时候直播一两个小时才有流量进来；如果直播时间过短，就会出现流量提升没多久就下播了的情况。计划将直播作为全职和店铺超级流量入口的，直播时长建议8个小时以上。就淘宝直播的排名机制来说，能在直播频道引入大流量的直播间，直播时长是没有低于8小时的，为了长期霸占推荐位24小时不下播的情况也屡见不鲜。

数据是最真实的记录仪，它能够帮助我们记录问题、发现问题、解决问题，只有在数据驱动下的直播运营才是科学、可持续的运营，希望大家在学习和工作中注重数据思维的培养和练习，让数据成为我们走向成功最有力的助推器。

资料来源：作者根据相关资料整理。

案例思考：在日常生活和学习中，你认为能够通过哪些场景或方法来培养数据思维？

____

____

____

任务操作

任务名称

PROIRON跨境电商直播数据分析

任务目标

表5-18是PROIRON在今年8月为英国市场做的一场跨境直播最终的各项数据，直播前团队制定的直播目标是成交金额超过6万英镑，最终没有达到目标。就

本场直播数据而言，若想达到预定目标，有哪些可以优化提升的指标？

表5-18 PROIRON品牌历史直播数据

达人信息	昵称	开播时间	直播时长	成交金额	件单价
Proiron	proiron_fitness	2022/08/10 06：06	2h 30min	£48 396.78	83
上架商品数	动销商品数	创建订单数	支付订单数	成交商品件数	成交用户数
63	12	701	583	623	583
累计观看人数	观看人次	最高同时在线人数	人均观看时长	点击成单率	曝光点击率
29 213	31 336	198	78	4.36%	6.1%
评论次数	分享次数	点赞次数	新增粉丝数	商品曝光次数	商品点击次数
43 313	1 287	131 357	721	86 321	62 231

任务计划

将任务进行分解并制订相关计划，填入表5-19中。

表5-19 任务计划书

序号	关键任务	任务详情	任务实践要求
1	找到影响因素	列出影响成交金额的各项因素或指标	1.撰写分析报告 2.进行分析报告的汇报展示
2	寻找存在的问题	就现有数据寻找存在的问题	
3	提出优化的方向	针对各项影响因素，提出优化方向	

任务实施

1.自主查阅资料和记录

根据任务背景与任务目标，提前查阅相关文献及资料，将自学时遇到的疑难问题及灵感启发记录在表5-20中。

表5-20 自学记录表

序号	疑难问题/灵感启发

2.人员分组和任务安排

阅读任务计划书，理解任务计划中的任务要点及实践要求，根据任务计划，学生自行进行人员分组和任务安排，并将小组成员名单记录在表5-21中，以小组的形式完成本任务学习目标。

表5-21 任务分组表

组名			组长	
组员信息	组员姓名	组员学号	组员姓名	组员学号
任务安排				
备 注				

3. 工作思路与流程

步骤一：列出影响成交金额的各项因素。

成交金额计算公式：________________________________

____

影响成交金额的因素：______________________________

____

____

步骤二：通过数据分析发现存在的问题并进行简要描述。

问题一：____

____

问题二：____

____

问题三：____

____

问题四：______________________________________

____

步骤三：针对各影响因素以及存在的问题，提出优化的方向。

优化方向一：__________________________________

____

优化方向二：__________________________________

____

优化方向三：__________________________________

____

优化方向四：__________________________________

____

优化方向五：__________________________________

____

4.任务实施结论

____

____

____

任务评价

评价采用多元化评价方式，评价主体由学生、小组、教师和企业构成，评价标准、分值及权重如下：

1.学生以小组为单位，对本任务的实施过程与结果进行互评，将互评结果填入表5-22中。

表5-22　　小组互评表

评价内容	评价标准	分值（分）	评分（分）
团队建设	团队合作紧密、互帮互助	10	
	工作态度端正、作风严谨	15	
	遵守法律、法规和工作准则	10	
工作情况	计划制订周密、组织有序	15	
	按计划高效率完成工作	20	
	工作成果完整且质量达标	30	
合 计		100	

2. 教师对小组任务实施的过程与结果进行评价，将评价结果填入表5-23中。

表5-23　　教师评价表

评价内容	评价标准	分值（分）	评分（分）
专业能力	能完成对陌生市场相对全面的市场调研	10	
	能针对特定商品进行客观、全面的数据分析	15	
	能正确选取适合直播的商品	15	
完成情况	按时完成任务目标	10	
	工作成果质量达标	20	
	熟练掌握工作技能	10	
职业素养	学习认真、严谨、自律	10	
	积极参与课堂讨论和展示	5	
	课堂任务及时复盘总结	5	
合 计		100	

3. 企业对小组任务实施的过程与结果进行评价，将结果填入表5-24中。

表5-24　　企业评价表

关键考核指标	分值	得分
能准确调研消费者需求	30	
能针对特定商品进行全面的数据分析	30	
能利用调研信息与数据筛选出适合直播的商品	40	
合 计	100	

4. 根据上述结果填写表5-25。

表5-25　　综合评价表

小组互评（20%）	教师评价（50%）	企业评价（30%）	综合评价

职业素养指南　跨境电商直播复盘指导思想——精益求精的工匠精神

劳动者的素质对一个国家、一个民族的发展至关重要。不论是传统制造业还是如跨境电商直播的新兴产业，不论是工业经济还是数字经济，工匠始终是产业发展的重要力量，工匠精神始终是创新创业的重要精神源泉。

2020年11月24日，在全国劳动模范和先进工作者表彰大会上，习近平总书记高度概括了工匠精神的深刻内涵："执着专注、精益求精、一丝不苟、追求卓越。"劳模精神、劳动精神、工匠精神，都是以爱国主义为核心的民族精神和以改革创新为核心的时代精神的生动体现，是鼓舞全党全国各族人民风雨无阻、勇敢前进的强大精神动力。

素养小结：跨境电商直播的运营需要通过一场又一场的直播去不断尝试、总结、改进，才能够取得更好的效果与收益，其间需要的就是工匠精神。

执着专注：要求我们专注于每一场直播，从直播前的计划、筹备到直播中的商品介绍，再到直播后的复盘总结，专注于每一步操作，执着于直播目标。

精益求精：直播复盘的价值就在于在直播过程中不断发现问题，探究原因，总结经验，以期在下一场直播中能够避免前期踩过的坑、应用前期积累的经验，节约时间、提高效率，不断取得更好的直播效果。

一丝不苟：没有任何一场直播是完美无缺的，很多时候，运营的问题都隐藏在细节当中，复盘的过程也就要求团队做到不放过每一个细节，遇到异常要及时记录、追踪、分析、总结，在一点一滴的积累中踏踏实实成长。

追求卓越：没有任何一个直播团队成立即巅峰，都是从初创、成长、成熟阶段一步步发展起来的。这就要求团队在运营过程中，不能将目光局限于当下的得失，而是要通过一场场直播的复盘、积累，逐步去争取更高的目标。

资料来源：作者根据相关资料整理。

案例思考：在跨境电商直播复盘过程中，除了上述几种精神外，从业人员是否还需具备其他素质或品格？

项目小测

项目小测5

1.以下步骤中，属于跨境电商直播复盘必要流程的有（　　）。

A.对比目标　　B.分析数据

C.复述直播全过程　　D.提炼经验

2.以下指标中，属于跨境电商直播核心指标的有（　　）。

A.直播间UV　　B.商品销量　　C.直播间评论数　　D.商品浏览量

3.若商品浏览量很高但销量很低，可能存在的问题有（　　）。

A.商品价格过高　　B.商品完全不符合粉丝需求

C.商品详情页信息不完整　　D.商品详情与直播间介绍不符

4.若直播间商品销量非常低，需要分析（　　）。

A.直播间UV　　B.分渠道流量　　C.商品浏览量　　D.商品加购量

5.直播复盘撰写文档的意义包括（　　）。

A.为了给领导看　　B.方便团队成员查阅

C.便于不同场次对比学习　　D.避免信息遗漏

6

项目 6

短视频创推与引流

学习目标

知识目标

1. 理解短视频内容的选题方向及维度
2. 掌握提炼商品核心卖点和脚本设计的方法
3. 理解并掌握短视频素材拍摄和剪辑的基本方法
4. 理解短视频引流的策略和渠道

技能目标

1. 能够为短视频策划合适的选题
2. 能够根据商品的特点，提炼商品的核心卖点
3. 能够根据企业需求拍摄视频素材并剪辑制作短视频
4. 能够根据企业需求，选择并运用合适的引流策略和渠道

素养目标

动画 6-1

短视频引流推广

1. 通过短视频内容策划设计的实践项目，帮助学生树立社会主义核心价值观
2. 通过进行商品卖点提炼、脚本设计及视频拍摄剪辑等实践活动，培养学生团队协作精神和持续学习精神
3. 通过学习短视频运营，引导学生对传播中华优秀文化进行思考

项目描述

PROIRON品牌经营多年，产品远销美国、加拿大、日本等30多个国家和地区，在健身器械生产和出口方面有着丰富的经验，该品牌致力于让广大健身爱好者获得健康舒适的健身体验。

在如今这个短视频盛行的时代，PROIRON品牌也计划通过拍摄制作短视频，为产品的跨境电商直播引流和吸粉，加大品牌宣传力度。

项目分解

- 短视频创推与引流
  - 短视频内容策划
    - 策划短视频选题
    - 提炼商品核心卖点
    - 设计短视频脚本
  - 短视频拍摄剪辑
    - 短视频拍摄条件
    - 短视频剪辑工具
    - 短视频剪辑制作
  - 短视频引流变现
    - 短视频引流策略
    - 短视频变现方式
    - 引流短视频运营

任务1
短视频内容策划

教学微课
6-2

短视频内容
策划

任务要求

1.理解短视频选题的方向、类型及特点；
2.分析并掌握提炼商品核心卖点的方法；
3.理解短视频脚本的组成部分，并掌握脚本设计的方法。

任务情境

目前，短视频已经渗入人们生活的各个方面，PROIRON品牌计划针对王牌产品——哑铃展开视频拍摄，以借助短视频的热度，提升品牌知名度。首先，参与商品短视频拍摄和制作的人员需要学习并掌握短视频内容策划及脚本设计的相关知识和技能。

知识链接

知识点1
策划短视频选题

1.短视频分类（见表6-1）

表6-1 短视频分类比较表

比较内容	种草短视频	引流短视频	带货短视频
主要目的	1.品牌意识建设 2.推出新品，全网种草	1.直播预热和引流 2.涨粉	1.促进成交 2.提升销售转化
主要形式	非挂车，原创内容型短视频	非挂车，以直播切片/预告为主	广告/挂车短视频
内容创作要素	1.细节展示 2.知识讲解 3.产品对比 4.使用方法 5.使用场景	1.内容原创化 2.3S吸引人眼球 3.产品卖点精准表达	1.冲击性元素 2.附加信息
关键指标	1.点赞数、播放量、完播率 2.人群覆盖率 3.评论/分享数	1.直播订阅量/点击进入直播间比率 2.播放量、点赞数、评论/分享数、完播率	1.GMV商品交易总额 2.购物车点击率、商品详情点击率 3.播放量 4.点赞数、评论/分享数、完播率

2.短视频选题方式

短视频选题有两种方式：一是具象化的，如知识、技巧、日常行为、制造过程等；二是抽象化的，如情绪、感受、思想、状态等。

两种方式的选题，主要是在表达上的分别，具象化的选题更多强调过程、方法和得到的结果，而抽象化的选题则更强调一些情绪的释放和思想层面的描述（见表6-2）。

表6-2　短视频选题方式举例

选题类别	具象表达	抽象表达
美妆类	元气少女妆，让你的心情更美丽	最适合女生在春天化的妆容
设计类	设计一个LOGO的基本方法	做设计5年，让我学会了很多
萌宠类	我家小猫的洗澡初体验	宠物心情好的时候，会做什么
知识类	适合快速记忆的五大方法	这个学习方法，让我受益终身
情感类	教你怎样停止内耗	学会与自己和解
搞笑类	搞笑配音小猪佩奇	日常尴尬瞬间合集
特效类	如何实现这个酷炫的特效	这个特效也太炫酷了吧
旅行类	去俄罗斯玩一次，需要多少钱	我被俄罗斯的美景感动哭了
健身类	我是如何在一个月内练出腹肌的	26天的坚持，我看到了不一样的自己

3.短视频选题维度

在确定短视频选题时需要考虑到五个维度：

（1）频率。选题的内容在用户粉丝的需求和痛点上是否存在高频发生率，换言之，选题是否为目标粉丝群体的大众话题。只有选择用户粉丝的高频关注点，才能引发更多的播放量。

（2）难易。创作者应考虑到选题的难易程度，在确定后自身及团队的创作能力是否能够支撑起选题背后的内容生产和运营。用户粉丝现在对内容质量的要求越来越高，选题、内容、形式都是要考虑到的因素。

（3）差异。不论是哪种类别的选题或者哪种话题，在短视频领域都有着一定数量的竞品账号，可以说是一片红海，甚至一些垂直细分领域已经有了头部账号，因此还需要考虑到我们和竞品账号的差异如何建立，以增加用户粉丝对自家品牌账号的识别。

（4）视角。选题的视角即站在哪个角度来看待和呈现选题，这关系到会给用户粉丝带来怎样的感受。例如：是站在用户粉丝第一视角的运动员角色，还是站在第二视角的裁判员角色，抑或是站在第三视角的观众席角色，对于不同的选题也需要根据具体情况来变换视角。

（5）行动成本。主要是针对用户粉丝在接收到选题内容之后的动作，选题内容是否能够让用户粉丝一看就明白、一学就能会，只有真正满足用户粉丝需求和痛点，才能触发用户粉丝的更多动作。

行业案例6-1

特色鲜明的“啾啾鞋”

近几年来，国内短视频可谓经历了一波又一波的高潮，出现了很多优秀的作品。这些作品存在一个共性，并不是说画面一定要有多精美，制作有多精良，而是他们都在讲述一个个完整的故事。同时，还有一个最重要的特点，就是他们都特色鲜明。不管是内容还是形式也好，都能让观众看到后一眼就认出这是谁的作品。

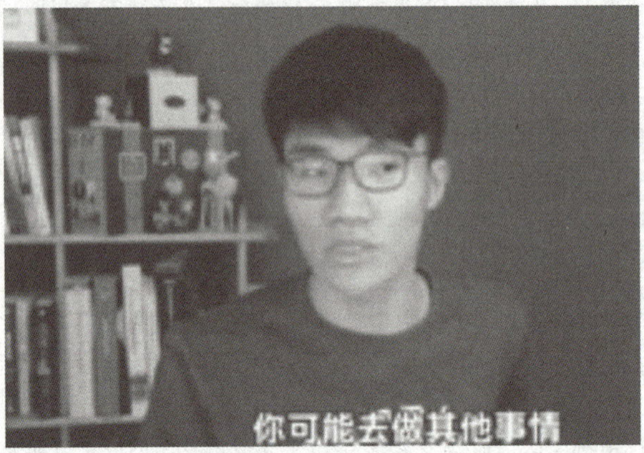

图6-1 冷知识选题的短视频截图

以国外成功策划的一个偏娱乐性的短视频节目为例（如图6-1所示），视频中的博主来自中国台湾，他的节目内容是冷知识。冷知识这个选题我们其实并不陌生，在国内也有很多冷知识的节目，但是这个节目最有特点的地方在于，他没有使用搞笑的动画，却让观众有看下去的冲动。他就是一个人在讲知识，其中也并没有穿插多少搞笑的包袱，但是最吸引人的地方在于选题，节目每一期的选题，冷同时又让人觉得好奇！比如最近一期是说人在不感冒没有鼻炎的时候，两个鼻孔的出气量是不一样的，我们可以把手放在鼻孔下面试一下，就能感觉到。看完这个标题你是不是真的拿手试了一下？是不是很想知道这到底是怎么回事？很好，他已经成功了！这就是节目选题厉害的地方。

案例启示：短视频拍摄的定位和选题非常重要，在选题方面一定要新颖，能够吸引粉丝点开视频观看，从封面和标题都要给人一种想点进去观看的冲动。

知识点2
提炼商品核心卖点

1.核心卖点要素

商品的卖点就是用户购买的理由。商品的卖点以选品要素为基础依据（见表6-3），短视频要在短时间内尽可能清晰准确地介绍商品的特点，所以必须事先提炼出商品的核心卖点。

表6-3 选品要素

要素	展开
产品定位	1.我的商品是要卖给谁？（目标用户人群） 2.以什么价格卖？价格是否有相对优势？
效果或功能卖点	1.我的商品在什么样的场景下能解决目标用户人群的什么痛点？如何解决？（可延伸为短视频脚本） 2.我的商品在解决痛点上对比其他产品有什么优势？（我有他无/他有我更优） 3.针对卖点是否可提供真实客观的背书证明（如用户带图好评/历史销量）？

商品的核心卖点主要包括三个要素：属性、作用和益处。属性，指商品的客观现实情况，包括商品的外观、包装、材质、品质等。作用，是商品能够给用户带来的用途或满足用户的需求，如商品的功能或使用特点。益处，是指商品具有怎样的优势，能够为用户带来哪些利益，如折扣价格、售后服务、附加价值、企业卖点等。

2.提炼卖点的六大法则

（1）确有其实

商品应确确实实具有所宣传和承诺的功能或特征，能够真实满足用户的某种需求，也就是商品的核心价值必须真实、可靠，不能欺骗用户。但应该注意，在进行商品核心卖点提炼时，首先要考虑用户和市场需求，而不是仅仅以商品的功效排序来决定卖点。

（2）确有其理

消费者在得知产品核心卖点时，一般会在口头或心里追问一句："凭什么这么说？"这时，理由必须有充足的说服力，这就是产品核心概念的理论支撑体系。

（3）确有其市

必须有足够数量的受众（需求者），过分狭小的目标市场将会降低产品的获利空间。如航空药、熊猫牌特供烟等。

（4）确有其需

商家提出的卖点，其市场需求或潜在需求必须是踏踏实实的，且这种需要最好是尚未被很好满足的"急需"，这会节省很多宣传成本；此外，还可以深入研究、发现、引导和满足潜在需求，不过这往往需要较大的市场教育成本和拓展代价，但同时，风险和收益基本是成正比的。

（5）确有其特

提炼的核心卖点要尽量优于或有别于其他同类产品，要有个性、巧妙别致，给人以美感，有寓意、易识别、易记忆、易传播，要能够体现企业文化和产品特质，可延展、可持续。

（6）确有其途

这里的"途"是指途径，提炼出的商品核心卖点要尽量避免使用拗口的学术用语，应该易于理解和记忆、便于传播，这是核心卖点传递的有效途径。

3.核心卖点的提炼方法

（1）展示商品的功能

主要包括产品的材质、工艺、功能、细节、颜色、造型、质量、环保、人性化程度等，这些也是消费者关注最多的，毕竟产品本身是所有价值的载体。

（2）突出商品的品质

产品品质的完整内涵是指顾客的满意度。一方面，在科技进步、产品严重泛滥和同质化的今天，对产品品质更全面的理解除了包括可用、实用、耐用，更注重的是好用、宜人；另一方面，在卖“品质”的过程中，也可以卖“专家”、卖“故事”、卖“售后服务”、卖“专业性”等。

（3）强调商品的包装

在卖产品的同时，可以突出强调商品的包装。因为在质量相同的前提下，那些包装精美的商品更具市场竞争力，更能赢得消费者的青睐。

（4）赋予商品特定的附加值

例如与生活潮流结合、同步于某种时尚趋势，或者创造出新的产品概念，用概念突出卖点，再或是把产品放到某种整体的解决方案里，这样都能够为产品建立起差异化的竞争力，形成颇具吸引力的卖点。

（5）添加企业和品牌的卖点

在阐述产品卖点时，可以附带一些企业品牌方面的卖点，如企业的硬件设备（以占地面积、生产设备、人员规模等为主）和企业的软件优势（包括高素质队伍、服务理念、企业文化、行业荣誉、社会地位、销售规模、营销服务网络等），也可以增加媒体报道、评论一类的内容，这是一个品牌影响力的体现，可以强化产品卖点的说服力。

知识点3
设计短视频脚本

1.短视频脚本构成要素（见表6-4）

2.短视频脚本内容设计

（1）确定脚本大纲与标题

标题即故事的中心，明确拍摄主题和视频的中心故事，这是至关重要的一步，然后做一个大体规划或构思，这样在拍摄时可以减少时间的浪费。

（2）设计分镜头

根据大纲设计分镜头内容，即把这个场景内要拍摄的所有镜头，按照剧情的发展顺序，罗列在表格里，这样能有效避免重复镜头，也避免后期剪辑时因素材太多不知如何挑选。

（3）设置镜号

将所有需要拍摄的分镜头按照故事发展顺序进行编号。

（4）选取拍摄地点

选取并在大纲中标注好故事发生的位置。

表6-4　　短视频脚本制作要素

	要素1	要素2	要素3
设计目的	吸引用户 （激发共鸣、挖掘需求）	取得信任 （效果展示、突出卖点）	引导点击、互动评论
设计思路	短视频开篇用吸睛的话题或具有视觉冲击力的画面争取更多观众的停留	描述产品，通过产品使用、体验过程、测评解说、强烈对比、好评认同感等方法，取得观看用户的信任	通过花字动效、创意编排等手段，引导观众点击小黄车下单或点赞评论进行互动；注意使用热门音乐和话题标签进行剪辑发布
设计内容		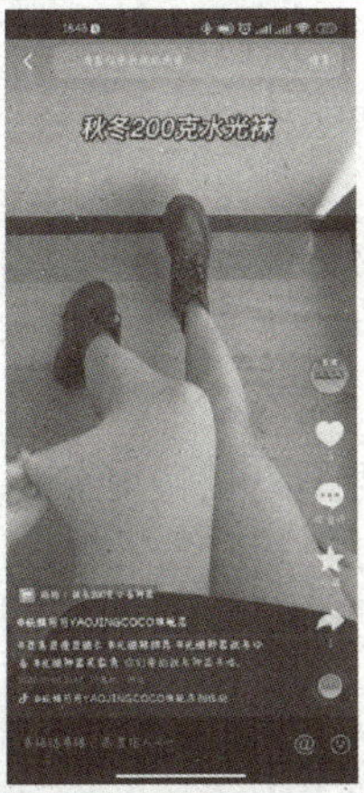	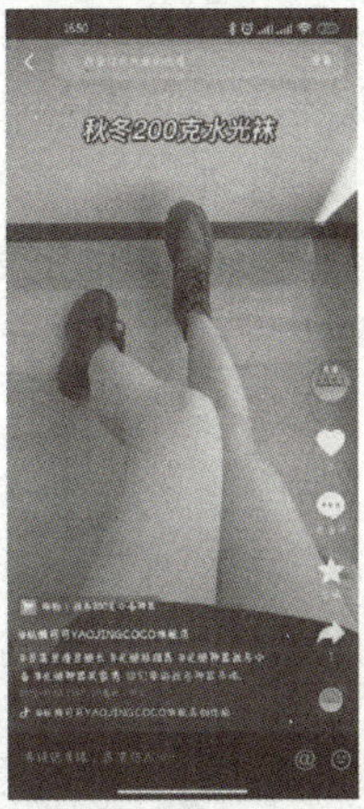
	•前3秒，用问句抛出主题，引人注意 •TikTok热门音乐 •TikTok平台活动主题hashtag	•中间10～20秒，展示商品上身效果，对比Before VS After视觉效果，增加内容张力	•最后5秒，花字+音频增强引导点击小黄车，促进下单转化

（5）设计景别（如图6-2所示）

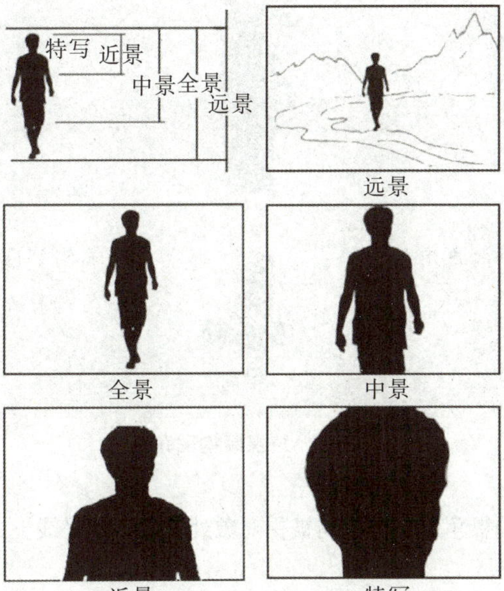

图6-2　短视频景别分类

①远景

远景是视线距离最远，空间范围最大的景别，人物在画面中只占很小的比例。远景一般用于抒发某种情绪，或表达周围环境，例如航拍。

②全景

全景一般是拍摄人物全身动作或较小场景全貌的画面。在全景中可以看清人物动作和所处的环境，便于强调物与物、人与环境之间的关系。

③中景

中景也叫“七分像”，指拍摄人物小腿以上部分的镜头。其叙事功能强，既能展现环境，又比全景更专注于人物。

④近景

近景通常用于表现景物的某一局部，或拍摄人物肩部以上的画面，利用人物面部表情与肢体语言，传达内心世界。

⑤特写

特写指摄像机在很近的距离拍摄对象，一般用于突出强调人物的某个局部，或相应的物件细节、景物细节等。

（6）设计构图角度（如图6-3所示）

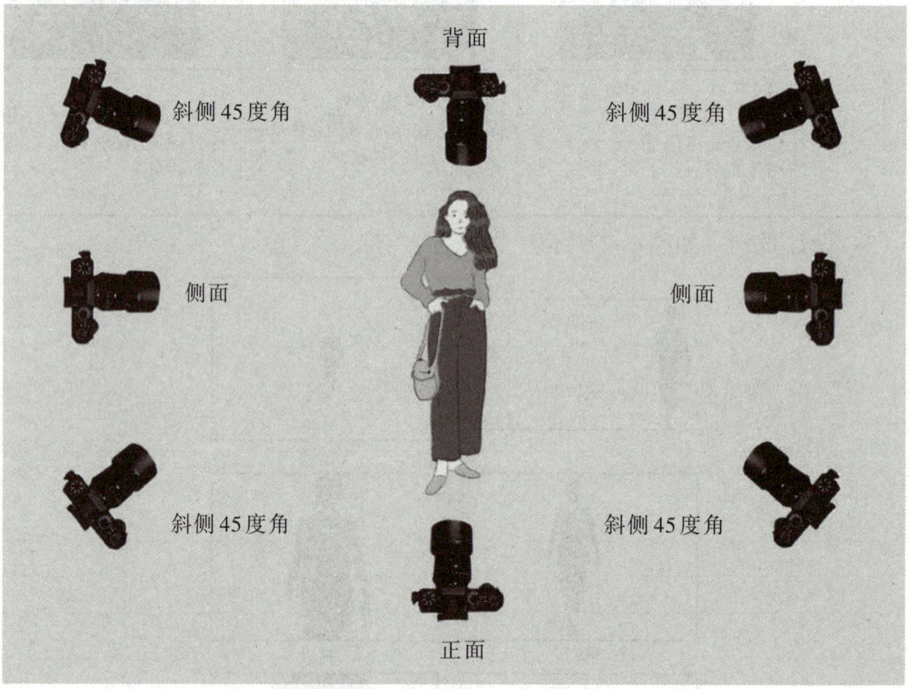

图6-3 短视频构图角度

①平拍

平拍是最基本的拍摄角度，镜头与被摄对象处于同一水平线上，能够客观表达内容。

②仰拍

仰拍是从低角度仰视拍摄，镜头位置处于水平线以下。由下向上拍摄，可以使被摄对象显得更加高大或占据主导地位，增强立体感。

③俯拍

俯拍是从高角度俯视拍摄，可以使被摄对象显得更加娇小，表达强烈的感情色彩，简化背景。

④侧拍

侧拍指从拍摄对象的侧面来拍摄，这样有助于表现方向性，变换丰富，多用于交流、对话等情境。

（7）构思画面内容

在拍摄前构思时，对每一个想拍摄的画面都要尽可能详细地描述出来，最好脑海里有画面感，同时也留有一定的发展空间，要保证拍摄时条理分明，画面清晰，细节明确。

（8）编写台词文案

对于演员的台词和视频中的文案也要提前写好。

（9）设计旁白

旁白是对演员台词之外的画面进行解释。

（10）设计音乐/音效/时长

建议提前想好用什么背景音乐，将配音、音效等也都写清楚。

任务操作

任务名称

为PROIRON王牌产品哑铃进行短视频拍摄内容策划。

任务目标

- 了解短视频拍摄的基本内容，整理出短视频选题及商品的核心卖点。
- 结合商品的特点和短视频拍摄的基本知识，对哑铃的短视频拍摄脚本进行设计策划。

任务计划（见表6-5）

表6-5 任务计划表

序号	任务指标	任务详情	任务结果
1	了解短视频拍摄的选题	根据哑铃的特点及展示特性，策划哑铃短视频拍摄的选题	1.制作PPT 2.将任务完成结果进行汇报
2	提炼商品的核心卖点	根据哑铃的功能、外观、环保等方面，提炼哑铃的核心卖点	
3	设计短视频拍摄脚本	结合哑铃的拍摄选题及卖点，完成该产品短视频拍摄的脚本设计	

任务实施

1. 自主查阅资料和记录

根据任务背景与任务目标，提前查阅相关文件及资料，将自学时遇到的疑难问题或灵感启发记录在表6-6中。

表6-6　　自学记录表

序号	疑难问题/灵感启发

2. 人员分组和任务安排

阅读任务计划，理解任务计划中的任务要点及实践要求。根据任务计划，学生自行进行人员分工和任务安排，并将小组成员名单记录在任务分组表（见表6-7）中，以小组的形式完成本任务学习目标。

表6-7　　任务分组表

<table>
<tr><th>组名</th><th colspan="2"></th><th>组长</th><th></th></tr>
<tr><td rowspan="5">组员信息</td><td>组员姓名</td><td>组员学号</td><td>组员姓名</td><td>组员学号</td></tr>
<tr><td></td><td></td><td></td><td></td></tr>
<tr><td></td><td></td><td></td><td></td></tr>
<tr><td></td><td></td><td></td><td></td></tr>
<tr><td></td><td></td><td></td><td></td></tr>
<tr><td rowspan="7">任务安排</td><td></td><td></td><td></td><td></td></tr>
<tr><td></td><td></td><td></td><td></td></tr>
<tr><td></td><td></td><td></td><td></td></tr>
<tr><td></td><td></td><td></td><td></td></tr>
<tr><td></td><td></td><td></td><td></td></tr>
<tr><td></td><td></td><td></td><td></td></tr>
<tr><td></td><td></td><td></td><td></td></tr>
<tr><td rowspan="3">备注</td><td></td><td></td><td></td><td></td></tr>
<tr><td></td><td></td><td></td><td></td></tr>
<tr><td></td><td></td><td></td><td></td></tr>
</table>

3.工作思路与流程

步骤一：根据哑铃的特点及展示特性，策划哑铃短视频拍摄选题。

拍摄选题：____

分析选题理由：____

步骤二：根据哑铃的功能、外观、环保等方面，提炼哑铃的核心卖点。

核心卖点1：____

核心卖点2：____

核心卖点3：____

步骤三：结合哑铃的拍摄选题及已经提炼出的卖点，完成该产品短视频拍摄的脚本设计。

脚本要素：____

拍摄脚本：____

4.任务实施结论

任务评价

评价方式采用多元化评价，评价主体由学生、小组、教师和企业构成，评价标准、分值及权重如下：

1.学生以小组为单位，对本任务的实施过程与结果进行互评，将互评结果填入小组互评表，见表6-8。

2.教师对小组任务实施的过程与结果进行评价，将评价结果填入教师评价表，见表6-9。

3.企业对小组任务实施的过程与结果进行评价，将结果填入企业评价表中，见表6-10。

表 6-8 小组互评表

评价内容	评价标准	分值（分）	评分（分）
团队建设	团队合作紧密、互帮互助	10	
	工作态度端正、作风严谨	15	
	遵守法律法规和工作准则	10	
工作情况	计划制订周密、组织有序	15	
	按计划、高效率完成工作	20	
	工作成果完整且质量达标	30	
合计		100	

表 6-9 教师评价表

评价内容	评价标准	分值（分）	评分（分）
专业能力	能够策划短视频选题	10	
	能针对产品特点，提炼产品核心卖点	15	
	能完成短视频拍摄的脚本策划设计	15	
完成情况	按时完成任务目标	10	
	工作成果质量达标	20	
	熟练掌握工作技能	10	
职业素养	学习认真、严谨、自律	10	
	积极参与课堂讨论展示	5	
	课堂认识及时复盘总结	5	
合计		100	

表 6-10 企业评价表

关键考核指标	分值（分）	评分（分）
策划短视频选题并提炼核心卖点	50	
能够完成哑铃短视频拍摄脚本设计	50	
合计	100	

4.根据上述结果填写综合评价表，见表6-11。

表 6-11 综合评价表

小组互评（20%）	教师评价（50%）	企业评价（30%）	综合评价

任务2 短视频拍摄剪辑

任务要求

1. 了解短视频拍摄的设备设置与拍摄条件；
2. 了解常用的视频剪辑软件的功能，并掌握其使用方法；
3. 掌握视频剪辑的步骤及优秀短视频制作标准。

任务情境

随着短视频行业的快速发展，短视频的拍摄和剪辑开始越来越重要，特效也变得越来越吸引人。PROIRON品牌的产品短视频拍摄即将开始，如何根据商品特点，使用恰当的手段和技巧拍摄并剪辑出优秀的短视频，满足该品牌的推广使用，是从业人员的职业要求和重要任务。

知识链接

知识点1 短视频拍摄条件

教学微课 6-3 短视频素材拍摄

1.设备基础设置

（1）素材储存格式设置（如图6-4所示）

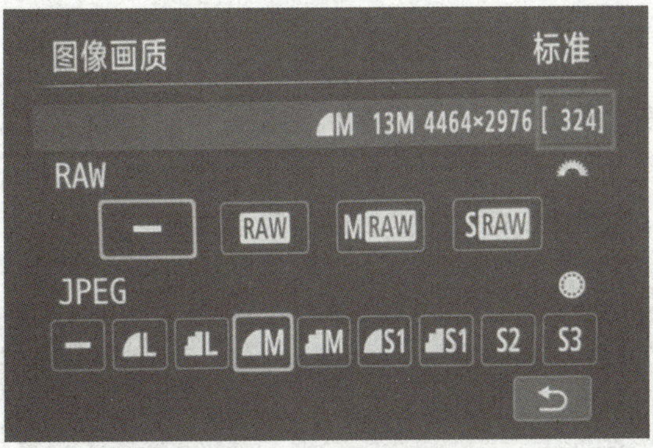

图6-4　照片储存格式设置

相机储存照片一般采用JPEG和RAW这两种格式。JPEG格式的照片文件比较小，不会占用太多的储存空间，适合原图直出和不太需要进行后期加工的照片，可用于拍摄日常的生活照，或是旅游随拍等。而RAW格式的照片文件比较大，会占用较多的储存空间，因此储存卡容量一定要足够大。这种文件格式就像是旧时候的“底片”，它可以完整地记录照片的原始信息，为后期进行照片调整和加工提供了极大的便利，适合摄影艺术创作。

（2）拍摄模式设置

相机的拍摄模式主要有AUTO全自动模式、P程序自动模式、AV光圈优先模式、TV快门优先模式、M手动模式等。拍摄日常画面时，可以使用全自动模式或者程序自动模式，这样操作起来比较省事。如果是拍摄对景深有要求的照片，如人像、静物或风景等，可以选择光圈优先模式进行拍摄。在拍摄运动类题材时，就用快门优先模式，通过控制快门速度，可以将高速运动的物体清晰定格抓拍，也可以将缓慢移动的物体拍出动感的虚化效果来。在比较复杂的环境中拍摄时，就需要使用手动模式，如在光线不良的场所拍摄时，相机的自动对焦往往无法成功对焦，这就需要通过手动对焦来进行拍摄了（如图6-5所示）。

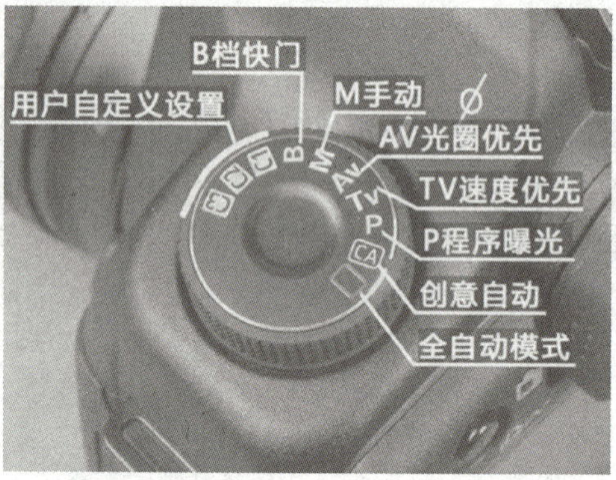

图6-5 拍摄模式设置

（3）对焦模式设置

一般日常拍摄时，对焦模式选择“AF-S+单点自动对焦”；拍摄运动类题材时，对焦模式选择“AF-C+扩展对焦”。这样的设置基本上可以满足所有的拍摄需求。

（4）相机的测光设置

常用的测光模式有三种：一种是评价测光（如图6-6所示），它可以对整个画面进行测光，这个测光模式能满足大多数场景的拍摄；第二种测光模式是中央重点平均测光，它是对画面面积的1/3进行测光；第三种是点测光，它对画面3%～5%左右的面积进行测光，这样只是画面中的一个点，因此叫点测光，它是一种精准的测光模式。

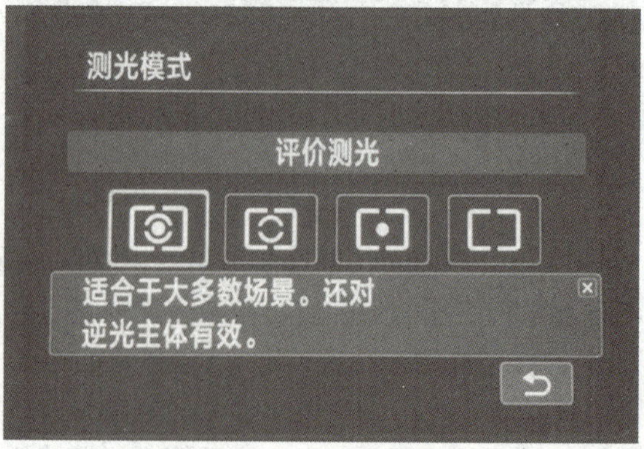

图6-6 相机的测光设置

（5）相机的白平衡设置

白平衡设置一般将其调到“自动白平衡”即可（如图6-7所示），在大部分场景中，它都能准确地还原出真实的色彩。

图6-7　相机的白平衡设置

（6）感光度设置

感光度也就是ISO，一般对感光度调整的原则是“宁低勿高”（如图6-8所示）。在光线好的情况下，尽量把感光度调到最低，这样可以最大限度地保证照片画质的细腻感，此时可将感光度设置为手动，将ISO固定在一个低值；如果环境光线暗淡，就需要手动调高ISO，或者开启ISO自动模式，让相机自己调整ISO值，但需忍受高ISO所带来的噪点烦恼。

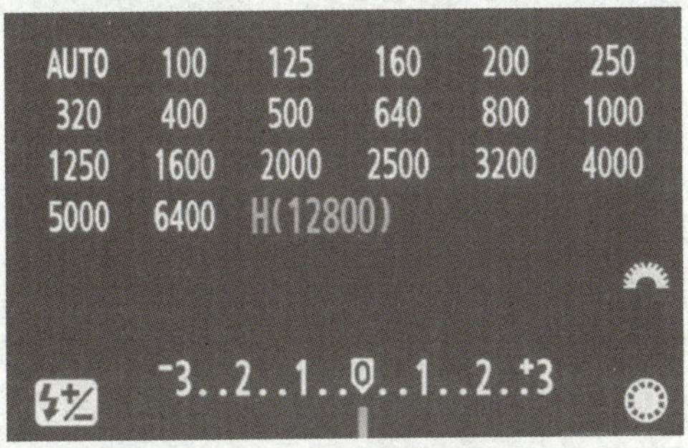

图6-8　感光度设置

（7）曝光补偿设置

当使用程序自动、光圈优先、快门优先等模式拍摄时，就可以使用曝光补偿这个功能（如图6-9所示）。

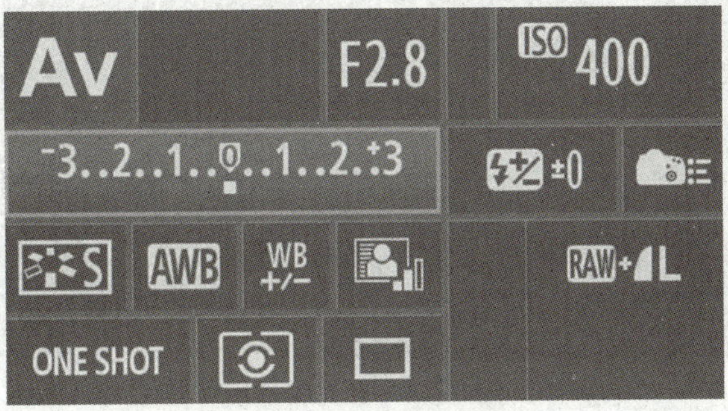

图6-9　曝光补偿设置

通常大多数时候的拍摄场景亮度都是适中的，此时只需将曝光补偿标尺调到0这个位置即可拍出一张曝光正确的照片。当拍摄场景偏暗时，可以增加曝光补偿；当拍摄场景偏亮时，可以降低曝光补偿。

上面说的是明暗度的曝光补偿操作，还有一个色彩黑白度的曝光补偿操作，也就是我们熟悉的“白加黑减”法则。例如在拍摄白色墙壁、白色积雪时，就需要增加1～2档的曝光补偿，如果是拍摄黑色煤场这种场景，就需要减少1～2档的曝光补偿，这样才能还原出真实的色彩，否则拍出来的照片色彩都是灰蒙蒙的。

（8）照片风格设置

现在的相机内置有很多照片风格，我们可以利用这些风格拍出比较另类色彩的照片来（如图6-10所示），但在日常拍摄时建议选择“标准”风格。

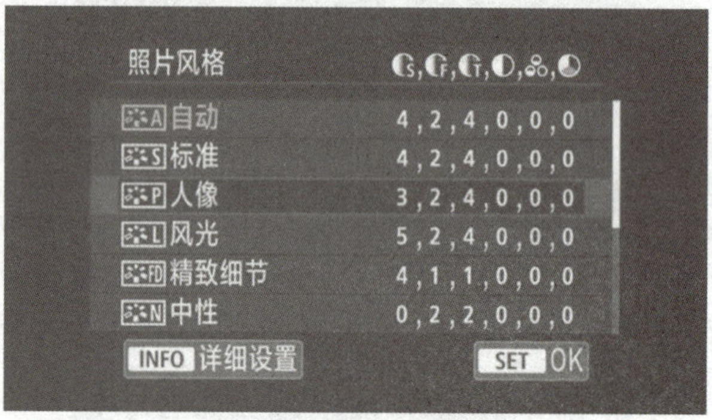

图6-10　照片风格设置

2. 拍摄光线种类

（1）顺光

顺光是指光线投射的方向和镜头的方向一致。

顺光拍摄时，被摄体表面光照最为均匀，最能展现被摄体的细节，但是顺光拍摄光线偏硬，阴影会比较明显，最好选在多云或者阴天进行顺光拍摄，这样拍出来的效果较为柔和，可以避免出现明显的阴影（如图6-11所示）。

图6-11　顺光拍摄图

（2）侧光

侧光是指来自被摄体左侧或者右侧的光线，光线与被摄体和相机呈90度，主要用于拍摄静物、风光、人物摄像等方面。这是一种很好的表现手法，利用侧光拍摄通常能呈现出强烈的明暗对比效果，这样就可以将被摄体更鲜明地展现在画面中（如图6-12所示）。

图6-12 侧光拍摄图

（3）逆光

逆光是指来自被摄体正后方的光线，与镜头方向相对。除了拍剪影外，逆光拍摄还可以将花瓣、树叶、蝴蝶等拍出半透明的效果来，画面非常漂亮（如图6-13所示）。但逆光拍摄很容易造成主体的曝光问题，因此一般情况下尽量避免使用，建议使用侧光或者侧逆光。

图6-13 逆光拍摄图

（4）侧逆光

侧逆光是指来自被摄体斜后方的光线，与镜头保持约135度角的光线。

侧逆光可以使被摄体呈现出明少暗多的画面效果，能很好地将被摄体的层次感和立体感表现出来（如图6-14所示）。用侧逆光拍摄，景物会呈现近暗远亮、近浓远淡的透光效果，可使整个画面更具空间感。

图6-14 侧逆光拍摄图

（5）顶光

顶光是指来自被摄体上方的光线，与被摄体基本垂直。这种光线照在被摄体上反差较大，影调较硬，一般不太建议使用，只有在一些特殊的场景下，为了达到某种视觉效果，才会使用顶光拍摄（如图6-15所示）。

图6-15 顶光拍摄图

3.短视频素材拍摄要求

（1）帧速率

拍摄视频之前，必须将摄像机（或相机、手机等设备）设置好拍摄的帧速率。什么是帧速率呢？视频不同于静态照片，它是由一连串的静态图片连在一起组成的动态影像，其中的一张图片就是一帧，帧速率就是每秒钟视频包含多少静态图片，也就是每秒有多少帧。

（2）视频分辨率

视频分辨率也就是清晰度，它是按照如下标准划分的：标清720×576px；高清1 280×720px；全高清1 920×1 080px；超高清4 096×2 160px。对于自媒体的短视频制作来说，在中国的视频网站上传播，以1 080px全高清的标准拍摄已经足够。

（3）画面比例

在非电影的视频领域，普遍存在的画面比例为16：9与4：3两种，高清以上的视频画面比例均为16：9，而4：3为标清画面比例标准，这是业界统一采用的比例标准，因此，从画面比例就可以区分高清和标清。现在，想要拍摄视频并在互联网传播，如果没有特殊要求，都要采用16：9的画面比例。

知识点2 短视频剪辑工具

1.常用剪辑软件的使用功能

（1）剪映

剪映是抖音官方推出的一款手机视频编辑工具，具有全面的剪辑功能，支持变速，有多种滤镜和美颜的效果，有丰富的音乐资源。主要功能有：

①视频编辑功能

切割：快速分割视频，一键剪切视频。

变速：0.2～4倍速，节奏快慢自由掌控。

倒放："时间倒流"功能，感受不一样的视频。

画布：多种比例和颜色随心切换。

转场：支持交叉互融、闪黑、擦除等多种效果。

贴纸：独家设计手绘贴纸，总有一款适合你。

字体：多种风格的字体、字幕、标题样式任意选择。

曲库：海量音乐曲库。

变声：一秒变萝莉音、大叔音、怪物音。

滤镜：多种高级、专业的风格和滤镜，让视频不再单调。

美颜：智能识别脸型，定制专属美颜方案。

②视频"剪同款"功能

模板类型丰富，大片、卡点、美食、萌娃、创意玩法等多款模板任意选择。操作起来也十分简单，选好模板后点击"剪同款"，上传对应的照片或视频素材即可一键生成炫酷大片。

③视频创作学院

课程内容覆盖脚本构思、拍摄、剪辑、调色、账号运营等多种主题，海量课程，可以满足从新手入门、创作进阶到高阶大神不同阶段的用户诉求。

（2）Adobe Photoshop

Adobe Photoshop简称PS，是由Adobe系统公司开发和发行的图像处理软件，主要用于处理以像素所构成的数字图像。通过使用其众多的编修与绘图工具，可以有效地进行图片编辑和创造工作。PS有很多功能，在图像、图形、文字、视频、出版等方面都有涉及。

（3）Adobe Premiere Pro

Adobe Premiere Pro简称PR，是由Adobe系统公司开发的一款视频编辑软件。

PR提供了采集、剪辑、调色、美化音频、添加字幕、输出、DVD刻录的一整套流程，并和其他Adobe软件高效集成，满足创建高质量作品的要求。PR通常用于视频段落的组合和拼接，并提供一定的特效与调色功能。

（4）Adobe After Effects

Adobe After Effects简称AE，是Adobe系统公司推出的一款图形视频处理软件，是一套动态图形的设计工具和特效合成软件。适用于从事设计和视频特技的机构，包括电视台、动画制作公司、个人后期制作工作室以及多媒体工作室等。

2.常用剪辑软件的使用区别（见表6-12）

表6-12 常用视频剪辑软件的区别

项目	剪映	PS	PR	AE
性质	手机视频剪辑软件	图像处理软件	视频剪辑软件	视频处理软件
功能	切割、变速、倒放、画布、转场、贴纸、字体、曲库、变声、滤镜、美颜等	修图、抠图、图片合成、图片更改、更换颜色、调节图层等	采集、剪辑、调色、美化音频、字幕添加、输出、DVD刻录等	图形视频处理、路径功能、特技控制、多层剪辑、关键帧剪辑、高效渲染效果等
适用	适合新手剪辑	用于平面广告设计、包装设计等	应用于影视剧、栏目包装、广告片、宣传片、短视频制作	适用于从事设计和视频特技的机构，包括电视台、动画制作公司、个人后期制作工作室以及多媒体工作室

知识点3
短视频剪辑

教学微课 6-4

短视频素材剪辑

1.短视频剪辑步骤

（1）熟悉素材

把前期拍摄的素材整体观看一到两遍，做到对每条素材都有大概的印象，方便接下来配合脚本整理出剪辑思路。

（2）整理思路

对素材熟悉之后，结合素材和脚本整理出剪辑思路，也就是整个视频的构架。

（3）镜头分类筛选

将不同场景的系列镜头分类整理到不同的文件夹中方便后期剪辑和素材管理。

（4）粗剪（侧重框架、情节完整）

素材分类整理完成后，从中挑选合适的镜头，按照脚本的结构顺序编辑方案，将挑选出来的镜头组接起来，这样整个视频的结构性剪辑就基本完成。

（5）精剪（侧重节奏、氛围）

在粗剪的基础上，对视频进行精剪。精剪是对视频节奏及氛围等方面进行精细调整，对视频做减法和乘法，减法是在不影响剧情的情况下，修剪掉拖沓冗长的段落，让视频节奏更加紧凑，乘法是使视频的情绪氛围及主题得到进一步升华。

（6）添加配乐、音效

合适的配乐可以给视频加分，是视频风格的重要组成部分，对视频的氛围和节奏也有很大影响，所以说好的配乐对于视频来说至关重要。而音效则是使视频在声音上更有层次。

（7）制作字幕及特效

视频剪辑完成后，就需要给视频添加字幕及特效，有时特效的制作会和视频编辑一起进行。

（8）视频调色

在所有的编辑工作完成后，需要对视频进行颜色统一校正和风格调色，一般由专业的调色师来完成。

（9）渲染输出视频成品

将剪辑好的视频渲染后输出，也就是导出视频成片。

2.短视频封面制作

（1）短视频封面类型

①颜值封面

顾名思义，颜值封面就是把普通封面美化成视觉效果更好看的封面（如图6-16所示）。这类封面一般都是画风优美，给人赏心悦目的感觉。主要操作点是画面的呈现要好看、吸引人，可主要应用于美食类或者旅行风景类短视频。

图6-16　颜值封面示例

②截图封面

这种封面类型是把整个短视频中有趣或重要的画面定格设为封面（如图6-17所示），这样给观众的感觉直截了当。简单明了的核心信息，可以直抵用户内心，迅速抓住用户的注意力，吸引感兴趣的观众点击。使用这类封面时，建议总结好核心内容，把关键字简洁地设置在封面上。针对画面的选择，这里提供两点建议供参考：第一，虽然是片段画面，但要保证内容的完整；第二，封面中的配文要有吸引力、有趣味，如果关键字没有抓住用户的眼球，就很难吸引观众点进去观看。

图6-17　截图封面示例

③悬念封面

这种封面是通过在封面上添加神秘的文字标题或人物画面从而设置悬念、引发联想（如图6-18所示）。悬念设得好，用户就会想要在视频里面寻找答案，自然而然就会点进去。这类封面的重点在于标题，例如“惹怒朋友的下场竟然是这样？”“快速找到工作的方法你学会了吗”“新同学不为人知的秘密”等。

图6-18　悬念封面示例

④借势封面

借势就是对最新近的新闻事件及热点话题进行发挥运用，借势到自己的视频内容中（如图6-19所示）。热点事件往往会有很高的关注度，此时的热点就是流量的中心，可以借此机会为自己带来更多的流量，例如“‘晋商孙二娘’这样介绍山西”就是典型的借势封面。

图6-19　借势封面示例

⑤叙述封面

叙述封面就是把短视频主旨用简短的话语叙述出来，让观众一眼就知道整个视频表达什么，这种类型的封面会让很多观众看着很舒服，点进去也不会觉得跳戏，如果是他们感兴趣的内容，他们还会持续地关注你（如图6-20所示）。这种封面基本上是“图片+文字”的形式，以第一人称视角来进行总结，例如“太岁到底是什么”“同一件衣服不做发型和简单造型后的区别”“五个生活小常识你以后绝对用得到”。

图6-20　叙事封面示例

（2）封面文案的6种写法

①总结型

总结型文案就是对短视频进行简单的总结，将视频中比较核心的观点或者数据进行提炼，吸引用户对视频产生兴趣，留下来继续观看。

关键词：数字、集合、盘点、全套、榜单、清单……

例如：盘点让人泪崩的正能量瞬间（如图6-21所示）。

图6-21 总结型文案示例

②连载型

简单来说这种类型就是设计一个系列，就像是连续剧一样，能够吸引用户产生兴趣的同时还能让用户对该账号保持持续的关注。

关键词：系列、话题、坚持分享、当×××的第N天……

例如：坚持带饭上班第四十九天（如图6-22所示）。

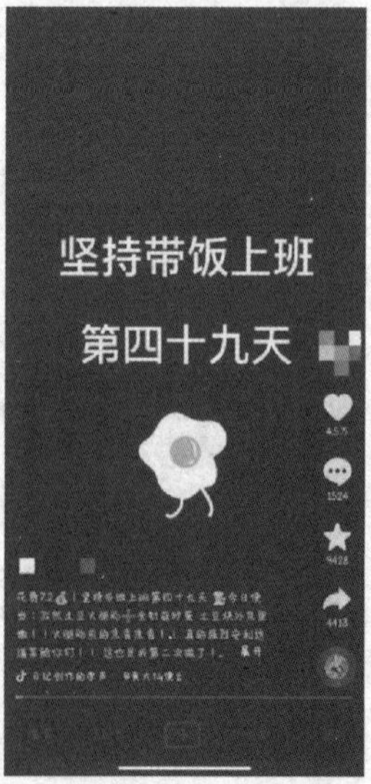

图6-22 连载式文案示例

③疑问型。

让用户参与到互动当中是一种效果很好的方式，只要用户被这样的问题吸引，大概率会让他产生点击观看甚至留言评论的冲动。

关键词：为什么？怎么样？如何？你认为？怎么做？……

例如：这个怎么办才好呢（如图6-23所示）。

图6-23　疑问式文案示例

④假设型

利用假设进行短视频封面文案撰写，就是创设一个情境给用户，让他们产生代入感——“如果我……”，然后对视频产生兴趣。

关键词：假如、假设、如果、难道、应该怎样玩/追/做……

例如：如果你有空气炸锅（如图6-24所示）。

图6-24　假设型文案示例

⑤对比型

如果视频内容涉及两个或者多个事物的对比，那么就可以直接在封面当中进行体现，使观众一目了然。

关键词：VS、PK、区别、不同……

例如：华为Mate 50系列 VS iPhone 14 系列（如图6-25所示）。

图6-25　对比型文案示例

⑥明星背书型

利用背书进行短视频封面文案撰写就是利用明星效应或者从众心理，为产品增加可信度，也让用户产生兴趣，想要看看到底是什么。

关键词：同款、大家都在看、传闻……

比如：董宇辉游山西悬空寺，“恐高”的他是这样走完全程（如图6-26所示）。

图6-26　明星背书型示例

3.优秀短视频标准

（1）画质清晰：分辨率不低于720px。

（2）文字不遮挡关键信息：如商品细节等。

（3）保证音质良好：人声清晰稳定，无背景杂音。

（4）背景整洁美观：如档口或生产车间应避免杂乱画面。

（5）画面稳定：避免画面频繁抖动晃动。

（6）鼓励真人出镜：真人口播优于AI配音。

（7）前三秒留人：能够迅速抓人眼球，让人想要看下去。

行业案例6-2

不用放味精就能提鲜的盐你还没用过？

视频标题：不用放味精就能提鲜的盐你还没用过（如图6-27所示）？

品类：食盐　　　素材类型：单人口播　　　时长：21秒

点击率：A　　　点击转化率：A　　　曝光转化率：A

图6-27　单人口播短视频截图

视频内容

·话题吸引：不放味精就能提鲜的盐，你家吃过吗？

·原产地展示：源自纯净无污染的茶卡盐湖。

·成分展示：只有日晒盐这一种成分、17种天然氨基酸。

视频亮点

·开篇提出问题，与我们印象中“不健康”的味精对比，触达用户关注食品安全的痛点，吸引观众停留。

·选用了原产地画面，增加了信任度。

·真实展示产品包装和成分表，再次增加信任度。

点击数据分析

在视频播放的第8秒出现第一波点击高峰，对应视频中的原产地说明和美丽风景画面，增强了信任感和吸引力（如图6-28所示）。

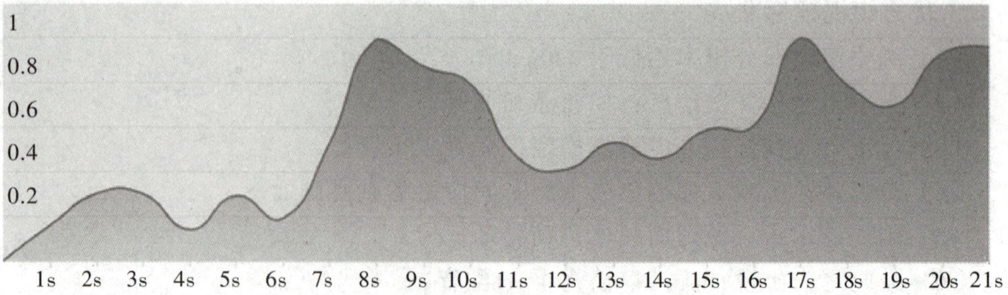

图6-28 视频点击数曲线图

在第17秒出现第二次点击高峰，对应痛点触达话术。

案例思考：短视频已经渗入到消费者的生活中，但短视频能否吸引粉丝，取决于拍摄内容的趣味性及拍摄手法，请分析短视频拍摄具体需要注意哪些方面？又有哪些拍摄方法？

任务操作

任务名称

为PROIRON品牌的王牌产品哑铃拍摄并制作短视频。

任务目标

- 为PROIRON品牌的王牌产品哑铃拍摄视频素材；
- 为PROIRON品牌的王牌产品哑铃设计视频封面和封面文案。

任务计划（见表6-13）

表6-13 任务计划书

序号	任务指标	任务详情	任务结果
1	掌握短视频素材拍摄的方法	为PROIRON品牌哑铃选择适合的拍摄设备，并完成素材拍摄	1.制作PPT 2.将任务完成结果进行汇报展示
2	掌握短视频剪辑软件的使用方法	分析各剪辑软件的功能，选出适合于本任务的剪辑软件	
3	掌握短视频剪辑的方法	针对已拍摄的视频素材进行剪辑，完成短视频制作	

任务实施

1. 自主查阅资料和记录

根据任务背景与任务目标，提前查阅相关文献及资料，将自学时遇到的疑难问题或灵感启发记录在表6-14中。

表6-14　　　　　　　　　　　　自学记录表

序号	疑难问题/灵感启发

2. 人员分组和任务安排

阅读任务计划，理解任务计划中的任务要点及实践要求。根据任务计划，学生自行进行人员分工和任务安排，并将小组成员名单记录在任务分组表（见表6-15）中，以小组的形式完成本任务学习目标。

表6-15　　　　　　　　　　　　任务分组表

组名			组长	
组员信息	组员姓名	组员学号	组员姓名	组员学号
任务安排				
备注				

3.工作思路与流程

步骤一：分析PROIRON品牌哑铃的特点，并合理选择拍摄设备和拍摄方法。

产品特点：____

____

____

拍摄设备：____

____

____

拍摄光线：____

____

____

步骤二：进行视频封面设计。

封面设计描述：____

____

____

封面文案设计：____

____

____

步骤三：进行视频剪辑与制作。

剪辑软件：____

____

____

剪辑过程：____

____

____

作品效果：____

____

____

4.任务实施结论

____

____

____

____

任务评价

评价方式采用多元化评价，评价主体由学生、小组、教师和企业构成，评价标准、分值及权重如下：

1.学生以小组为单位，对本任务的实施过程与结果进行互评，将互评结果填入小组互评表（见表6-16）。

表6-16　　小组互评表

评价内容	评价标准	分值（分）	评分（分）
团队建设	团队合作紧密、互帮互助	10	
	工作态度端正、作风严谨	15	
	遵守法律法规和工作准则	10	
工作情况	计划制订周密、组织有序	15	
	按计划、高效率完成工作	20	
	工作成果完整且质量达标	30	
合计		100	

2.教师对小组任务实施的过程与结果进行评价，将评价结果填入教师评价表（见表6-17）。

表6-17　　教师评价表

评价内容	评价标准	分值（分）	评分（分）
专业能力	能准确描述短视频拍摄所需器材及要求	15	
	能掌握不同剪辑软件的功能并合理选用	10	
	能运用剪辑软件完成视频剪辑与制作	15	
完成情况	按时完成任务目标	10	
	工作成果质量达标	20	
	熟练掌握工作技能	10	
职业素养	学习认真、严谨、自律	10	
	积极参与课堂讨论展示	5	
	课堂认识及时复盘总结	5	
合计		100	

3.企业对小组任务实施的过程与结果进行评价，将结果填入企业评价表（见表6-18）中。

表6-18　　企业评价表

关键考核指标	分值（分）	评分（分）
能对短视频拍摄的要求及方法有清晰的认知	20	
能完成PROIRON产品宣传短视频拍摄	40	
能完成PROIRON产品短视频剪辑	40	
合计	100	

4.根据上述结果填写综合评价表（见表6-19）。

表 6-19 综合评价表

小组互评（20%）	教师评价（50%）	企业评价（30%）	综合评价

任务 3
短视频引流变现

教学微课
6-5
短视频引流变现

任务要求

1. 理解短视频引流的方法和策略
2. 掌握海外短视频的变现方式
3. 掌握引流短视频的制作与运营方法

任务情境

短视频创作者在完成短视频的拍摄与剪辑优化后，接下来就要将其发布了。短视频最终的目的是变现，从而实现其商业价值。PROIRON 品牌计划借助短视频的热度为大学生直播活动预热和引流，以实现短视频的流量变现。

知识链接

知识点 1
短视频引流策略

1. 短视频引流方法

要想在发布短视频后获得较高的流量，创作者在发布视频时可以利用以下方法提升推广效果。

（1）添加话题标签

话题通常以“#+短语”的形式体现。话题的种类十分丰富，如与某个流行事件挂钩的事件话题、与某个活动挂钩的活动话题、与某个主题挂钩的主题话题等（如图 6-29 所示）。

以抖音为例，在抖音 App 的“发布”页面中，标题编辑框下方有两个选项，即“#添加话题”和“@朋友”，点击“#添加话题”后，标题编辑框中会出现“#”符号，然后输入关键词，页面上就会出现与关键词相关的话题，选择一个合适的话题，即可完成添加话题标签的操作。

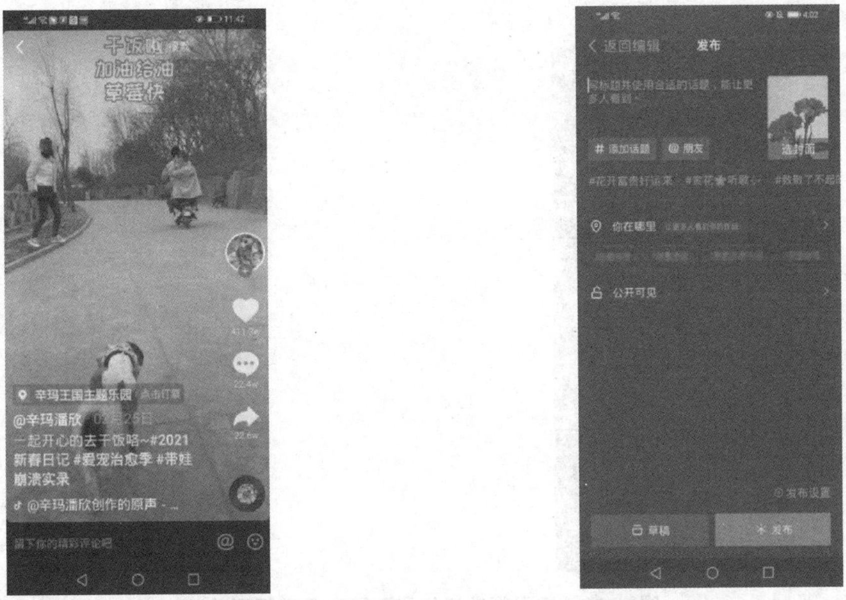

图6-29　短视频话题标签页面和添加页面截图

（2）添加@好友

在发布短视频时，创作者可以添加@好友，让平台内其他账号推荐自己的账号，这是平台中异号推广的功能（如图6-30所示）。如果关注者有兴趣，可以直接点击“@+账号”进入对方的账号，观看对方账号的视频内容，或者关注对方账号，进而转化成为对方账号的粉丝。

图6-30　短视频@好友页面和添加页面截图

以抖音为例，短视频创作者在抖音App的“发布”页面中进行设置时，点击“@朋友”按钮，从关注的抖音账号中选择一个好友即可。

（3）添加地理位置

用户在浏览短视频时会发现，在视频左下角的账号名称上方有时会显示地址信息（如图6-31所示）。

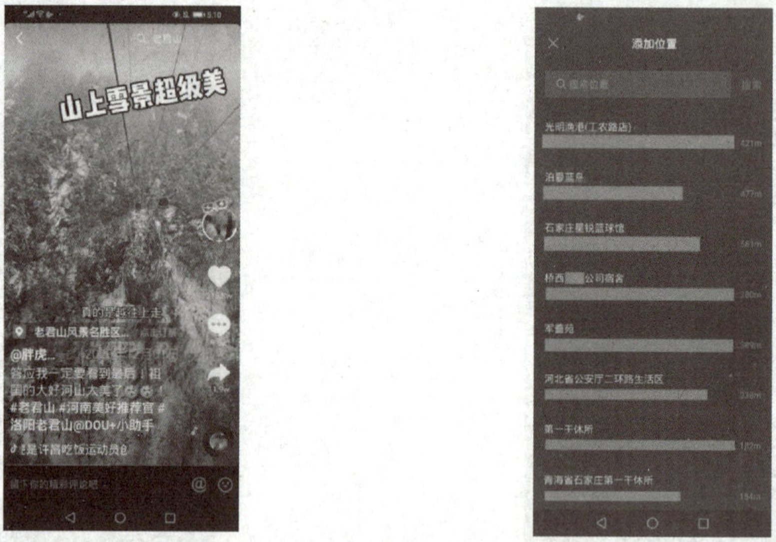

图6-31 短视频地理位置页面和添加页面截图

以抖音为例，短视频创作者在抖音App的“发布”页面中进行设置时，设置好标题，添加话题标签，添加@好友后，下一步就是设定位置信息，点击下方“你在哪里”的文字就会打开“添加位置”页面，然后根据需要进行选择即可。

（4）私信引流

私信引流是利用系统的私信功能进行精细化的、一对一地引流“吸粉”，这种方法虽然效率低，但是精准度很高（如图6-32所示）。

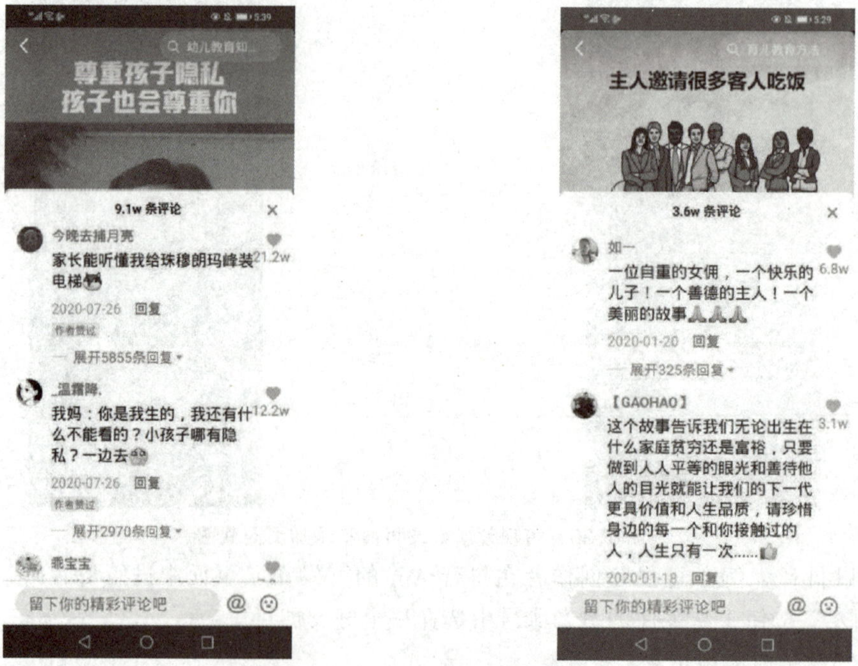

图6-32 短视频评论区截图

以抖音为例，短视频创作者首先要找到定位相似的账号，筛选出粉丝量较多的账号，找到相关视频后浏览评论区，在评论区中选择需求比较强烈的用户，给对方发私信。

（5）参与挑战赛

很多短视频平台都有挑战活动，这些活动自带巨大流量，例如，抖音推出的话题挑战赛，每天都有各种热门话题和挑战活动，鼓励用户积极参加（如图6-33所示）。

参与话题挑战赛，主要是跟拍网友们的同款视频，最后看谁拍的效果更好、点赞数更高。这是一种带有娱乐竞赛性质的活动，可以起到很好的推广作用。

图6-33　参与挑战赛账号的短视频展示页面

行业案例6-3

“开启美好吉祥年”王老吉·抖音超级挑战赛

1.活动背景

（1）抖音挑战赛已成为各品牌短视频营销的一项利器。自抖音平台2017年7月上线挑战赛功能以来，经历了1年6个月的发展，挑战赛凭借动辄亿级的流量吸附力已成为抖音平台最具商业价值的营销产品。因抖音为其加码开屏、热搜、信息流、定制贴纸等多重流量入口资源，更是让挑战赛将流量、社交、用户三大价值汇聚一身。

（2）王老吉品牌注重年轻消费市场，在意品牌“吉文化”理念的打造。王老吉已成立190年，如何把握住90后消费人群，让品牌焕发年轻活力，是王老吉近些年一直探索实践的一个目标。

于是，2018年王老吉首度启用明星代言人：周冬雨和刘昊然，开启年轻对话“新姿势”，并基于产品、营销、品牌等全渠道策略，实现品牌的年轻化，积极对话新生代。

在2019年春节来临之际，王老吉希望利用春节这个中国最大的“吉场景”和春节拜年这一最大的“吉行为”，来撬动抖音上的目标用户——社会新鲜人的关注，通过在抖音发起竖屏共创大赛和超级挑战赛这一连贯的动作，成功沟通抖音年轻用户，以拉动王老吉的春节礼品装销量！

2.优秀短视频

视频一：网红“彭××××”

这条视频被选为此次挑战赛的示例视频，《吉运当头》音乐配合可爱的手势舞，头顶比心出现“吉运当头”贴纸，手指比心会出现撒红包和金苹果特效，再配合上个人特色的换装，为挑战赛增添了玩法和乐趣（如图6-34所示）。

图6-34　网红“彭××××”王老吉挑战赛视频截图

视频二：网红“黑×”

在视频中，主人公通过镜头前后的视角错觉，与镜头中出现的大手博弈，通过自己协调的身体控制力，展现镜头与表演者的默契配合，用有趣的技术流演绎配合手势舞，向粉丝们展示了这段充满年味的吉祥祝福（如图6-35所示）。

图6-35　网红“黑×”王老吉挑战赛视频截图

视频三：网红“吃×××”

视频中的主人公以王老吉为剧情道具，用一段搞笑对话引入王老吉，之后配合

《吉运当头》的背景音乐再现手势舞，整个互动非常有趣（如图6-36所示）。

图6-36　网红“吃×××”王老吉挑战赛视频截图

令人惊喜的是，除了品牌主投放的众多高影响力的网红达人进行示范外，这次挑战赛还吸引了抖音上其他共计1 722个粉丝量超过10万的达人，主动地参与到这次话题挑战中来。

3.活动效果

在1月10日到1月16日挑战赛进行期间，“王老吉#开启美好吉祥年”话题下的视频播放总量超过35亿，参与人数超过33.5万，截止到3月12日，在长尾流量的加持下，该挑战赛的总计播放量已经达到了62.1亿，参与人数超过48万，位列挑战赛播放量总播放榜第二名（如图6-37所示）。

图6-37　“王老吉#开启美好吉祥年”话题参与者截图

后台数据显示，在挑战赛进行的连续两周里，“吉祥”成为抖音平台的热点词，其话题“#开启美好吉祥年”也成为平台热议话题，由抖音头部大V为王老吉量身创作的音乐《吉运当头》也成为热门配乐。

通过使用后台数据，分析品牌投放的TOP13的网红达人背后的人群画像，发现其与王老吉的目标用户TA高度契合，年龄集中在18到30岁之间，男女用户比例也基本一致。而王老吉品牌目标TA——“社会新鲜人”也集中在19到28岁之间，二者高度一致。说明了目标传递的精准，也进一步带动了王老吉礼品装的春节大促！

资料来源：佚名.“开启美好吉祥年”王老吉·抖音超级挑战赛［EB/OL］.［2019-06-26］. https://www.sohu.com/a/323173855_483768.

案例启示：抖音挑战赛等形式为短视频引流注入了新的血液，挑战赛通过达人及话题新颖度吸引不少粉丝参与到挑战赛之中，进行挑战赛视频拍摄，从而引起话题，吸引更多流量。

2.短视频账号矩阵引流

短视频账号矩阵，是指短视频创作者同时创建并运营多个短视频账号的形式，每个账号的运营侧重点有所不同，但账号与账号之间存在某种联系，能够实现相互导流，从而提高短视频创作者的粉丝总量。短视频账号矩阵主要包括单平台账号矩阵和多平台账号矩阵。

短视频创作者使用矩阵化运营，不仅可以提升自身或品牌的影响力，还可以形成链式传播，增加粉丝数量，进行内部引流。

（1）单平台账号矩阵

单平台账号矩阵是指短视频创作者在同一个短视频平台上创建多个不同的、存在某种关联的短视频账号的形式。

①单平台账号矩阵的运营模式有蒲公英型矩阵、1+N 型矩阵、AB 型矩阵等。

②账号之间的引流目前有下列几种情况：

a.在账号简介中展示其他账号。

b.在短视频内容简介中@其他账号。

c.在评论区进行互动。

d.关注矩阵中的账号。

③构建单平台账号矩阵的注意事项：

a.每个账号要有不同的内容定位。

b.每个账号之间具有一定的关联。

c.每个账号风格要一致。

（2）多平台账号矩阵

多平台账号矩阵是指短视频创作者在多个短视频平台上创建短视频账号，在发布短视频时，多个平台同步分发的形式。一般来说，多平台账号矩阵是多平台同账号矩阵，即短视频创作者在不同的短视频平台上创建名字相同的短视频账号，这样便于粉丝识别短视频创作者。

多平台账号矩阵运营有以下技巧：

①寻找适配平台。

②引导流量交流。

③维系平台联系。

（3）账号矩阵管理

短视频创作者可以依据 PRAC 营销理论实施账号矩阵管理：

①平台（Platform）管理。

平台管理是指短视频创作者负责主账号的长期管理与规划，并通过控制管理其余账号的形式实现矩阵式发展，促进多个账号联动“涨粉”。

②关系（Relationship）管理。

关系管理是指短视频创作者除了管理自己控制的几个账号之间的关系，还要经营自身账号同其他短视频账号的关系，甚至包括与平台官方的关系。

③行为（Action）管理。

行为管理是指短视频创作者对“吸粉”引流、品牌推广、产品营销等行为进行有效管理和运营操作。

④危机（Crisis）管理。

短视频创作者要严格审核内容，有效引导舆论，及时疏导粉丝的不良情绪，处理不满言论，解决账号危机，并避免危机进一步扩大。

知识点2 短视频变现方式

海外短视频TikTok现在无疑是全球增长最快的社交App平台，流量巨大，可以通过以下方式变现（如图6-38所示）：

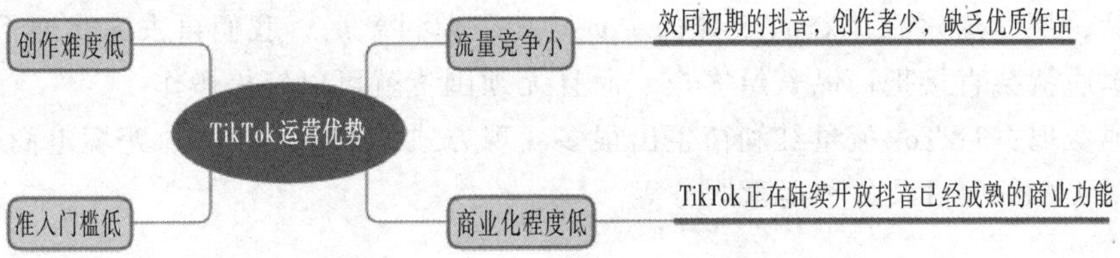

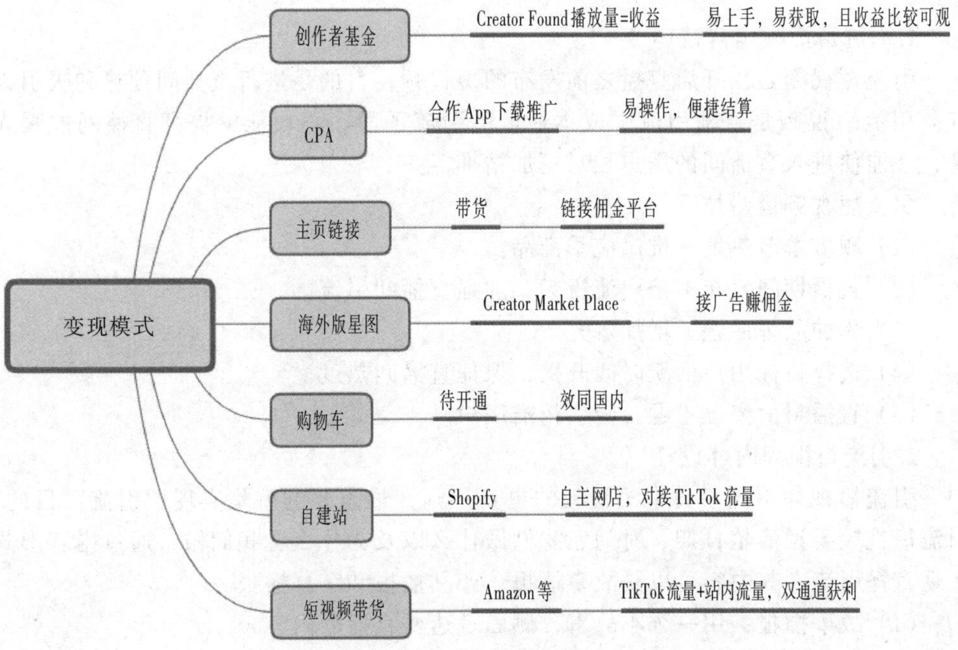

图6-38　TikTok短视频变现方式

短视频带货：TikTok视频带货目前已经比较成熟了，在主页挂上店铺的链接，通过产品视频引流，优势是“上架就能卖”，这是目前比较主流的变现方式。

广告佣金：跟抖音一样，当积累了一定数量的粉丝成为网红达人后，就可以接广告变现，如测评、视频种草、参加活动等，粉丝数量超过10万还可以开通Creator Market Place（类似于国内星图），这样会有更多的品牌合作方找你接广告。

直播打赏：熟悉这类App的人都知道，国内在快手、抖音等平台上，很多网红靠打赏赚得盆满钵满。所以如果你有一定的才艺，也可以在TikTok上直播，通过粉丝的打赏实现变现。

分销佣金：所谓分销佣金就是选好合作平台和产品，然后把产品链接挂到主页，接着通过视频的播放量带动成交。除了亚马逊和速卖通这些传统跨境平台，独立站也可以做分销。因为产品价差大，又没有平台抽成，独立站反而可以给出非常高的佣金。如果做得好，光佣金一天就能赚500～600美元。

自建商城赚商品差价：与分销相对的就是，我们可以自建商城赚取商品差价，和国内的1688App一样，有速卖通一件代发海外的订单。搭建好网站后，上传速卖通的商品，用户通过在TikTok上挂的主页链接下单付款后，我们再去速卖通下单，这样速卖通就会直接把商品寄给客户，而且无须囤货就可以轻松操作。

其他变现：TikTok流量红利衍生出很多变现方式，如账号出售、跨境电商引流带货、CPA/CPS项目及各种运营服务等。

知识点3
引流短视频运营

1.引流短视频运营技巧

引流短视频是在开启直播之前发布的短视频，目的是进行直播间预热和吸引人气。引流短视频是直播引流中成本最低的引流手段，不仅能够提高直播间的曝光度，还能使进入直播间的用户相对更加精准。

引流短视频运营技巧：

（1）顺应季节热度，推广应季商品。

（2）直播期间发布多条引流视频，加强直播间引流。

（3）添加品牌话题，增加曝光。

（4）选择目标用户活跃时间开播，保证直播间热度。

（5）直播封面突出主题，吸引精准用户。

2.引流短视频内容设计

引流短视频不同于日常短视频的更新规则，最重要的就是实现“引流”目的。引流短视频要说清楚日期、时间、我们做什么以及为什么看我们做，通过内容形式实现直播引流，其内容可以是故事播报、产品播报和字幕播报。

（1）故事播报：用一个小故事，侧面表达要直播的内容。

（2）产品播报：引流视频中要包含明确的产品介绍画面，体现产品的各个细节，让大家产生想要进入直播间购买的欲望。

（3）字幕播报：不需要任何的话术，用一个BGM展示产品的内容即可，直接通过视频中的字幕展示主要内容。

3.引流短视频制作模板

引流短视频在发布时间、发布内容、发布形式等方面都有模板可以依照，最常见的引流短视频模板见表6-20。

表6-20　引流短视频模板

	作用	举例
开头部分	吸引人、留人，让观众愿意继续往下看	"别划走，你知道我要说什么吗？"（用语言和夸张的表演，让观众产生好奇）
主体部分	明确"我们是做什么的，我们的优势是什么"	"我想说的是我们之前全做错了，我必须告诉大家正确的××方式"
提示部分	体现真正跟直播有关的信息	"×月×日×点来我直播间，会有意想不到的惊喜"
结尾部分	引导点赞、关注等互动行为	"点赞收藏，不见不散"

任务操作

任务名称

为PROIRON品牌哑铃选择短视频变现方式并设计直播引流短视频。

任务目标

- 结合哑铃的商品特点和短视频引流的相关知识，选择适合的引流方法和变现方式。
- 为哑铃商品的直播活动设计引流短视频。

任务计划（见表6-21）

表6-21　任务计划书

序号	任务指标	任务详情	任务结果
1	掌握短视频引流推广的策略及其优势	结合哑铃产品的特点，合理选择引流方法	1.制作PPT 2.将任务完成结果进行汇报展示
2	选择短视频引流的变现方式	为哑铃产品的短视频选择变现方式	
3	设计直播引流短视频	结合哑铃产品，设计有效的引流短视频为直播间引流	

任务实施

1.自主查阅资料和记录

根据任务背景与任务目标，提前查阅相关文献及资料，将自学时遇到的疑难问题或灵感启发记录在表6-22中。

表6-22 自学记录表

序号	疑难问题/灵感启发

2.人员分组和任务安排

阅读任务计划书，理解任务计划中的任务要点及实践要求，根据任务计划，学生自行进行人员分工和任务安排，并将小组成员名单记录在任务分组表（见表6-23）中，以小组的形式完成本任务学习目标。

表6-23 任务分组表

组名			组长	
组员信息	组员姓名	组员学号	组员姓名	组员学号
任务安排				
备注				

3.工作思路与流程

步骤一：理解短视频引流的不同策略，为哑铃产品选择合适的引流策略。

引流方法：______________________________

____

____

阐述理由：______________________________

____

____

步骤二：选择适合于PROIRON品牌产品哑铃的变现方式，并阐述理由。

选择变现方式：______________________________

____

____

阐述理由：______________________________

____

____

步骤三：为下一场PROIRON品牌哑铃直播活动设计引流短视频。

开头部分：______________________________

____

主题内容：______________________________

____

提示部分：______________________________

____

结尾部分：______________________________

____

4.任务实施结论

____

____

____

____

任务评价

评价方式采用多元化评价，评价主体由学生、小组、教师和企业构成，评价标准、分值及权重如下：

1.学生以小组为单位，对本任务的实施过程与结果进行互评，将互评结果填入小组互评表（见表6-24）。

表 6-24 小组互评表

评价内容	评价标准	分值（分）	评分（分）
团队建设	团队合作紧密、互帮互助	10	
	工作态度端正、作风严谨	15	
	遵守法律法规和工作准则	10	
工作情况	计划制订周密、组织有序	15	
	按计划、高效率完成工作	20	
	工作成果完整且质量达标	30	
合计		100	

2.教师对小组任务实施的过程与结果进行评价，将评价结果填入教师评价表（见表 6-25）。

表 6-25 教师评价表

评价内容	评价标准	分值（分）	评分（分）
专业能力	能根据健身器材类产品选择短视频引流策略	15	
	掌握海外短视频变现方式	10	
	能为直播活动设计引流短视频	15	
完成情况	按时完成任务目标	10	
	工作成果质量达标	20	
	熟练掌握工作技能	10	
职业素养	学习认真、严谨、自律	10	
	积极参与课堂讨论展示	5	
	课堂认识及时复盘总结	5	
合计		100	

3.企业对小组任务实施的过程与结果进行评价，将结果填入企业评价表（见表 6-26）中。

表 6-26 企业评价表

关键考核指标	分值（分）	评分（分）
能够为 PROIRON 品牌产品使用恰当有效的引流方式	30	
能够根据 PROIRON 产品特点选择有效的变现方式	30	
能够为 PROIRON 产品设计引流短视频	40	
合计	100	

4.根据上述结果填写综合评价表（见表 6-27）。

表6-27 综合评价表

小组互评（20%）	教师评价（50%）	企业评价（30%）	综合评价

职业素养指南 向世界讲好中国故事 短视频大有可为

新媒体时代下，异军突起的短视频凭借其精简直观的内容呈现、高效而碎片化的传播形式、丰富多元的传播主体等优势，已然成为大众更加喜闻乐见的信息传播手段，对于传统传播延伸其话语空间、提升内容传播效果具有积极作用。

消除"三差"问题

讲好中国故事、传播好中国声音，展示真实、立体、全面的中国，是加强我国国际传播能力建设的重要任务。同时，构建具有鲜明中国特色的战略传播体系，着力提高国际传播影响力、中华文化感召力、中国形象亲和力、中国话语说服力、国际舆论引导力，这"五力"明确了新时期加强国际传播能力建设的主要任务。

在此形势下，做好国际传播工作，关系到为我国改革发展稳定营造一个有利的外部环境这一大局。近年来，我国新闻舆论阵线高度重视提升国际传播能力，努力自塑中国形象。但不可否认，信息流进流出的逆差、中国真实形象和西方主观印象的反差、软实力和硬实力的落差等"三差"问题依然存在。因此，在借助短视频更好地"传递中国声音，塑造国家形象"方面，我们有必要从小切口入手，积小成大，积点成面，塑造立体多元的国际传播体系。

多年来，为加强国际传播能力建设，我国新闻舆论阵线积极创新内容生产，拓展传播渠道，优化组织模式。而今短视频横空出世，其所具有的社交化、移动化、个性化特征，使其成为讲好中国故事、展现立体中国的最佳载体之一。

思想和思维同步接轨

国际传播的市场需求非常大，"出海"是一种趋势。我们需要从内容做起，在思想和思维上跟国际接轨。内容方面，短视频的生产主体大多为个体，这在很大程度上规避了政府宣传在跨文化、跨意识形态受众心中的戒备和壁垒，更有利于国外受众了解中国目前的个人生活样态和文化理念。短视频中携带的中国符号，有利于改变外国受众对中国的认知，使其形成完善的中国形象，客观上对提升中国国家软实力有更为积极的作用。

短视频时代下，以内容为王的PGC（专业生产内容）产品应成为对外传播的重要手段，提高视频制作质量，优化视频内容呈现有助于提升国内主流媒体在国际社交媒体平台上的传播效力。

也正由于短视频内容大多由个体创作或呈现，因此，一般没有传统视频的宏大叙事，也较少涉及敏感因素，而更多选用搞笑段子、生活片段记录、美食分享等小主题。这些内容更易传递中国接地气的形象，更容易引起外国受众共鸣、共情、共振。短视频文本具有平民化的特点，叙事视角更适应人际传播趋势，具备良好的国际传播潜力。

李子柒、阿木爷爷、浙江竹编大叔等民间达人火爆全球，成为国际社会了解中国的重要窗口，为解决长期困扰我们的“三差”问题提供了重要启示。2020年，围绕新冠疫情，短视频平台发起居家抗疫的相关活动，以短视频形式记录中国人在隔离生活中寻找快乐的点滴事件，通过短视频平台海外版等平台流入美国，在意见反馈中达成了对抗击疫情的共识，发挥了促成中美两国认知共识的纽带作用。

此外，短视频平台基于个人喜好赋予标签，具有选择“不感兴趣”即可播放下一条的特性，这使得在国际传播中不能引起外国受众兴趣的短视频自然被“沉淀”，因此，在选择上减少了目标受众的厌烦心理，能真正地实现潜移默化，这种特性客观上解决了渠道建设问题。

有序培养专业团队

在组织方面，依托专业媒介组织，擅长短视频叙事的传媒团队正在有序培养中。在国际传播过程中，传统专业媒介组织与短视频制作团队正实现双向融合。从专业媒介组织中分离出专业的短视频制作人才已开始依托媒介组织的资源进行创作，各平台方创新扶持优秀内容创作者，引导他们利用擅长的表达方式携带更多的中国文化符号，生产出更多为海外受众所喜闻乐见的文化产品。

要获得海外受众的认可，必不可少的传播策略是本土化。主流媒体可以利用大数据构建用户画像，进而精准定位核心用户群体，分析受众内容偏好，适当增加备受海外用户喜爱的涉及中华文化、娱乐议题的视频。同时应当注意的是，本土化不仅体现在视频内容，也应当体现在视频本身的属性。具体而言，视频的发布与评论区互动应当更加贴合海外用户的活跃时间；视频中的英文字幕应当符合海外受众的观看习惯，可以将部分视频的中英文字幕位置予以调换。在这方面，我国主流媒体关注较少，并未有意识地选取特定发布时间，或是对字幕位置作统一化处理，因而也在一定程度上削弱了视频的传播效果。

资料来源：中国新闻出版广电报. 向世界讲好中国故事 短视频大有可为. [EB/OL]. [2022-01-13]. http://www.zgjx.cn/2022-01/13/c_1310421798.htm.

项目小测

项目小测 6

1. 以下不属于短视频选题的维度的是（　　）。

A. 频率　　B. 难易　　C. 差异　　D. 剧情

2. 提炼产品卖点的方法有（　　）。

A. 从产品的功能角度　　B. 突出产品品质

C. 强调产品包装　　D. 讲述产品特性

3. 下列属于短视频拍摄素材要求的是（　　）。

A. 帧速率　　B. 视频分辨率　　C. 视频格式　　D. 画面比例

4. 下列不属于视频剪辑软件的是（　　）。

A. PS　　B. PR　　C. AE　　D. 剪映

5. 引流短视频的内容形式包括（　　）。

A. 故事播报　　B. 产品播报　　C. 字幕播报　　D. 内容播报

7

项目 7

跨境电商直播风险管理

学习目标

知识目标

1. 认识跨境电商直播风险的类型
2. 了解跨境电商直播风险产生的原因
3. 掌握跨境电商直播风险发生后的处理方法
4. 掌握跨境电商直播风险的预防方法

技能目标

1. 能够辨识跨境电商直播风险的类型
2. 能够分析跨境电商直播风险的产生原因
3. 能够采用一定的方法预防跨境电商直播风险
4. 一旦出现跨境电商直播风险，能够采取措施有效控制风险

素养目标

1. 通过学习跨境电商直播风险，引导学生树立实事求是、诚信为本的经营理念
2. 通过学习预防跨境电商直播风险，引导学生树立居安思危、知危图安的忧患意识
3. 通过学习跨境电商直播风险的预防和处理方法，引导学生树立风险意识、法律意识、诚信意识

动画 7-1

跨境电商直播风险管理

项目描述

PROIRON品牌计划进军跨境电商直播市场，虽然针对跨境电商直播行业进行了学习和摸索，做了大量的准备工作，知道跨境电商直播存在很大的风险，但对具体有哪些风险不甚清楚，对直播中容易出现的风险点也不够了解。看到别的企业在直播时“翻车”导致损失惨重，PROIRON品牌在对开展跨境电商直播业务跃跃欲试的同时又有些胆怯。

接下来，PROIRON品牌团队将系统分析开展跨境电商直播面临的风险，充分认识风险的类别，进一步剖析产生风险的原因；对于已经发生的风险，直播团队该如何应对才能及时止损；团队又该如何对未发生的风险进行有效预防，居安思危。

项目分解

- 跨境电商直播风险管理
  - 跨境电商直播风险认知
    - 法律风险
    - 文化风俗差异带来的风险
    - 汇兑风险
    - 检验检疫风险
    - 平台风险
    - 主播风险
    - 产品风险
    - 辅助物料风险
    - 供应链风险
    - 售后风险
  - 跨境电商直播风险处理
    - 风险发生原因
    - 风险处理方法
  - 跨境电商直播风险预防
    - 扎实开展市场调研
    - 加强产品质量把控
    - 提升售后服务水平
    - 分析直播“翻车”案例
    - 直播预演及时修正
    - 制定直播应急预案

任务1 跨境电商直播风险认知

教学微课 7-2

跨境电商直播风险认知

任务要求

理解跨境电商直播可能面临的风险类型，掌握不同类型风险的特点。

任务情境

PROIRON品牌开展跨境电商直播业务势在必行，直播团队做了充分准备。为了确保直播能够顺利进行，保证直播效果，降低、避免直播风险带来的损失，直播团队首先要充分认识跨境电商直播过程中可能出现的风险类型，对风险进行评估。

知识链接

直播风险的发生会给直播企业和品牌方带来经济、声誉损失等不利影响，跨境电商直播面临的风险远比国内电商直播要复杂。跨境电商直播中可能发生的风险主要有以下几种类型：

1.法律风险

（1）知识产权侵权

知识产权侵权是跨境电商直播面临的最主要的法律风险。知识产权侵权通常包括商标侵权、专利侵权、版权侵权。欧美国家对知识产权的保护非常重视，如果卖家直播销售的产品被平台检测到涉嫌侵权或被其他商家投诉侵权，账号就会被审查或被移除销售权限，甚至直接封号，这会给卖家带来巨大损失。因此，卖家在选品时一定要慎重，对供应商要严格筛选。此外，卖家还要确保背景板、贴图、玩偶、吉祥物等直播营销物料不涉及版权保护，避免因为侵权导致账号受限而影响运营计划。

（2）违反广告相关法律

由于跨境电商直播团队对目标市场国的法律不是很熟悉，所以在直播中容易出现使用禁用广告语的风险，或因对产品介绍表述不当，被判定为虚假宣传等。

（3）侵害他人肖像权、隐私权及其他人格权

直播带货的场景具有广泛性和多元性，特别是在公共场所进行录制时，难免会将他人的形象一同录入，这样在一定程度上极易对他人的肖像权、隐私权及其他人格权产生侵害，应多加注意。

2.文化风俗差异带来的风险

（1）语言

跨境电商直播通常都是用英语交流，一般不会有太大的交流障碍。在传统跨境

电商产品销售中，客户提问和卖家回复可以有时间差。不同于此，跨境电商直播中主播与观众的互动是实时的，可能会因主播对网络流行词汇等不理解、表述不当而造成直播互动障碍，甚至造成观众对直播活动的误解，严重影响直播效果，抑或引起纠纷，因此跨境电商直播对主播、助播等参与人员的语言要求更高。

（2）宗教风俗习惯

宗教会影响人们的价值观、态度、风俗习惯、审美等。国内电商对目标市场国的宗教、文化、风俗习惯往往了解不深，对其文化内涵的理解或是对消费者心理的洞察不够，这些都是国内卖家的短板。文化背景的差异导致商家在进行内容输出的时候无法真正触动消费者心理，最终影响直播带货效果。

3.汇兑风险

跨境电商直播达成交易后，通常是买家以本币支付，卖家收到外币。因此，卖家面临着汇兑风险，利润波动较大。如果人民币升值、外币贬值幅度较大，以外汇结算的卖家甚至可能出现售货无利的情况。

4.检验检疫风险

通过跨境电商直播实现产品出口，还需要保证出口的产品、包装符合进口国的检验检疫要求。各国的检验检疫政策不同，且时有调整，特别是近年来受新冠疫情的影响，各国的检验检疫政策更加严格，通关时间更长，风险加大。

5.平台风险

各跨境电商直播平台均有各自明确的规则。跨境电商直播团队对平台规则不够了解或对规则理解得不够准确，都会给直播带来风险。另外，平台的限制性规则表述往往很笼统，并没有将商家的限制性行为一一列出，商家可能被处罚甚至封号后，才知道违反了平台的规则。

行业案例7-1

1.3万个巴基斯坦卖家亚马逊账号被封
跨境卖家不能踩红线

近日，亚马逊封禁了13 000多个巴基斯坦卖家账户（如图7-1所示）。封号的原因是这些卖家涉嫌不正当竞争，采取了多种欺诈行为。

显然，亚马逊第三方卖家野蛮成长的时代已经过去，亚马逊也在用大规模封号等一系列措施来警告卖家，有些红线不能踩。

亚马逊于2021年年中正式向巴基斯坦卖家开放其第三方平台。根据Market place Pulse的研究，来自巴基斯坦的新卖家在2022年加入亚马逊的新卖家中排名第三，仅次于美国和中国（如图7-2所示）。巴基斯坦卖家已成为亚马逊的中流砥柱。

据悉，这次被封的卖家主要来自巴基斯坦旁遮普邦的MianChannu和Sahiwal两大城市，亚马逊已将这两个地区宣布为“欺诈性红区”。亚马逊还封锁了这些地区的IP地址，当地卖家现在只能通过其他地区的计算机登录他们的账户。惨烈结局的背后，是跨境卖家不能踩的红线。

图 7-1　Amazon封禁巴基斯坦卖家账户

图 7-2　巴基斯坦新卖家数在亚马逊新卖家中排名第三

提供虚假信息使消费者财货两空。无良卖家们利用优惠噱头吸引消费者下单，后续向消费者提供假的物流信息，卖家实际上未发货，但有物流跟踪信息，瞒过了平台，也欺骗了消费者。且卖家提供给消费者的预计交货时间（15天）长于亚马逊回款计入卖家账户的时间（14天），利用这一时间差，卖家提前获得钱款，而消费者苦等十几天却财货两空。

销售假冒伪劣产品。这部分违规卖家通常在电子产品、运动鞋、美容产品等类别上下功夫，即使是直接从供应商处出货，但只要被举报销售假货，账号也会被冻结。

通过其他渠道倒卖套利。在这种方法中，卖家在亚马逊账户上获得订单，从其他渠道购买，然后将商品运送给买家。卖家通常在山姆会员店、沃尔玛和其他商家开设账户，使用买家的收货地址购买其从亚马逊订购的商品。最后，在山姆会员店工作人员的帮助下，所有发往亚马逊买家的订单都会被退回。

购买不明预付卡，逃避监测。卖家在不明网站花钱购买被黑过的预付卡，再通过使用这些不明预付卡购买、转售预付礼品卡的方式逃避监测。

刷单、刷评论、刷爆款。对于部分新兴市场的巴基斯坦新卖家，单靠自己的实力较难度过最初的阶段，于是跟卖、刷单似乎成了他们的“进阶法宝”，殊不知亚马逊对此违规操作的严管程度。

由于上述这些违规操作，超过13 000个巴基斯坦卖家账户被封禁，这也损害了巴基斯坦卖家在亚马逊买家心目中的整体印象。事实证明，树立实事求是、诚信为本的经营理念才是卖家长久生存的基础。

资料来源：科技资讯全都有．1.3万亚马逊账号被封！巴基斯坦再现封号潮？[EB/OL].[2022-08-15]. https://www.sohu.com/a/577016773_121118996.

案例思考：跨境卖家不能踩的红线还有哪些？

6.主播风险

教学微课 7-3 跨境电商直播风险之主播风险

主播作为直播中的核心人员，也可能给直播带来风险。

（1）主播流动

一名主播从培育到最终获得市场认可，往往需要几年时间，其间企业或MCN机构可能对其投入了巨额资金，但主播和企业、MCN机构之间多为劳动合同关系，员工只需提前30日向用人单位申请离职，企业便难以对其进行约束。主播离职会对企业造成重大损失，甚至还会出现主播直接倒投竞品企业的情形，进而影响原企业市场占有率和产品销量。

（2）主播业务能力不足

产品的卖点、数据往往都是由品牌方提供，部分主播在未使用过产品或对产品不够熟悉的情况下就直接上播，导致在直播中容易出现产品展示不当的情况；由于主播相关知识储备不足，对产品介绍不准确，致使产品介绍与其实际功能或效果不符，也会被平台认定为“功能或效果具有误导性”；还有一些主播在直播中对评论回复不当，致使出现负面评论；个别主播为博眼球，出现言辞或衣着不当等，都会给直播带来负面影响，甚至造成直播“翻车”。

7.产品风险

（1）产品价格风险

直播中，主播往往会强调商品原价与直播间折扣价之间的巨大差距，来吸引顾客购买，而商品的原价很有可能会被标得虚高，显得折扣力度很大。“虚构原价”一旦被客户知晓，会认为是欺诈，平台也会对企业进行处罚。

（2）产品质量风险

产品质量包括外在质量和内在质量。外在质量指产品的造型、色彩等；内在质量指产品的性能、成分、安全性等。直播运营商并不是产品的制造商，两者通常是合作关系，直播脚本中的产品参数、卖点等往往也是产品制造商给出的。如果产品本身存在瑕疵、涉嫌侵权，或制造商给出的数据不准确甚至造假，直播运营商是较难发现的。

8.辅助物料风险

辅助物料风险包括直播海报、预热软文出现错误，或与直播内容不符。产品宣传话术设计不当，如使用绝对化的词语、虚假宣传，推荐用语违反法律规定，辅助物料玩偶、吉祥物侵权等，都属于辅助物料风险，会给跨境电商直播带来不利影响。

9.供应链风险

跨境电商物流时间较长，特别是选择海运的商品，补货时间可能长达一两个月。在直播之前，运营团队会进行直播销量的预测，供应链部门按照预测量提前备货，运送至海外仓或平台的物流仓（如亚马逊的FBA仓库）。产品的销量预判与直播实际销量通常会有偏差。当偏差较大时，会给企业带来风险。直播销量远大于库存时，企业无法及时补货，大多数顾客也不会等待一两个月，而会转买别家的产品。一方面降低了消费者满意度，另一方面流失了顾客，给企业带来经济损失。而如果直播销量预测过高，大量库存积压同样会给企业造成巨大的资金压力。

10.售后风险

跨境电商直播能够吸引客户短时间内下单的重要原因就是其较高的折扣。低价带来了激情消费，随之而来的往往是由产品质量、尺寸等因素造成的大量退换货。而跨境电商物流成本高，大量的退换货不仅给企业带来较大损失，还会影响店铺评分，甚至被平台判定为“虚假销售”。

跨境电商直播的效果和物流速度密切相关，交付能力跟得上才能为用户提供真正高效的网购体验。而国外的物流速度通常较慢，如何选择甚至建立起高效迅速的物流渠道，激发消费者的购买热情，对跨境直播的电商们而言也是一个艰难的挑战。

任务操作

任务名称

分析PROIRON品牌大学生直播带货节可能出现的风险。

任务目标

根据前面章节已经确定的PROIRON品牌大学生直播带货节实施方案，结合直播筹备、上播、复盘全过程，分析直播可能出现的风险。

任务计划（见表7-1）

表7-1 任务计划书

序号	任务指标	任务详情	任务结果
1	了解跨境电商直播风险类型及内容	PROIRON品牌大学生直播带货节存在或可能出现的风险类型，各风险可能出现的时间及具体内容	1.制作PPT 2.对任务完成结果进行汇报展示
2	各种风险发生的概率：哪些风险是必然存在的，哪些风险是可能发生的	分析直播带货节必然存在的风险和可能发生的风险	

任务实施

1.自主查阅资料和记录

根据任务背景与任务目标，提前查阅相关文献及资料，将自学时遇到的疑难问题及灵感启发记录在表7-2中。

表7-2 自学记录表

序号	疑难问题/灵感启发

2.人员分组和任务安排

阅读任务计划，理解任务计划中的任务要点及实践要求。根据任务计划，学生自行进行人员分组和任务安排，并将小组成员名单记录在任务分组表（见表7-3）中，以小组的形式完成本任务学习目标。

表 7-3 任务分组表

组名			组长	
组员信息	组员姓名	组员学号	组员姓名	组员学号
任务安排				
备 注				

3.工作思路与流程

步骤一：分析PROIRON品牌直播中可能会面临的风险，进一步分析风险发生的时间及具体内容。

（1）法律风险

○直播前　○直播中　○直播后

具体内容：

（2）文化风俗差异带来的风险

○直播前　○直播中　○直播后

具体内容：

（3）汇兑风险

○直播前　○直播中　○直播后

具体内容：

（4）检验检疫风险

〇直播前　〇直播中　〇直播后

具体内容：________________

____

____

（5）平台风险

〇直播前　〇直播中　〇直播后

具体内容：________________

____

____

（6）主播风险

〇直播前　〇直播中　〇直播后

具体内容：________________

____

____

（7）产品风险

〇直播前　〇直播中　〇直播后

具体内容：________________

____

____

（8）辅助物料风险

〇直播前　〇直播中　〇直播后

具体内容：________________

____

____

（9）供应链风险

〇直播前　〇直播中　〇直播后

具体内容：________________

____

____

（10）售后风险

〇直播前　〇直播中　〇直播后

具体内容：________________

____

____

步骤二：分析各类风险在PROIRON品牌直播中发生的概率。

跨境电商直播业务必然存在或发生的风险类型：________________

____

跨境电商直播业务中可能出现的风险类型：

4.任务实施结论

任务评价

评价采用多元化评价方式，评价主体由学生、教师和企业构成，评价标准、分值及权重如下：

1.学生以小组为单位，对本任务的实施过程与结果进行互评，将互评结果填入小组互评表中，见表7-4。

表7-4 小组互评表

评价内容	评价标准	分值（分）	评分（分）
团队建设	团队合作紧密、互帮互助	10	
	工作态度端正、作风严谨	15	
	遵守法律、法规和工作准则	10	
工作情况	计划制订周密、组织有序	15	
	按计划高效率完成工作	20	
	工作成果完整且质量达标	30	
合　计		100	

2.教师对小组任务实施的过程与结果进行评价，将评价结果填入教师评价表中，见表7-5。

表7-5 教师评价表

评价内容	评价标准	分值（分）	评分（分）
专业能力	正确理解跨境电商直播各类风险的内容	20	
	了解跨境电商直播过程中各环节可能发生的风险类型	10	
	了解各类跨境电商直播风险发生的概率（必然还是偶然）	10	
完成情况	按时完成任务目标	10	
	工作成果质量达标	20	
	熟练掌握工作技能	10	
职业素养	学习认真、严谨、自律	10	
	积极参与课堂讨论和展示	5	
	课堂任务及时复盘总结	5	
合　计		100	

3.企业对小组任务实施的过程与结果进行评价，将评价结果填入企业评价表中，见表7-6。

表7-6　企业评价表

关键考核指标	分值（分）	得分（分）
对跨境电商直播风险有清晰而准确的认知	50	
能够对PROIRON品牌跨境电商直播中各阶段可能出现的风险的类型和概率有较准确的判断	50	
合　计	100	

4.根据上述结果填写综合评价表，见表7-7。

表7-7　综合评价表

小组互评（20%）	教师评价（50%）	企业评价（30%）	综合评价

任务2
跨境电商直播风险处理

任务要求

1.了解跨境电商直播风险产生的原因；

2.掌握跨境电商直播风险的处理方法。

任务情境

经过一系列的精心准备，PROIRON品牌大学生直播带货节已经开幕，作为首次进行跨境电商直播的团队，不可避免地会在直播中出现很多风险。面对不同类型的风险，直播团队该如何应对？直播运营人员应采取哪些补救措施才能有效减少风险给直播造成的损失？

知识链接

知识点1
风险发生原因

教学微课 7-4

跨境电商直播风险发生的原因

跨境电商直播风险发生的原因可以分为客观原因和主观原因。

1.客观原因

客观原因指独立存在于人的意识之外，不以人的意志为转移的外在因素。在跨境电商直播中，法律风险、文化风俗差异带来的风险、汇兑风险、检验检疫风险、平台风险这五类风险是由客观原因造成的（如图7-3所示），直播运营商很难规避。

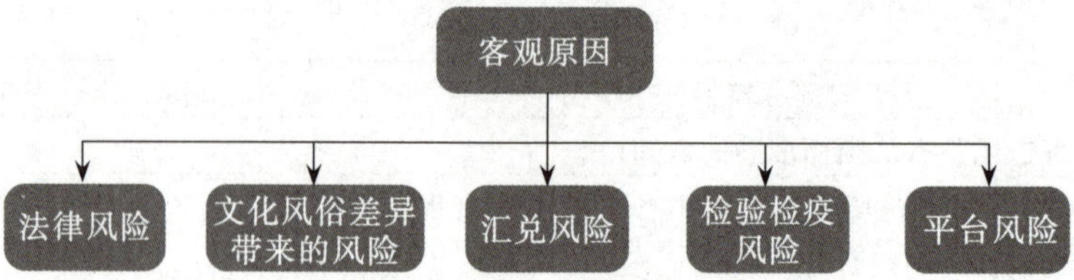

图7-3 客观原因造成的直播风险

各国法律都是按照法定程序制定的，具有强制性。通常，目标市场国的法律、法规与出口国不一致，这会给跨境电商直播运营者带来潜在风险。

宗教信仰和文化风俗是一个国家或地区在长期的社会发展过程中形成的，在一定时期内相对稳定。其除了语言这种交流沟通的工具外，还包含当地居民的思维方式、行为习惯等。不同国家或地区间的文化风俗差异是客观存在的。

汇率的变动受政治状况、经济发展趋势、货币政策、国际环境等多方面因素的影响，作为微观经济主体的企业和个人无法影响汇率变动。

检验检疫风险是由目标市场国的检验检疫政策决定的。跨境电商直播企业对现有检验检疫政策不了解、检验检疫政策变动，都有可能给企业带来损失。

平台风险是指跨境电商直播平台的规则给跨境电商直播主体带来的风险。平台规则既定，跨境电商直播运营人员只能被动接受，无法更改。

2.主观原因

主播风险是由于主播流动、在直播前准备不足、业务能力欠缺造成的。主播流动多是因为主播有了更好的职业发展机遇而选择离职。在产品风险中，产品价格风险源自运营人员定价不当造成“虚构原价”；产品质量风险是指由直播运营人员选品不当或供货方刻意隐瞒造成的风险。辅助物料风险是跨境电商直播运营人员在直播筹备期出现失误或准备不当造成的。供应链风险则是跨境电商直播企业对直播销售预判不当造成的。预判不当的原因可能是市场部人员前期进行市场调研时收集的信息不够准确，也可能是供应链团队的失误。售后风险产生的根源则是直播宣传与产品不符，造成顾客对产品的期望值过高。

以上五类风险都是由于跨境电商直播相关人员的原因造成的，属于主观原因，直播运营者在一定程度上可以通过完善工作来避免该类风险造成的损失（如图7-4所示）。

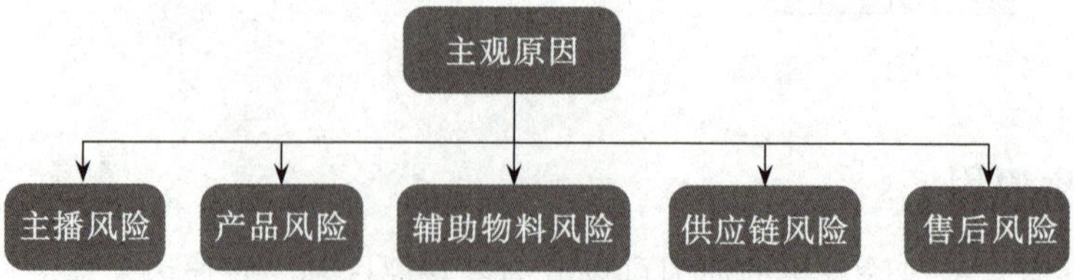

图7-4 主观原因造成的直播风险

知识点2
风险处理方法

教学微课
7-5
跨境电商
直播风险
处理方法

当直播中出现风险并给直播带来不利影响时，直播参与人员应立即采取措施尽快控制风险，减少损失，消除影响。

1.主播

主播的业务能力不足，致使直播中出现话术不当、产品数据错误、产品展示错误时，助播应及时提醒主播，主播应当立即更正，并向顾客表达歉意。如果后续直播中准备了礼品、抽奖或其他促销活动，可以将活动环节提前，及时消除不利影响，让直播间保持热烈的气氛。如果出现顾客对回复时间或回复内容不满意等情况，主播可以引导顾客向客服人员咨询，由客服人员回复直播间顾客的疑问。为避免主播离职给企业带来损失，企业重点培育的主播需要签订竞业禁止协议，明确约束主播离职后的去向。

2.运营团队

直播中出现风险后，运营团队和主播应立即采取行动。如果直播间出现顾客对产品质疑、主播在直播中出现失误或评论区出现负面言论，除了主播要积极应对外，运营团队可以通过账号运营引导舆情；如果直播间流量不够、互动很少、气氛尴尬，运营人员也可以使用个人账号进入直播间与主播互动，以活跃气氛；如果出现辅助物料风险，运营团队应当立即停止错误物料的宣传和使用，并更正信息；如果有备用物料，应立刻进行替换。

3.供应链团队

供应链团队应当对产品供应商的产能，产品发往目标市场国时报关的政策及报关时间，全过程物流时长等做到心中有数。在市场部门对市场容量、竞品销量、品牌在目标市场国的知名度、用户画像等信息进行收集的基础上，科学地进行销量预测，并按照预测的销量提前准备库存。库存准备的原则是：直播前库存数量不宜过多，满足一段时间的销量即可。首场直播试水后，及时调整销售预测，如果销量高于预期，应及时向供应商订货；如果销量低于预期，则密切关注后续直播情况，暂不行动。

4.下播

在直播中，若众多客户出现负面情绪，负面评论很多，主播及运营人员的应对没有效果，负面评论无法得到控制，甚至愈演愈烈时，主播及运营人员应当立即下播，即结束直播，因为继续直播只会让负面舆情不断扩散。例如，2022年央视“3·15”晚会曝光了网络直播带货翡翠的销售套路，恰巧某品牌玉器当晚正在直播，众多观看了“3·15”晚会的网友涌入该直播间留言，很快某品牌玉器就结束了直播。

5.复盘改进

除了直播现场的应对外，直播结束后，还可以通过复盘直播，分析寻找漏洞，优化直播方案，提升主播业务能力，完善话术设计，优化产品组合和库存，调整时间节奏，优化营销方式，完善产品信息，提升主播与直播团队其他成员的默契度，减少后续直播中的风险，从而提高直播质量。

行业案例7-2

亚马逊开放直播通道，跨境电商如何有效避免“翻车”

电商直播热潮不断刺激着国内消费市场，越来越多的平台加快抢占直播带货市场。这波热潮不出意外地激起了海外电商巨头直播的大浪。

截至2020年1月，中国卖家在亚马逊所占比例上升到了49%，接近卖家总数的一半（如图7-5所示）。亚马逊作为全球最大的电商平台，自然不会放过直播营销这个风口。

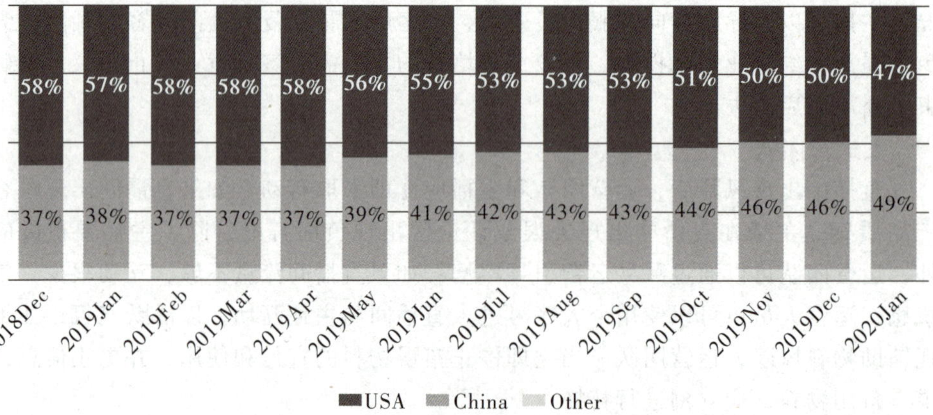

图7-5 亚马逊卖家地理分布

2020年3月底，亚马逊开始向中国卖家开放直播，意图带领全球卖家走上直播带货之路。

其实早在2017年，亚马逊就准备打造一家专注于将视频服务融入购物体验的公司Amazon Live，并为此招聘了大量的用户体验设计师。创建Amazon Live的目的是利用具有互动性的社交媒体视频为用户提供全新的购物体验。但在当时，这些视频都是提前录制好的，并非真正的现场直播。

2021年10月，亚马逊针对卖家推出了Amazon Live Creator这一App，让卖家能够以直播的形式和买家进行沟通，同时可以在直播页面下直接进行购买或与卖家互动。

对中国卖家来说，这种方式并不陌生，类似于抖音或者淘宝直播。在开始直播前，卖家只有提前做好功课，才能最大化地利用好这波热潮，成功引流。

亚马逊卖家在直播前需要注意四个要点，以避免直播风险发生。

1.确保自己有直播的账号资质。

卖家必须具有有效的Amazon Seller或Amazon Vendor账号资质，或者是Amazon Influencer Program（亚马逊网红项目）计划的受邀参与者才能进行直播（或者你被授权以Amazon Seller或Amazon Vendor的身份进行直播）。

2. 直播全程必须使用英语。

卖家必须在亚马逊上进行过品牌备案。

3. 切忌对产品价格含糊其词或是夸大其词。

一定要确保你的产品价格和促销价格都是准确的；切忌夸大产品价格和促销价格，或是许下不切实际的价格承诺。除非确保信息准确，否则不要说诸如"该产品今后不会再以如此低的价格售出""最优惠的报价""全网最低价""市场最低价"等话语。

4. 直播带货最好避免同质化产品。

在直播中，一定要突出你的产品和其他产品的不同点，可能是价格更优惠、品质更好，或者是个性化的定制产品。只有避免产品同质化，凸显自家产品是独一无二的好货，客户才会被你的直播间所吸引，最终掏钱买货。

案例启示：开展跨境电商直播，必须遵守平台规则，确保有直播的账号资质；树立实事求是、诚信为本的经营理念，切忌对产品价格含糊其词或是夸大其词；做好选品工作，精心设计脚本，突出产品特点，尽量避免产品同质化，才能吸引流量，提升转化率。

资料来源：作者根据相关资料整理。

任务操作

任务名称

PROIRON品牌大学生直播带货节风险的处理。

任务目标

- 分析PROIRON品牌大学生直播带货节可能发生的风险及产生的原因。
- 根据风险产生的原因，提出处理风险的方法。

任务计划（见表7-8）

表7-8 任务计划书

序号	任务指标	任务详情	任务结果
1	了解跨境电商直播风险产生的原因	分析PROIRON品牌大学生直播带货节各风险产生的原因	1. 制作PPT 2. 对任务完成结果进行汇报和展示
2	掌握跨境电商直播风险的处理方法	了解直播带货节各风险出现后，直播中的处理方法，由谁实施；直播结束后的处理方法，由谁实施	

任务实施

1. 自主查阅资料和记录

根据任务背景与任务目标，提前查阅相关文献及资料，将自学时遇到的疑难问题及灵感启发记录在表7-9中。

表7-9 自学记录表

序号	疑难问题/灵感启发

2. 人员分组和任务安排

阅读任务计划，理解任务计划中的任务要点及实践要求。根据任务计划，学生自行进行人员分组和任务安排，并将小组成员名单记录在任务分组表（见表7-10）中，以小组的形式完成本任务学习目标。

表7-10 任务分组表

<table>
<tr><th>组名</th><th colspan="2"></th><th>组长</th><th></th></tr>
<tr><td rowspan="5">组员信息</td><td>组员姓名</td><td>组员学号</td><td>组员姓名</td><td>组员学号</td></tr>
<tr><td></td><td></td><td></td><td></td></tr>
<tr><td></td><td></td><td></td><td></td></tr>
<tr><td></td><td></td><td></td><td></td></tr>
<tr><td></td><td></td><td></td><td></td></tr>
<tr><td rowspan="6">任务安排</td><td colspan="4"></td></tr>
<tr><td colspan="4"></td></tr>
<tr><td colspan="4"></td></tr>
<tr><td colspan="4"></td></tr>
<tr><td colspan="4"></td></tr>
<tr><td colspan="4"></td></tr>
<tr><td rowspan="3">备注</td><td colspan="4"></td></tr>
<tr><td colspan="4"></td></tr>
<tr><td colspan="4"></td></tr>
</table>

3.工作思路与流程

步骤一：分析PROIRON品牌大学生直播带货节风险产生的原因。

1.客观因素造成的风险及产生的具体原因

(1) 风险类型：________________

具体原因：________________

____

(2) 风险类型：________________

具体原因：________________

____

(3) 风险类型：________________

具体原因：________________

____

(4) 风险类型：________________

具体原因：________________

____

(5) 风险类型：________________

具体原因：________________

____

2.主观因素造成的风险及产生的具体原因

(1) 风险类型：________________

具体原因：________________

____

(2) 风险类型：________________

具体原因：________________

____

(3) 风险类型：________________

具体原因：________________

____

(4) 风险类型：________________

具体原因：________________

____

(5) 风险类型：________________

具体原因：________________

____

步骤二：风险出现后，直播中各参与者可采取的处理方法。

(1) 实施人：________________

具体措施：________________

____

（2）实施人：______

具体措施：______

______

（3）实施人：______

具体措施：______

______

（4）实施人：______

具体措施：______

______

步骤三：直播结束后风险的处理方法，明确实施人及采取的措施。

（1）实施人：______

具体措施：______

______

（2）实施人：______

具体措施：______

______

（3）实施人：______

具体措施：______

______

（4）实施人：______

具体措施：______

______

4. 任务实施结论

______

______

______

______

任务评价

评价采用多元化评价方式，评价主体由学生、教师和企业构成，评价标准、分值及权重如下：

1. 学生以小组为单位，对本任务的实施过程与结果进行互评，将互评结果填入小组互评表中，见表7-11。

2. 教师对小组任务实施的过程与结果进行评价，将评价结果填入教师评价表中，见表7-12。

3. 企业对小组任务实施的过程与结果进行评价，将结果填入企业评价表中，见表7-13。

4. 根据上述结果填写综合评价表，见表7-14。

表7-11 小组互评表

评价内容	评价标准	分值（分）	评分（分）
团队建设	团队合作紧密、互帮互助	10	
	工作态度端正、作风严谨	15	
	遵守法律、法规和工作准则	10	
工作情况	计划制订周密、组织有序	15	
	按计划高效率完成工作	20	
	工作成果完整且质量达标	30	
合 计		100	

表7-12 教师评价表

评价内容	评价标准	分值（分）	评分（分）
专业能力	能正确分析电商直播风险产生的原因	15	
	根据风险内容确定处理风险的人员	10	
	实施人可采取的具体措施	15	
完成情况	按时完成任务目标	10	
	工作成果质量达标	20	
	熟练掌握工作技能	10	
职业素养	学习认真、严谨、自律	10	
	积极参与课堂讨论和展示	5	
	课堂任务及时复盘总结	5	
合 计		100	

表7-13 企业评价表

关键考核指标	分值（分）	得分（分）
对跨境电商直播风险产生的原因有准确的认知	40	
能够针对各风险选择合适的实施人，采取恰当措施进行处理，减少风险造成的损失	60	
合 计	100	

表7-14 综合评价表

小组互评（20%）	教师评价（50%）	企业评价（30%）	综合评价

任务3 跨境电商直播风险预防

任务要求

掌握跨境电商直播风险预防的方法。

任务情境

PROIRON品牌对开展跨境电商直播的前景非常有信心，虽然已经成功开展过几次直播活动，但也明白跨境电商直播比国内电商直播风险大，要想在国外跨境电商直播中站稳脚跟、获得成功，仅仅在风险发生后采取措施积极应对还不够，更重要的是在风险发生之前进行预防，尽可能消除潜在的可控风险，有效降低风险发生的概率。

知识链接

跨境电商直播企业应当树立居安思危、知危图安的忧患意识，掌握直播风险预防方法，尽可能避免跨境电商直播风险的发生。

知识点1 直播风险预防方法

1.扎实开展市场调研

充分的市场调研是开展跨境电商直播的基础，也是防范直播风险的前提。根据企业可投入的资源，确定跨境电商直播市场调研的内容，选择市场调研方法，明确实施市场调研的人员或机构，制订市场调研方案，并在一定时限内收集资料，为企业开展跨境电商直播提供有效信息。收集的信息主要包括：目标市场的政治环境、相关法律和法规、宗教和文化风俗、经济发展水平、检验检疫政策、平台政策、产品的市场容量、竞品的销售状况、目标客户的用户画像等。市场调研应当尽量及时、准确、全面。

教学微课 7-6

跨境电商直播风险预防之加强产品质量把控

2.加强产品质量把控

产品品质是企业的生命线，直接关系到品牌的口碑和企业存活的时间。良好的直播运营和促销活动可以给直播间带来较高的流量和转化率，可能会在短时间内获取较高的利润，但如果产品品质不过关，必然会出现产品质量风险。实际上，直播“翻车”案例中很大比例都是由于产品质量问题。虽然顾客已经下单，但如果收到的货物品质达不到顾客的期望或主播宣传的水平，后续会有很高的概率进行退换货，进而产生售后风险。因此，防范直播风险，首先选品必须严把质量关。企业应当树立遵纪守法、诚信为本的经营理念。选品时，除了选择热卖的产品外，还必须保证产品的质量过关，符合目标市场国对该品类的标准的规定，设计、商标、图案等均不涉及侵权问题。产品质量过关还体现在设计的产品卖点要与产品本身相符，不夸大产品功能或效果，实事求是，诚信宣传。加强品质把控，可以有效防范法律风险、平台风险、产品风险和售后风险的发生。在决定直播前，企业可以通过知识检索数据库检测产品是否存在知识产权侵权，可在Patents-Search patents上或输入网址wipo.int/portal/en/（如图7-6所示）进行检测。

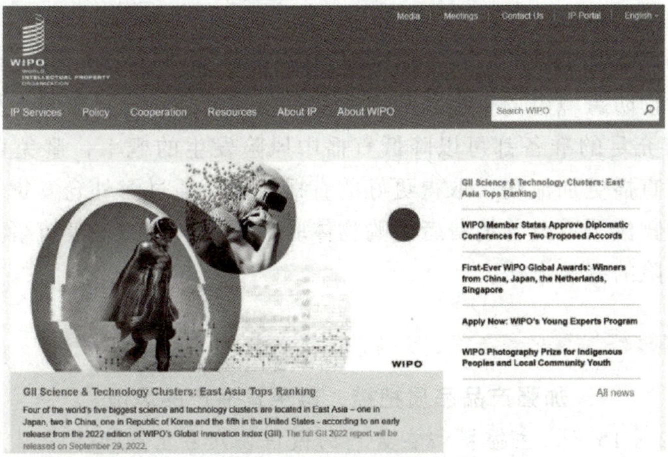

图7-6　wipo网站截图

3.提升售后服务水平

售后服务在一定程度上可以看作直播风险的出口。直播中很多潜在的风险最终是否会给品牌、直播间带来负面影响和经济损失，往往需要通过售后服务才能体现出来。售后服务做得好，安抚了顾客的情绪，就可以将潜在风险消除；客服人员给出的答复或解决方案客户不满意，风险就此形成，甚至会不断扩大。因此，直播运营商必须加强对售后服务人员的培训，包括专业话术、沟通技巧、用户画像、语言习惯等多方面，从而提升售后服务人员的综合能力，进而提升售后服务水平。

4.分析直播“翻车”案例

除了提升直播质量，积极预防风险外，还应当对直播运营人员进行警示教育。通过分析其他直播间的“翻车”案例，总结经验，学习如何规避风险，提升直播团队的风险防范意识和能力。

5.直播预演及时修正

在上播前，进行直播预演也是预防风险的有效方法，特别是大型的跨境电商直播活动，直播预演是必要的。通过直播预演，主播及运营人员对直播流程更加熟悉，能够在一定程度上缓解正式直播前的紧张情绪，使得正式直播更加流畅。预演后还应当及时复盘，进一步完善直播方案。直播预演还可以避免在正式直播中产品展示失当、宣传话术失当、辅助物料出错等风险的发生，加强直播参与各方的配合，提升正式直播的效果。

6.制定直播应急预案

直播运营团队应当制定跨境电商直播应急预案，明确应急预案的目标和人员组织安排，对可能出现的直播风险在预案中一一列明：当发生其中某类风险时，参与直播的各方在直播中、直播后应采取哪些措施以减少风险带来的损失，应急人员该如何分工协作；对于风险发生的不同时间段、不同程度，团队的应对措施该如何调整等。预案应结合企业自身可用资源，明确发生风险后应急人员如何对资源进行分配并加以运用，如直播间小号、社群账号、危机公关的媒体资源、可以投入应对的资金等。企业要根据预案对有关人员进行培训，使得参与人员明确发生风险时自身的职责，快速采取行动。

科学可行的直播方案设计、合理的人员配置（特别是选择合适的主播）、必要的人员培训对预防跨境电商直播风险都非常重要。另外，直播参与人员之间的密切配合、直播前充足的准备都可以降低直播中风险发生的概率，避免直播“翻车”，确保跨境电商直播更加流畅，取得更好的直播效果。通过海外仓发货、亚马逊FBA等高效迅速的物流渠道改善消费者的购物体验，激发客户的积极情绪，也是降低跨境电商直播风险的有效方法。

行业案例7–3

加强产品品质把控，避免直播产品风险

2020年12月15日，主播罗××在自己的微信公众号上发布了一则声明，自曝11月25日在直播间所售的“皮尔·卡丹”羊毛衫经过鉴定不是羊毛制品。罗××团队表示这场直播中合作的供应商涉嫌伪造文书，涉嫌生产假冒伪劣商品，涉嫌蓄意欺诈，将向公安机关报案。

对于赔付方案，声明称，即刻起联系所有购买该产品的消费者，代为进行三倍赔付，客服人员会在未来一周内陆续联系所有购买该商品的两万多名消费者办理赔付。

“这件事暴露出我们公司内部的管理还有待进一步完善，我们将彻底重新梳理管理流程，优化渠道合作伙伴管理机制，提高供应商准入门槛，全力避免类似的事情再次发生。”声明表示。

售卖假冒“皮尔·卡丹”羊毛衫事件，是罗××自2020年4月1日在抖音开启直播带货首秀后，出现的第三次“翻车”事件。前两次“翻车”，分别是首秀场的信良记小龙虾，4月7日被全网投诉“发货慢、生产日期太早、包装破损，以及存在质量问题等”（如图7–7所示）；5月12日带货花点时间的鲜花“翻车”，最后对用户退一赔二。

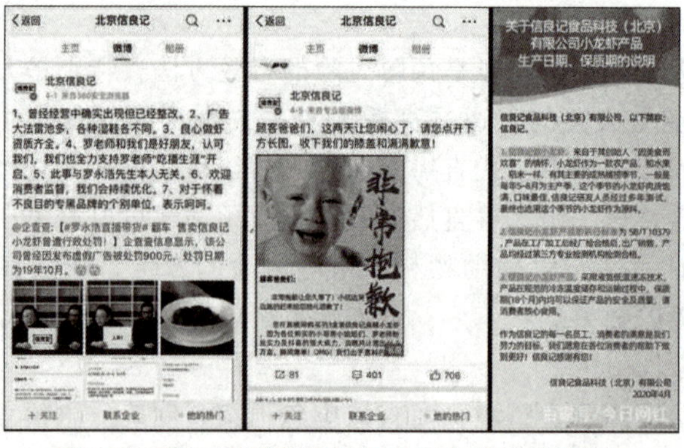

图7–7 罗××直播首秀的信良记小龙虾“翻车”

案例启示：罗××直播三次“翻车”都是因为产品品质——小龙虾过期、鲜花枯萎、羊毛衫不含羊毛。由此可见，要想预防直播风险，加强品质把控非常关键。可取的是，罗××直播“翻车”后积极解决和赔付，有问题了快速自检、承认错误，售后服务做得比较好，及时挽回了部分口碑和信誉。

资料及图片来源：作者根据相关资料整理。

任务操作

任务名称

PROIRON品牌预防跨境电商直播风险。

任务目标

- PROIRON品牌提前做好准备工作，采取各种预案措施，以实现有效预防跨境电商直播风险。

任务计划（见表7-15）

表7-15 任务计划书

序号	任务指标	任务详情	任务结果
1	分析企业市场调研的内容	分析PROIRON品牌直播前应当收集的信息，即进行市场调研的内容	1.制作PPT 2.对任务完成结果进行汇报和展示
2	加强人员培训，提高选品能力、售后服务水平	分析PROIRON品牌预防直播风险，应当加强对哪些人员的培训，分析具体培训的内容	
3	进行直播预演	分析直播预演可能发现的风险点	
4	制定直播应急预案	分析直播中可能出现的突发状况，制定直播应急预案	

任务实施

1.自主查阅资料和记录

根据任务背景与任务目标，提前查阅相关文献及资料，将自学时遇到的疑难问题及灵感启发记录在表7-16中。

表7-16 自学记录表

序号	疑难问题/灵感启发

2. 人员分组和任务安排

阅读任务计划，理解任务计划中的任务要点及实践要求。根据任务计划，学生自行进行人员分组和任务安排，并将小组成员名单记录在任务分组表（见表7-17）中，以小组的形式完成本任务学习目标。

表7-17 任务分组表

组名			组长	
组员信息	组员姓名	组员学号	组员姓名	组员学号
任务安排				
备注				

3. 工作思路与流程

步骤一：分析PROIRON品牌直播前应当收集的信息，即进行的市场调研内容。

实施人：________________

具体内容：________________

____

____

步骤二：分析PROIRON品牌预防直播风险应当加强的培训内容。

培训对象1：________________

具体培训内容：________________

____

培训对象2：________________

具体培训内容：______

______

培训对象3：______

具体培训内容：______

______

步骤三：分析直播预演可能发现的风险点。

可能发现的风险点：______

______

避免措施：______

______

步骤四：制定直播应急预案。

预案目标：______

______

人员组织：______

______

预案提纲：______

______

______

______

______

______

4.任务实施结论

______

______

______

______

______

任务评价

评价采用多元化评价方式，评价主体由学生、教师和企业构成，评价标准、分值及权重如下：

1.学生以小组为单位，对本任务的实施过程与结果进行互评，将互评结果填入小组互评表中，见表7-18。

2.教师对小组任务实施的过程与结果进行评价，将评价结果填入教师评价表中，见表7-19。

3.企业对小组任务实施的过程与结果进行评价，将结果填入企业评价表中，见表7-20。

4.根据上述结果填写综合评价表，见表7-21。

表 7-18 小组互评表

评价内容	评价标准	分值（分）	评分（分）
团队建设	团队合作紧密、互帮互助	10	
	工作态度端正、作风严谨	15	
	遵守法律、法规和工作准则	10	
工作情况	计划制订周密、组织有序	15	
	按计划高效率完成工作	20	
	工作成果完整且质量达标	30	
合计		100	

表 7-19 教师评价表

评价内容	评价标准	分值（分）	评分（分）
专业能力	掌握跨境电商直播市场调研的主要内容	10	
	直播参与人员培训的内容全面、合理	10	
	了解直播预演的目的，并对直播预演进行分析	10	
	能够制定直播应急预案	10	
完成情况	按时完成任务目标	10	
	工作成果质量达标	20	
	熟练掌握工作技能	10	
职业素养	学习认真、严谨、自律	10	
	积极参与课堂讨论和展示	5	
	课堂任务及时复盘总结	5	
合计		100	

表 7-20 企业评价表

关键考核指标	分值（分）	得分（分）
对跨境电商直播的风险预防内容全面了解	40	
能够对 PROIRON 品牌健身器材跨境电商直播可能面临的风险采取科学、可行的预防措施	60	
合计	100	

表 7-21 综合评价表

小组互评（20%）	教师评价（50%）	企业评价（30%）	综合评价

职业素养指南

TikTok Shop 内容规则（节选）

一、违禁内容目录

一切上传至TikTok Shop的内容须遵守本规则。封面页、标题、超链接、锚点链接、描述、人物讲话、衣着、行为、声音、话筒设置、昵称、个人介绍、图片和其他载体都在内容规则的涵盖范围之内。

以下为在TikTok Shop上禁止出现的不完全内容列表：

1. 非法或犯罪活动

2. 禁售商品

3. 限售商品

4. 侵犯合法权益

5. 未成年人安全

6. 博眼球或有冲击力的内容

7. 误导性或错误内容

（1）信息的错误展示

所有内容必须符合产品实际，不得具有误导性。达人不得展示任何具有误导性的信息。例如：价格或折扣信息不一致；错误的图片、品牌名、产品描述和特性、型号、产品保证或保修信息；任何和服务（如配送、物流、退款和客服等）有关的错误信息。

（2）夸大夸张的承诺

所有内容不得包含关于产品性能或功效的夸大夸张承诺。例如：即刻打造苗条双腿；声称可以治愈不治之症；通过某种乳霜的使用“前后对比”展示皱纹消失了。

（3）夸大夸张的描述

所有内容不得包含夸大夸张的描述或没有相关、有效、客观证据作为支持的绝对性声明，如NO.1产品、100%天然等。

（4）刻意对比

所有内容不得包含任何故意或恶意与其他产品或电商网站的比较。例如：这个产品比在某网站上要便宜××元。禁止夸大促销价格或进行任何无依据的价格比较，包括促销价格在内的所有价格声明都必须是准确的。

（5）虚假宣传

所有内容不得包含对产品的虚假宣传。例如：谎称产品已获奖或拥有多种认证；谎称某产品与其他产品有关联。

（6）使用具有误导性的美颜滤镜

禁止达人针对美妆个护产品使用误导性的美颜滤镜。

除上述准则之外，不同达人的目标市场可能对特定产品的宣传语言有更多要求。各达人必须学习其目标市场的相关准则、法律和法规，以确保其内容完全合规。

8. 误导性流量、垃圾邮件和诈骗

9. 非原创、低质量或不相关的内容

10. 其他内容

11. 体重控制/管理

二、特定品类违禁内容

1. 美妆

任何上传或创作的美妆相关信息都不得包含以下内容：声称可以治疗或预防疾病的短语或暗示；声称能治愈、诊断、纠正、调节或改变生理功能的短语或暗示；暗示某些产品具有药理、免疫或代谢功效的说法；暗示某些产品可以更新、纠正或改变生理功能的说法；提及医药产品效果的声明；所有美妆产品均为外敷产品。此外，美妆产品的功效具有暂时性。

美妆相关内容或陈述不得具有误导性，且不得违反任何相关的法律和法规。TikTok Shop严肃对待美妆产品的虚假宣传，任何包含夸大实际效果的陈述或暗示的内容都将被视为违反我们的政策。

2. 食品

食品相关内容不得在食品特点、效果或属性方面误导消费者。禁止达人宣传食品具有药用属性。禁止达人在针对儿童的食品和饮料广告中使用授权角色。

若需在一般的健康声明中宣传某种营养品或食品对整体健康的益处，如超级食品（superfood）、超级水果（superfruit）、充满益处（full of goodness）、有益成分（ingredient goodness）、排毒（detox）、排毒剂（detoxifier）、健康（well-being），则要求必须为这些声明提供相关文件作证明或由具有一定资质的健康专家认证。

不论何种情况都禁止内容中陈述或暗示某类食品/饮料/补品可以预防、治疗或治愈疾病。只有在达人符合以下条件时，才可宣称产品可以缓解病情：清晰明了地展示所有信息，不夸大其词；拥有授权卫生机构提供的相关证明文件。TikTok Shop禁止达人宣传不良的营养习惯或不健康的生活方式。

三、强制措施与审核

TikTok Shop可随时审查和审核达人的内容和产品信息。TikTok Shop还可能会进行额外审核，检查内容的变更是否违反了上述准则。违反内容规则所列准则的内容将被平台删除。此外，我方将视违规严重程度，可能暂时或永久地取消违规达人的TikTok Shop访问权限。TikTok Shop保留在适当情况下向必要的司法机构举报违反当地法律、法规的卖家的权利。

素养小结：卖家开展跨境电商直播，必须树立诚信为本的经营理念，对产品的宣传实事求是；树立遵纪守法的规则意识，遵守法律、法规、平台规则；树立居安思危的忧患意识，认真研读平台规则，规避可能出现的风险。

资料来源：电商问答之家．TikTok Shop内容规则有哪些？[EB/OL]．[2022-04-05]．https://www.dongoog.com/tiktok/i23206.html.

项目小测

项目小测7

1.属于跨境电商直播中可能出现的风险有（　　）。

A.商品质量问题　　B.侵犯他人知识产权

C.虚假宣传　　D.主播用语违反平台规定

2.下列风险中，由跨境电商直播人员主观原因造成的有（　　）。

A.直播互动中主播错误理解客户的问题导致回答失当

B.客户对售后服务不满意，申请退货并给出差评

C.主播在直播中错误展示产品功能

D.直播中的产品属于平台禁售商品，导致账号被封

3.跨境电商直播风险发生后，正确的处理办法有（　　）。

A.风险已经发生，主播无能为力

B.直播风险都是主播造成的，主播想办法处理，其余运营人员没有责任

C.直播团队应当团结一致，当机立断采取行动

D.不管出现什么情况，直播都要进行下去，不能中断

4.下列说法正确的有（　　）。

A.跨境电商直播风险不可预测

B.跨境电商直播风险完全可以避免

C.部分跨境电商直播风险可以避免

D.跨境电商直播风险发生后应当积极应对

5.企业预防跨境电商直播风险的有效措施有（　　）。

A.严把选品质量关

B.加强主播及售后人员培训

C.进行直播预演，及时完善直播方案

D.紧急下播

主要参考文献

[1] 王方，郑洁．跨境电商基础教程［M］．北京：中国人民大学出版社，2021：31-64．

[2] 陈芳．直播策划与运营实务［M］．北京：中国人民大学出版社，2022：113-121．

[3] 辛丽如．直播文案写作［M］．北京：中国人民大学出版社，2022：70-73，97-113．

[4] 北京星播文化传媒有限公司．直播电商实务一本通［M］．北京：中国人民大学出版社，2021：88-93，179-182．

[5] 王秀萍．电商直播带货实战攻略［M］．北京：化学工业出版社，2022：59-81．

[6] 人力资源社会保障部教材办公室．电商直播［M］．北京：中国劳动社会保障出版社，2022：35-50．

[7] 秋叶，蔡勤，李圆圆．直播营销［M］．2版．北京：人民邮电出版社，2021：86-91．

[8] 刘东明．直播电商全攻略［M］．北京：人民邮电出版社，2020：85-107．

[9] 鲍磊，李子庆，滕刚业．后疫情时代跨境直播带货的发展动因、问题及对策［J］．时代经贸，2022（8）：72-75．

[10] 钟园园．数据复盘，有效提升直播效果［J］．中国药店，2011（06）：70-72．

[11] 陈竹韵．基于RCEP的跨境电商直播人才培养［J］．中国商论，2022（20）：160-164．